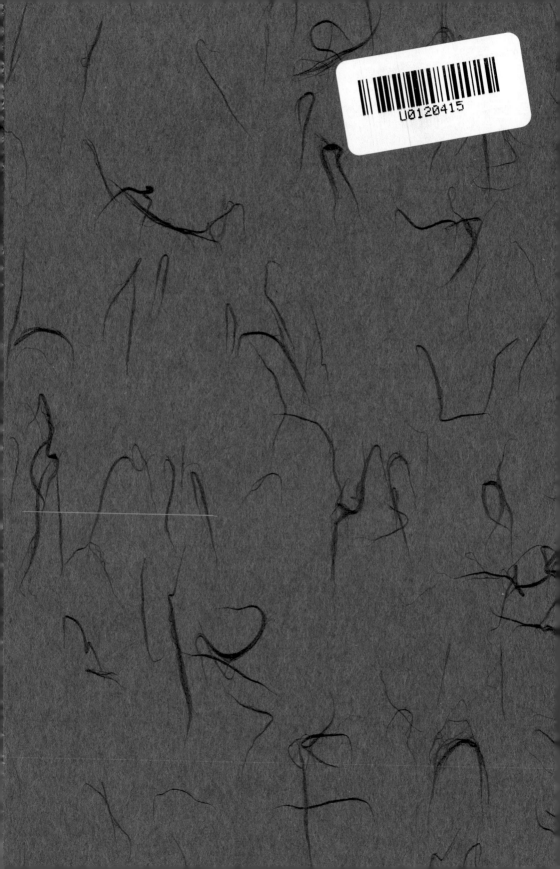

上："越王勾践"剑

下："吴王夫差"剑

上：鬼谷子下山图
下：王子午鼎

上：宋公栾戈
中：侯马盟书
下：季扎挂剑漆盘

上：燕昭王黄金台招贤

下：老子

孔子

春秋

马平安 著

何以无道

大国诸侯、悍将、
能臣、士人的博弈

团结出版社

图书在版编目（ＣＩＰ）数据

春秋何以无道 / 马平安著. -- 北京 ：团结出版社，
2017.8
　ISBN 978-7-5126-5324-5

　Ⅰ. ①春… Ⅱ. ①马… Ⅲ. ①中国历史－春秋时代
Ⅳ. ①K225

中国版本图书馆 CIP 数据核字 (2017) 第 160245 号

出　版：团结出版社
　　　　（北京市东城区东皇城根南街 84 号　邮编：100006）
电　话：(010) 65228880　65244790　（出版社）
　　　　(010) 65238766　85113874　65133603（发行部）
　　　　(010) 65133603（邮购）
网　址：http://www.tjpress.com
E-mail：zb65244790@vip.163.com
　　　　fx65133603@163.com（发行部邮购）
经　销：全国新华书店
印　装：三河腾飞印务有限公司

开　本：160×230mm　　　16 开
印　张：15.75
字　数：222 千字
印　数：4045
版　次：2017 年 8 月　第 1 版
印　次：2017 年 8 月　第 1 次印刷

书　号：978-7-5126-5324-5
定　价：38.00 元

目录

闲话开场

"春秋"作为历史的专有名词，据说是因为一部书籍而得来的。

这部史书，就是鲁国史官记载的编年史《春秋》。

《汉书·艺文志》上说：

> 左史记言，右史记事，事为《春秋》，言为《尚书》。帝王靡不同之。

看来，春秋年间的史官，是分为左、右二职的。史官记事，本是编年体性质，一年四季所作之事都书之于简牍，但不能全举春夏秋冬四字来作为书名，于是以"春秋"来概括一年四季，既简洁，又富有内涵，可谓言意兼备。

春秋，之所以能够作为一段历史的代名词，中国早期的这段乱世的历史，之所以用如此形式命名，据说，是得益于一位圣贤用力的结果。

这位圣贤，就是生活在春秋末年的孔子。

事实上，当时诸侯各国的史书，皆因战乱等客观原因亡佚了，但鲁国的史记《春秋》，却因为孔子晚年的认真整理与修订而被保存了下来。后来，又有左丘明和公羊、谷梁等几家作传注，在两汉时期，《春秋》及其传注的《春秋左传》《春秋公羊传》《春秋谷梁传》，都先后被列为官府太学中的课本，因而得以流传至今。为了省事与醒目，后世史家们干脆就借鲁史《春秋》之名，约定俗成地称呼起东周前期这一历史时间段为中国的春秋时期。

《春秋》上所记的事情，上起鲁隐公元年（公元前722年），下止鲁哀公十四年（公元前481年），中经鲁国12位国君，历时242年。但我们今天历史课本上的春秋时期，却是上讫周平王元年（公元前770年）迁都成周开始，止于公元前403年，韩、赵、魏三家分晋，为周天子认可，历时367年。两种观点差别是如此之大。我们究竟应该采用哪一个标准呢？

其实，二者的标准都没有错。不过，《春秋》只是鲁国史官所作的编年史，而且很可能，今天我们所见到的《春秋》一书，已经与原鲁国史官所记载的历史有很大出入了。原来的史记《春秋》很可能在孔子整理之前就已经佚失不全了。今天，如果我们能够查看到周王室的历史档案，并且与鲁国的史记加以比较的话，那么春秋历史的起止时间就会一目了然，可惜的是，这只能是一种美好的幻想罢了。

春秋时代，霸业迭兴，礼崩乐坏，历史的长河已经越过西周而进入了一个新的时期。

孔子认为：天下有道，则礼乐征伐自天子出；天下无道，则礼乐征伐自诸侯出。这个观点，入木三分地揭示出春秋时期的政治特征。概括而言，西周时代是"礼乐征伐自天子出"的时代，春秋时代是"礼乐征伐自诸侯出"的时代。

春秋时期，政治形势与西周时期大异。王室衰微，大国诸侯纷纷崛起。春秋一代，诸侯以争霸为至高荣誉，周王室已经不复昔日的政治威力，只是成为了一具名存实亡的天下共主的躯壳。

据不完全统计，春秋时期，大大小小的诸侯国就有100多个。这么多的诸侯，当然不可能每一位都掌控与操纵天下的礼乐征伐，有这种权力与威望的只能是其中少数的几位。这符合条件的几位，就是所谓的春秋霸主。另外，还有一些诸侯，虽然未能执掌过影响当时天下形势的礼乐征伐的权力之柄，但却在某个地区的若干诸侯国中施加与产生了部分的影响。他们往往也能召集部分诸侯国的盟会，左右与影响部分诸侯国的局势。这些诸侯，我们完全可以将他们看作地区性的霸主。

总之，由于影响力的大小及影响政局时间的长短不同，霸主之间也有层次上的区别。一般而言，一提起春秋时期的霸主，一些人认为就是指春秋五霸，其实，这种看法是不全面的。

历史上，"霸主"一词，本是由夏商周的方伯演变而来的。《白虎通·号篇》中说："霸者，伯也，行方伯之职。"西周时期，周天子为了对分封的诸侯国进行有效的统治，曾经根据具体情况任命某一诸侯国诸侯为一方的方伯，代周王对此一方较小或政治形势不稳定的国家进行号令征伐。春秋时期，"伯长"已经变化为不是由周天子任命，而是要靠实力夺取，用武力强迫弱小的国家承认他的霸主地位，并且在经济上定期向他贡奉。

春秋时期的大国争霸可以划分为下列六个阶段：

第一阶段，从公元前770年，周平王东迁洛邑至公元前681年齐桓公开始称霸，在这个阶段，郑庄公、齐僖公、鲁庄公等人先后拉开了春秋霸业争夺的帷幕。

第二阶段，从公元前681年齐桓公称霸到公元前643年齐桓公去世，这是齐桓公称霸中原诸侯阶段。

第三阶段，从公元前643年齐桓公去世到公元前632年的晋楚城濮之战，是宋襄公与楚成王争霸中原诸侯阶段。

第四阶段，从公元前632年晋楚城濮之战到公元前597年的晋楚邲之战，是以晋文公为首的晋国称霸中原诸侯阶段。

第五阶段，从公元前597年的邲之战到公元前546年宋之盟，这是先有楚庄王称霸，后是晋悼公复霸的阶段。

第六阶段，从公元前546年宋之盟，到公元前403年周天子承认韩、赵、魏三国为合法诸侯，这是霸业战场由中原转移向吴、越地区阶段。

今天看来，春秋时期的霸主之争，说来说去不过是一种国与国之间势力与利害的较量。春秋霸主们，为了在争霸中占得先机，都把"尊王"旗号打得比天还高，喊得比鼓还响。然而，周天子的地位并没有因为霸主们的"尊王"号召就变得权威起来，周王室也没有靠着这个口号而能恢复昔日号令天下诸侯的雄风，恰恰相反，在一片"尊王"的聒噪声中，周王室却如寒风中的秋叶，在瑟瑟发抖中日渐走向没落。

往事越千年，春秋三百多年间，霸主们对霸权的渴望与争夺，犹如大江滚滚东去，后浪直推前浪。从郑庄公开始，驰骋霸业的舞台，到越王勾践降下春秋争霸的帷幕，其间大大小小的霸主与他们的名将能臣们，犹如走马灯似地一个接着一个登上政治舞台，进行亮相。他们顺应历史的召唤，同时也在进行着历史的创造。没有他们，春秋的历史，也许不会如此的精彩；然而他们对霸权的争夺，对战争与血腥的嗜好，对阴谋与权力的演绎，对周王朝既定秩序的破坏，又不能不令人心中感到刺骨的寒冷与无奈。他们是搞乱春秋时代的罪魁祸首。他们在争霸事业中所展露出来的智慧与本领，令人忍不住地拍案叫绝。他们在争霸事业中积累下来的成败之鉴、经验教训，又实在值得我们去认真地汲取，以做到防微杜渐。因为，我们知道，了解历史，就意味着少犯同样的错误；而忽视历史，则很可能让我们重蹈前人的覆辙。

周幽王：一个不称职的天子

　　君王的私生活与他担当治理国家的责任本是两件截然不同的事情，如果二者泾渭分明，那自然是国家和百姓修来的福分。可事实上，历史上很多聪颖智慧的君王恰恰在这两件事情上处理得一塌糊涂，其家事往往影响到国事，使本为正常的事情变成了不正常，其结果通常是"国破山河在，城春草木深"。可怜的周幽王就犯了这样一个低级而又不幸的错误。

在中国历史上，周幽王是一个因为女人而出了名的人物。

因为爱上一个女人而荒废朝政；因为爱上一个女人而亡国亡身。这件事说起来好像不可思议。但残酷的事实就摆在那里，令你不敢不信，也不能不信。

爱美人不要江山。始作俑者不是周幽王，也不是从他那里结束。

在他之前，夏桀因妹喜而亡身，商纣由妲己而亡国。

在他之后，春秋时期的大国诸侯晋献公几乎就是周幽王的一个活生生的再版。

在其后，朝代更迭，历史多有相似之处。

说起来，商纣王帝辛也算是有商一代的一位有作为的君王了。

据历史记载，纣这个人很聪明，也很有才能。他能言善辩，敏捷过人，体格魁梧，力大过人。在位期间，取得了对东夷各部武力讨伐的胜利，文治武功很有一套。但就是这位雄姿英发的纣王，却因为爱上一个名叫苏妲己的女人而从此变得寻欢作乐、倒行逆施。亲小人、远贤臣的结果，让他很快失掉了天下人心，从而让西岐姬昌的地方实力派一发而膨胀起来。六百年的成汤江山，就败在了这样一位因为一个女人而变得享受暴虐的失职男人身上。

同样，春秋时期的晋献公，也因为宠爱一个女人而使他的国家内乱连年。在他的手中，埋下了日后三家分晋的引线。

在中国历史上，晋献公也算得上一位大国诸侯了。著名的假虞伐虢事件，就是他写下的很有色彩的一笔。但是，在他的晚年，特别是他得到了美女骊姬之后，开始变得昏庸起来。既立小女人骊姬为夫人，又想立骊姬的儿子奚齐为太子。结果，在骊姬的挑拨离间下，晋献公逼太子申生自杀，并追杀另外两个有本事的儿子重耳、夷吾。在他死后，晋国大乱十九年，公族几乎灭绝，这成为后来晋国的韩、赵、魏三家卿大夫崛起的前因。晋献公因为纵容一个女人的胡闹，最终埋下了国家灭亡的祸患。

在周幽王那里，红颜祸水，前有启者，后有继者，对于他来说，应当不会显得孤独寂寞了。

在周代历史上，周幽王的父亲周宣王也应该算得上是一位有为的君主了。他在位期间，一改厉王暴虐无道之政，勤政爱民，任用贤臣方叔、召虎、尹吉甫、申伯、仲山甫等人，复修文、武、成、康四王时期的政治，使周王室一时赫然中兴。以至于史书称赞他为"令德茂世""克襄隆治""中兴立帜"。

按道理说，周宣王如此有为细心，在教育他的儿子时，肯定也花费了不少心血，寄予了很厚的期望。

周幽王继位后，本应承父繁华之基业，更添一段锦绣前程的。可他偏不，偏偏因为深爱一个女人而几乎让自己国毁家亡。

实际上，作为一个堂堂天子，政务之余，找个女人消遣消遣、散散心，原本是件无可无不可的事情。即使从当时的社会政治与道德观念上来说，也是一件合情合理的事情，天下臣民不会因此去说三道四。"溥天之下，莫非王土。率土之滨，莫非王臣。"天下都是周天子的，何况几个美女乎？

问题是，君王的私生活与他担当的治理国家的重任本是两件截然不同的事情。如果二者泾渭分明，那自然是国家百姓修来的福分。事实上，历史上很多聪颖智慧的君王恰恰在这两件事情上却处理得一塌糊涂，其家事往往影响到了国事，使本为正常的事情变成了不正常，其结果通常是："国破山河在，城春草木深。"

可怜的周幽王就犯了这样一个低级而又不幸的错误。

中国有句俗话：清官难断家务事。

一个政治家能够把国家治理得很好，但未必就能将家事处理得得心应手、井井有条。

周幽王并不是一个糊涂虫，在他遇见褒姒之前，对国家政治事务的处理，也算说得过去。在他专宠褒姒之后，对王后与褒姒的争宠之斗也可谓心如明镜。在最初一段时间里，他也还能做到持平处理。

但是，男人最怕的就是全身心地迷恋上一个女人；最怕的就是将自己迷恋的女人当成了自己的整个世界。

人们常说，男人是通过征服世界而获得女人，而女人则是通过征服男人而获得整个世界。周幽王迷上褒姒，是他倒霉的开始。工于心计的褒姒以她温柔的泪水，很快就让周幽王失去了辨别是非的能力，褒姒的喜怒哀乐成为周幽王此后处理一切事情的出发点，直至最后，周幽王完全沉缅于与褒姒在一起的温柔富贵乡、红纱鸳鸯帐中，褒姒就成了周幽王的人生全部。

从此，周幽王忘记了他的国家与臣民，忘记了他应当承担的责任与义务。

据《东周列国志》中描绘：幽王得到褒姒以后，"自此坐则叠骨，立则并肩，饮则交杯，食则同器"。一连十日不朝，君臣侍候朝门者皆不得颜色，莫不叹息而去。

一个男人到了忘记他的事业与社会责任的时候，不幸与灾难的女神就会悄悄潜到他的身边，将他的好运拿走。

周幽王距离倒运的日子不会太远了。

褒姒到底是个什么样的人物？

她难道真有狐媚禅的本领？

冯梦龙在《东周列国志》中说她："论年纪虽则一十四岁，身材长成，倒像十六七岁及笄的模样。更兼目秀眉清，唇红齿白，发挽如云，指排削玉，有如花如月之容，倾国倾城之貌。"

在她被人荐给周幽王时，幽王抬头观看，只见褒姒"姿容态度，目所未睹，流盼之际，光艳照人"，"四方虽贡献有人，不及褒姒万分之一"。

这个娇嫩欲滴，顾盼神飞，令人怜爱的美人，正值青春年少的周幽王喜欢上她，似乎是自然而然的事情。哪有一个生理正常的男人不喜爱馋了自己眼的女人？

可问题是，周幽王不应该从此"红绡帐中恨夜短，从此君王不早朝"。忘记了自己还有更重要的国事去料理。忘记了他的老祖宗周武王在讨伐商纣王时在牧野说过的一句名言："牝鸡无晨，牝鸡之晨，唯家之索。"

周武王认为：母鸡是不能叫晨的。如果母鸡报晓，母鸡主人的家就该倒霉了。将此事比附到国家大事上，就是说，宫中的女人是不应当干政的；如果女人插手政治，国家江山必然要出现问题。

现在，周幽王完全忘记了自己的职责；忘记了老祖宗的训诫，完全迷上了这个可爱的小女人，完全遂其心愿，以其意愿为己愿。

看来，周王室要出大事情了。

周幽王爱上褒姒没有错。如果褒姒安分守己，满足于眼前专房之宠而不再有别的非分之想也就罢了。

偏偏造化弄人。

褒姒很快就为幽王生了一个儿子——伯服。

俗话说得好：人心不知足，得陇又望蜀。

随着与王后矛盾的激化，随着自己儿子来到人世，褒姒已经不安于现状。

传统的惯性：母以子贵。

她要向王后地位挺进。

她要发动夺嫡之变，让自己的儿子去做未来的周天子，现在的王储——王太子。

褒姒有此念头与想法，倒也符合情理。

大凡是人，谁不愿登高攀枝，百尺竿头，更进一步。

何况，她与姜王后的冲突无法调和，江后之子将来登上大宝之日，还不就是褒姒与自己儿子倒霉之时？

但是，要想废掉现成的太子——宜臼，而立自己的亲生儿子伯服，却不是一件容易的事情。

这是因为，西周初兴之时，周文王就已经正式确立了世子制度。文王在位期间即指定姬发作为自己的未来继承人。

按照周文王、周武王的设想与实践，"立嫡以长不以贤，立子以贵不以长"这一原则，就通过西周初年加以完善的宗法制度，作为皇家继承法而最后确定了下来。

宗法制度的核心问题就是通过血缘亲疏及长幼辈分的血族观，保证嫡长子继承王位。即在嫡庶所生诸子中，必须确定嫡正即王后所生之子的优先继承地位，而在诸嫡子之中，又必须确定长子的优先继承地位。

这种制度的规定，使继承人资格被限制在一个人的身上，其他诸王子不敢心生奢望、冒天下之大不韪去争夺王位。

嫡长子继承制度的确立，为周天子提供了权力的继承和更迭原则，降低了皇家权力转移时政治震荡的频率。应当说，这在当时不失为一项保证国家长治久安的政治制度。经过四百余年的运用与完善，到周幽王时期，早已成为天下臣民与周王室人人加以运用固守的制度与政策。

自从褒姒产生立儿子为太子的这个想法与欲望后，这个念头就一直像一条毒蛇一样在吞噬与折磨着她的心灵。不过，这件事情能否达到目的，却要决定于周幽王的立场与态度。

不幸的是，此时的周幽王在褒姒面前，彻底放下了至尊至贵的天子的身份，变成了一个被情欲完全吞噬的不可自拔的可怜又软弱的男人。他已经彻底地丧失了思想，更别说君王应当持有的原则与立场了。

在周幽王看来，褒姒就是他的全部世界。褒姒的欢乐与忧悲就是他的欢乐与忧悲；褒姒的要求与需要就是他的要求与需要。

接下来，晕了菜的周幽王在褒姒与佞臣虢公石父等人演的双簧戏面前，便先后做出了几件晕了菜的事情：

将太子宜臼赶出京城，到申国去听申侯教训。

将王后姜氏打入冷宫，立褒姒为王后。

废太子宜臼为庶人，立伯服为太子。

将朝政交付与虢公石父、尹球、菜公易等一班佞臣，自己则只争朝夕地与褒姒在宫中淫荡作乐。

为博得褒姒芳容一笑，竟不惜启动国家应急的烽火救援措施，"千金买一笑"，"烽火戏诸侯"。

针对已起反叛之心的以申侯为首的地方实力派，周幽王不是去反躬省己、想方设法安抚平息，相反，他却拍案大怒，下旨发兵讨罪。

一个人的私心过度膨胀，就会变成连自己都不认识的恶魔。

周幽王一系列错误的举措，对国家、对自己，都开了一个不该开的玩笑。

废嫡立庶，废旧后立新后，去挑战实行了数百年的国家宗法制度，去挑战持反对意见的臣民与诸侯时，周幽王就迅速失掉了天下的人心，真正变成了一个孤家寡人。

仅仅为博取美人一笑，就不顾后果地动用千钧一发时才能启用的烽火装置来戏弄诸侯，这种如喊叫"狼来了"的小孩儿一样的恶作剧，从此也使周幽王在诸侯面前失去了诚信与威信。

姜后的弟弟申侯拥有强大的实力，并与戎狄有着广泛的联系。姜后被废、太子被废，都涉及了这个地方实力派在朝中的根本利益。周幽王不顾一切地去掩耳盗铃，结果只能激化矛盾，使自己立马身处生死存亡的危机之中还不自知。

箭在弦上，不得不发。

申侯先发制人，联合犬戎一族进军周王室的国都镐京。失掉人心的周幽王、褒姒、伯服只能以生命为代价，给他们的玩火游戏画上了一个悲剧的句号。

周幽王之死成为周王朝盛衰的一个分水岭。

不久，旧太子宜臼被迎回继位，是为周平王。

很快，周平王为避戎狄锋镝，东迁洛邑，以逃避的方式，企求长治与久安。

从此，西周告一段落，春秋时代揭开了帷幕。周幽王以他的生命与王朝为代价，去溺爱一个女人，这段罗曼蒂克史给后人留下了一个沉重的教训。

残阳如血，永远无法褪去耻辱的色彩！

亡家亡国之鉴，希望人们能永远记住这个教训。

秦襄公的过人处

　　说到秦国的历史，秦襄公是一个绕不过去的人物。所以必须提及他，是因为，在他的手中，秦国才真正开始了其建国的历程；在他的手中，秦国才从一个小小的附庸，真正崛起为一个诸侯的国家。

　　西周末年，天下大乱。乱的害处是：百姓遭殃、经济衰败。但事物的发展与变化总是表现在正反两个方面的同时并存。乱世，也给一些英雄人物创造历史提供了机会，让他们往往能够做出前人数代甚至更多代人都没有办法完成的事情。秦襄公就是这样一位颇能顺应时势、创造历史的英雄人物。

一

　　翻开历史，可以看到，秦的先人，原本是与周王室极端对立的一个部族。

他们在商王朝时代，过着体面而有尊严的生活。周武王灭商，结束了他们原本已经习以为常的富足的生活方式。周武王死后，他们立刻在东方拥立商纣王的儿子武庚发动叛乱。周公平叛之后，刀下余生的秦人，为了生存，只好离开了已经熟悉了的故乡山水，颠沛流离到荆棘丛生的西方边陲野地。数百年的艰难生存环境已经将秦人锻炼成为集东方的智慧、狡黠与西方戎狄的野蛮、好战于一身的有着极强生存能力的一个部族。经过长期的斗争，秦人在周孝王时期，终于被允许建立自己的城堡，成为西周王朝的附庸；成为藩屏西周王朝西部边地的支柱与干城。

什么叫"附庸"？

据《礼记》记载："天子之田方千里，公、侯田方百里，伯七十里，子、男五十里。不能五十里，不合于天子，附于诸侯曰附庸。"

看来，"附庸"只能依附于大诸侯国，因为不具国家的名分，所以没有资格与周天子见面，也无法参与诸侯国家间的大小事情。

但是，对于秦人来说，从罪人到附庸，已经是足可欣慰的事情了。这是经过几代人的艰辛努力，才获得的成果。这是从奴隶到将军的第一步。没有这第一步，自然就不会有后来的建国、称霸与帝业。这一步来得是那么的不容易。这是秦人先辈用刀与剑开拓的结果；这是秦人先辈们前赴后继用血与汗换来的结晶。

这粒种子，在秦襄公手中，终于遇上机缘甘霖，在他们手中破土成长。

二

秦襄公的机缘，就是周王室在本部地区统治力量的严重削弱。

每个王朝都有盛极而衰的历史轮回。

周王朝走下坡路，从严格意义上讲，是从周幽王开始的。

周幽王为人，暴虐寡恩，动静无常。他迷恋褒姒，重用佞臣，堵塞忠贤之路，废嫡立庶，烽火戏诸侯。种种恶行引起了天怒人怨，导致国家的内乱与外患。

申侯先发制人，联合犬戎攻破镐京，周幽王被杀。

申侯有引狼入室的本事，却没有驱赶野狼的能力。在无奈的情况下，他只得密书各路诸侯起兵"勤王"，前来搭救。

秦人再一次发迹的机会降临了。

秦襄公抓住机会，及时赶来"勤王"，与晋、卫、郑等其他赶来的诸侯一起驱逐了盘踞镐京不走的犬戎军队，并与各路诸侯一致拥戴周平王继位。周平王继位后，惧怕犬戎再次入侵，遂决定放弃祖宗龙兴之地，匆匆向东迁都洛邑。

历史，再一次开始了对英雄豪杰大浪淘沙式的筛选。

是骡子是马，拉出来遛遛！

三

按道理说，申侯既是国戚又是当时在西岐最具势力的一个诸侯国家的国君。平王东迁，他应当义不容辞地担起护驾的责任。周王室东迁之后，他也应当利用形势从犬戎手中收复失地，壮大自己的实力。但是，在这一重大的历史机遇面前，申侯却视而不见，根本没有前瞻性的想法，结果任宝贵的机会从他的手中白白地溜走。

相反，秦襄公却审时度势，及时抓住了这个百年不遇的重大时机。他的过人之处，在这一关键性的历史时刻，淋漓尽致地发挥了出来。

1. 早在犬戎入侵镐京、烽火连天的时候，与犬戎做邻居的秦襄公，不可能不知道这个消息。在这个需要抉择的时刻，秦襄公冷静地选择了装聋作哑，静观其变。因为，他知道，他出兵的时机还没有完全成熟。

2. 当犬戎攻破镐京、申侯无法控制局面、密书求救时，早就做好了充分准备的秦襄公，立刻名正言顺地出师"勤王"，抓住了出击的主动权。

3. 在申、郑、卫、秦四路诸侯商讨如何进攻犬戎的时候，秦襄公没有顾虑自己附庸的名分，而是毛遂自荐，充当起出谋划策的角色，担负起了驱赶犬戎的实际责任。

4. 周平王东迁之时，各路诸侯国都面露难色，不愿去做这件出力不讨好的事情。秦襄公却从中看到了巨大的机遇。他抛下自己的国家于不顾，立即亲自率领他的队伍千里迢迢护驾东行，表现出了只有"附庸"地位的秦人的赤胆忠心。

5. 在"护驾"的整个过程中，秦襄公一定表现得尽心尽力、尽职尽责，周平王也一定被照顾得处处满意。秦襄公的忠心与攻心之术，很快就到了收获的季节。

其实，秦襄公心中明白，按国家礼制，自己这个附庸很可能终其一生都没有机会一睹天颜的、更没有名分护王伴驾。现在，你周平王虽拥有天子的名位，但却处于弱势的地位。弱势的人一般都很难忘记患难之情的。"勤王"与"护驾"，很可能就会突破周平王的心理防线，让他对自己有所回报。总之，现在是一个机会，一个千古未有的机会。秦襄公他要紧紧地抓住这个机会。

果然，秦襄公的赤胆忠心得到了丰厚的回馈。

东迁成功之日，周平王立刻封赐秦襄公为诸侯，并且"赐之岐以西之地"。周平王说："戎无道，侵夺我岐、丰之地，秦能攻逐戎，即有其地。"

从公元前11世纪开始，到公元前771年，经过300多年前赴后继的接力奋斗，秦人终于又从奴隶做上了将军。

秦襄公，凭借他的远见智慧与真才实干，终于让秦从一个附庸身份正式变成一个国家的实体，取得了与中原各国诸侯平起平坐的地位。

四

如果说，"勤王"和"护驾"显示出了秦襄公过人胆识的话，那么，在下列三件事情上就更显示出了秦襄公比其他诸侯国君在政治智慧上的高明之处。

1. 从洛邑回到西垂之地后，秦襄公并没有陶醉在取得诸侯名分的喜悦上。他清楚地看到了秦人落后的危险性，立刻用周天子将岐、丰之地赐封给他的口头许诺，将没有来得及迁走的周之遗民笼络在他自己的旗帜之下。

秦襄公大口大口地猛吃周人先进的文化与生产技术，促进秦人将游牧与农业生产结合起来，让秦国迅速向东方各国文明靠近。秦襄公的拿来主义的胸怀与气魄，给他的后代立下了值得效法的榜样与标尺。

2. 既然周天子允许了秦人建国，并且周天子还把周王朝的龙兴之地岐、丰一同让给了秦襄公，那么，秦襄公就有理由认为，自己是受命于天。既然周王朝在岐、丰兴起，那么，如今秦国也将拥有这块天赐的富饶宝地，秦国也应当从此兴起，直至最后统一天下。

据《史记·六国年表》记载："至犬戎败幽王，周东徙洛邑，秦襄公始封为诸侯，作西畤用事上帝，僭端见矣。礼曰：'天子祭天地，诸侯祭其域内名山大川。'今秦杂戎翟之俗，先暴戾，后仁义，位在藩臣而胪于郊祀，君子惧焉。"

可见，秦襄公在开始建国时，就把天地作为自己祭祀的对象。这说明，他根本就没有将周天子放在眼中。通过"勤王"和"护驾"，秦襄公已经看透了周天子纸老虎的实质。他虽然因为实力不足，在名分上仍然尊奉周室，实际上，骨子里，代周而起的愿望已经在他的心中深深扎下根来。从秦襄公开始，秦人的受命于天，代周而起的建国意识越来越强烈，所祭天地的次数也在相应的不断增加。

3. 整军经马，通过刀剑赶走狄人，夺回岐、丰之地，将周天子许给的空头支票变为实有并加以兑现。秦襄公刚建国时，只有秦地尺寸之土。周围是一片莽莽荒原，间有戎狄出没、骚扰、掠夺。周平王感秦襄公忠心护驾东迁之功，给秦人开了一张空头支票。所谓赐地于秦，所给的其实仅仅是一个合法居留的名义，实际上是一件惠而不费的事情。

周室东迁之因，正是因为抵挡不住戎狄的烽火侵扰。东迁之后，岐、丰之地也已经为戎狄占领。东迁后的周室根本就没有能力收回祖宗的这片龙兴的圣地。

周平王赐地于秦，意思本是：岐、丰之地我是收不回来了，留给戎狄又实在咽不下这口恶气。秦襄公你有这个能力，你就去夺回；你没有这个能力，对不起，我也爱莫能助。实际上，周王室认为秦国没有收复岐、丰故地的能力。如此分封，实际上是让秦人自己去与戎狄拼杀，把秦人真正地推到抗击戎狄的第一线。

然而，周平王本来给予秦襄公的是一张空头支票，但后来事态的发展却显然出乎了他的意料。周平王没有想到，数百年的苦难与艰辛，早已经将秦人锤炼成为强悍尚武、坚忍不拔、从来就不会把希望与命运寄托在别人身上的一个充满生机的民族。他们需要的，不是依赖别人的帮助，而是一个好的政策与光明正大的名分。秦人成为正式诸侯，极大地激发了秦人的民族生存潜力，极大地提高了他们的民族自信心与自豪感。

经过多年的浴血奋战，秦襄公率领大军终于从根据地西垂一直打到岐下，取得了对戎人战争的巨大胜利。"戎主远循西荒。岐丰一片，尽为秦有，辟地千里，遂成大国。"秦襄公终于把当年周平王的口头封赏给自己的土地变成了实有。

此后，他的子孙，踏着他的足迹，不断开疆拓土，不懈地追求征服天下。

秦襄公的远大理想与目标，化入秦人的民族心理，成为一种把握时机，积极进取，拼搏奋斗的符号象征。它激励着秦人去代周而起，去实现天命归秦的宏伟目标。

秦襄公，你真了不起！

郑庄公的心机

　　郑庄公是春秋开篇应该着重叙写的第一号重要人物，也是两千年来遭到非议最多、至今仍未得到比较一致评价的一个诸侯。他给后人留下了两句传世的名言：一句是"多行不义必自毙"；另一句是"不及黄泉，无相见也"。不过，这个郑庄公心机太深，技巧颇高，表面上是一副忠孝仁悌的模样，骨子里却是将利害至上、刀刀见血的花样玩得出神入化，简直是达到了炉火纯青的程度，堪称是中国用术人物的开山鼻祖。

　　自汉以降，一篇《郑伯克段于鄢》的《左传》选文历代相传；清代的《古文观止》又在此基础上收录与注释，几至家喻户晓。一个被冠于"伪善""不孝"和"周纲解纽罪魁"等诸种恶名的郑庄公，就长期栩栩如生地印在了人们的头脑之中。

　　那么，郑庄公到底是一个什么样的历史人物？他在春秋开篇史上又占据着怎样一个地位？

事情还要从头说起。

翻开一部春秋史，给人印象最深的莫过于一个"乱"字了。

生活在春秋末年的孔丘先生在研究了古今政治发展的规律之后，曾经歆歙出一段精辟的议论：

> 天下有道，则礼乐征伐自天子出；天下无道，则礼乐征伐自诸侯出。自诸侯出，盖十世希不失矣；自大夫出，五世希不失矣；陪臣执国命，三世希不失矣。天下有道，则政不在大夫。天下有道，则庶人不议。

这位深邃睿智的圣人指出：假若天下太平，那么制礼作乐、号令征伐都要由周天子决定；假若天下昏乱，那么礼乐征伐便决定于诸侯之手了。拿《论语·季氏》篇所载孔子的这个论断来对比西周末年、春秋时代的局势，就会感到孔子确实是把握住了这个时代的基本脉象。

自平王东迁以后，周室顿衰。一些有实力的诸侯国趁机崛起，把只有周天子才有的礼乐征伐大权拿到了自己的手中。据说，鲁惠公在打听到秦国越礼僭祀上帝时，心里很不舒服，就派他的官员太宰让去洛邑见周天子，也要周平王批准鲁国使用"郊禘之礼"。周平王当然不同意了。不但不同意，而且是相当的不高兴。鲁惠公见状，干脆不理睬周天子，自己照样"僭用郊禘，比于王室"。周平王知道后，也无可奈何，心中的苦涩只有自己知道。毕竟，东迁之后，周王室在日益卑弱，能够保住天子的面子、名分就已经不错了。

自此而后，"礼乐征伐自诸侯出"。

这一下，天下便乱了套。

郑国的国君郑庄公，便是这个变乱时代的始作俑者。

他杀弟囚母，不把周天子放在眼里，挟天子以令诸侯。种种举动，开始打破了西周时期的"礼乐征伐"的规矩与传统，用人与人之间的利益和利害关系来代替忠孝悌友的传统伦理及以仁德为游戏的规则。

不过，这个郑庄公心机太深，技巧颇高，表面上是一副忠孝仁悌的模样，骨子里却是将利害至上、刀刀见血的花样，玩得出神入化，简直是达到了炉火纯青的程度，堪称是中国用术人物的开山鼻祖。

郑庄公继位后第一件最重要的事，就是面临着母亲武姜与弟弟共叔段对自己君位的严重挑战。

说起这位武姜，也算是春秋时期一位很有脾气的贵妇人了。她既是两周之际颇有影响的申国诸侯的宝贝女儿，又是诸侯大国郑武公的夫人。她性格乖戾、偏执而又随心所欲。在生产郑庄公时，仅仅因为难产，从此便就不喜欢自己的这位长子，名叫"寤生"的孩子。第二个孩子共叔段生产得容易，又长得帅气，就受到武姜的偏心与宠爱。武姜屡次向郑武公请求立共叔段为太子，都被郑武公以"长幼有序，不可紊乱。况寤无过，岂可废长而立幼乎"的正当理由加以拒绝。郑武公死后，寤生继位为郑庄公。被武姜宠爱的共叔段，只不过得到了一个小小的共城作为食邑。当然，郑武公临终此举，实际上也是保护他的小儿子共叔段的一个明智的安排。郑武公深知，武姜偏爱共叔段，共叔段也有争夺君位的野心，如果给予共叔段太大的封邑，恐怕就会演出二子相残的悲剧来。可惜，武姜这个女人就是头发长见识短。武姜不理会丈夫临终时这一安排的苦心，而是在武公过世、郑庄公刚刚继位时，便以国母身份变本加厉地逼迫郑庄公去给弟弟共叔段以更大的权力、更多的食邑。

按照周朝的宗法制度，"立嫡以长不以贤，立子以贵不以长"。即在嫡庶所生诸子中，必须确立嫡正妻所生之子的优先继承地位。这一标准就是将继承人的资格限制在一个人的身上，杜绝其他诸公子的觊觎君位的野心。

依据周代宗法制度，寤生继位为郑庄公合法、合理、合情。武姜企图以小儿子共叔段来夺取君位则是于法不合，于理不通，于情有悖。共叔段仗着母亲的支持，有恃无恐地从事夺位行动更属大逆不道。

但是，另一方面，武姜又是郑庄公的亲生母亲，共叔段也是郑庄公的一母同胞。在孝、悌观念仍然根深蒂固的春秋早期，如果对这一问题处理不好，就会给郑庄公的政治声誉带来很大的麻烦甚至是灾难。

面对这种家事就是国事的尴尬局面，郑庄公确实处在两难之中。

对于武姜与共叔段咄咄逼人的进攻，摆在郑庄公面前的解决办法只能有三条：

1. 如果真为弟弟共叔段着想，就应当揭露他的阴谋，并努力用仁德去感化这位已被母亲宠坏了的弟弟，最终化敌为友。

2. 拒绝武姜的无理要求，坚决抑制共叔段势力的发展，不给他制造叛乱的机会与能力。

3. 采取一劳永逸的办法，找机会一举消灭共叔段，彻底消除这个心腹大患。

如果采取1、2条办法，未必能够感化武姜与共叔段，相反还可能背上不孝不悌的恶名。采取第三个办法能够消除永久隐患，但同样也有可能背上杀弟逆母的骂名。

权衡再三，郑庄公决定采取第三套方案。这就是：引蛇出洞、后发制人。

第一步，以退为攻。

武姜见共叔段无权无势，心中不快。他大骂郑庄公："你承袭父位，享地数百里，却使同胞之弟无容身之地，于心何忍？"

郑庄公一脸无奈神情："只要母亲要求，我都会答应。"

武姜立刻进逼："为何不把制邑之地封给你弟？"

制，就是历史上有名的虎牢关，在今河南荥阳东北，北临黄河，地势险要，一旦为共叔段所据有，恐怕就会据险难除。

郑庄公当然不能把制交给共叔段。他以"制邑以显要著名，先王有遗命，不许分封"为由，断然拒绝了母亲的无理要求。

武姜又逼："京城也行。"庄公默然良久。

武姜不高兴地提高了嗓门："如果再不许，干脆你把你弟弟逐于他国，使其别图仕进，能够糊口罢了。"

话说到了这个份儿上，再不答应就要担上不悌不孝的骂名，郑庄公只好封共叔段于京城。

共叔段得据京城，其危害性许多大臣都看得一清二楚。

"天无二日，民无二君。如果封共叔段大邑，是国有二君，恐有后患。"

庄公轻轻地以"此是母命，岂敢违背"一句话，就把制患的责任全推到了武姜的身上。

第二步，引蛇出洞。

共叔段得封京城后，在母亲的支持下，有恃无恐，扩筑城郭，积聚粮草，装备武器，准备步兵、战车，并且把郑国西部与北部的边境地区也强行划到自己的治下。郑庄公则装聋作哑，任其招兵买马，胡作非为。

俗话说，多行不义必自毙。

武姜与共叔段的不正常举动，早为国人看在了眼中，记在了心中。

郑庄公忍耐、退让的策略取得了良好的效果。广大臣民在共叔段的不臣举动中分清了是非，纷纷站到了郑庄公的正统一边。

郑庄公看到时机成熟，便又用到周室担当卿士的借口，诱使武姜与共叔段发兵袭郑。武姜看到郑庄公离开郑国，认为是共叔段夺位的最佳时机。于是，她密信共叔段，二人约好发兵日期。当然，罪证自然都落到了郑庄公的手中。直到此时，郑庄公引蛇出洞、诱使对手犯错误的策略终于宣告成功。

第三步，后发制人。

在武姜与共叔段谋反证据确凿的情况下，公元前722年，郑庄公发兵讨伐共叔段。共叔段这位野心勃勃的纨绔子弟哪里是老谋深算的郑庄公的对手？在众叛亲离中，很快兵败自杀。到了这个时候，武姜只有看着自己与公叔段来往的信件发呆，哑巴吃黄连，有苦说不出。

就这样，郑庄公彻底蠲除了这个在自己卧榻旁酣睡的心腹大患。稳定了国内局势后，下一步就要在霸主舞台上小试牛刀了。

郑庄公继位后的第二个难题便是如何处理与周天子之间的君臣关系。

郑庄公的爷爷郑桓公做过周室的司徒，父亲郑武公担任过周室的卿士，他们都利用在天子身边的机会，积极东进扩张，趁周王室大乱之时，吞并东虢等地，为春秋初年郑国的生存与强大打下了坚实的基础。

郑庄公继位后，继续担任着周室的卿士重职。

因为共叔段作乱一事，郑庄公疏于周室事务，长期不朝，更为重要的是，郑武、郑庄以英主之姿，兼任王朝卿士，却处心积虑图谋郑国自身的发展，并不以复兴周王室为大义。这样的情况，自然引起了周平王的大为不满。郑国的迅速强大，也让周天子心怀疑惧。于是，周平王便想趁机让虢公忌父代替郑庄公担任周王室的卿士。郑国与周王室的矛盾冲突从此爆发。

实际上，对于周平王的不信任、不欣赏的态度，郑庄公早已耿耿于怀。只不过，他心机很深，不轻易表露自己的态度罢了。

周平王决定起用虢公，用分权的办法牵制郑伯的举动，终于让郑庄公找到了报复的机会。

郑庄公立即驾车到周，以辞职相要挟。

周平王子东迁以来，多靠郑国襄助，况卫武公死后，周室权柄长期独落郑伯之手。郑国祖孙三代连做周室卿士，朝内朝外，势力盘根错节，早已根深蒂固。东迁后只剩下个天子名分的周平王，自然不敢去与郑庄公撕破脸皮。郑庄公却不依不饶，坚决要周王室给个说法。最终，这个只能靠摆谱、显威风过日子的周天子，只得谨慎地放下天王的架子，无奈地答应郑庄公的周、郑交质以为凭信的要求，派自己的儿子——王子狐到郑为人质，郑庄公也派公子忽到周，中国历史上的人质事件由此发源。

周天子与郑伯因为发生信任危机而互派人质，这在周王朝统治史上是一件破天荒的大事。这件事情表明，周王室虽拥有天下共主的名分，但其实际统治的力量已经衰弱到不能再实际统治与号令天下诸侯的程度，其实际地位已经降到了与诸侯国并列的地步。这与周夷王时齐哀公因为不服从周天子号令而惨遭煮烹时的形势已经是不可同日而语了。这件事情严重地破坏了周天子号令天下的统治格局。从此以后，礼乐征伐，就开始转到诸侯强国之手了。

郑庄公对待周天子的强硬政策终于使二者矛盾高度激化。

公元前720年，周平王去世，周桓王继位。

"初生牛犊不怕虎。"

周桓王一上台就采取强硬措施削减郑庄公的权势。作为回应，郑庄公则派军队强行夺取周王畿内温地的小麦与成周地区的成熟谷物。郑庄公的强硬态度使周天子既折了威风，又损失了谷物。周郑关系虽趋于恶化，但郑庄公毕竟保全了自己在周王室的卿士地位。

通过这次冲突，郑庄公也做了深刻的反思。反思的结果是，郑庄公认识到周室虽衰，周德犹在。周天子虽然在实际上没有多大的力量，但他毕竟是一个可以用来号令天下的招牌。失掉在王朝的职务，就等于失去了"挟天子以令诸侯"的权力，对他争雄诸侯显然是不利的。而且，郑庄公本想给周桓王这位刚上台的天子一个下马威，却不料周桓王不像他祖父周平王那样软弱可欺，强硬毫不退让。在这种情况下，富有心机的郑庄公决定改变策略，采取软硬兼施的一手，求得与周王室搞好关系。

公元前717年，郑庄公亲自到王都洛邑朝见周桓王，周桓王却拿着架子不加礼遇，这使周郑关系不但没有得到改善，相反更趋紧张。郑庄公来朝见，周桓王认为自己的强硬政策已经收效，就在公元前715年任命虢公忌父为王室右卿士，郑庄公为左卿士，共掌王政，从而迈出了收回郑庄公王朝执政的重要一步。对于这一减权的行为，老谋深算的郑庄公并没有表现出什么反对的地方，相反，为了表示对这一任命的服从，这年秋天，他带着齐僖公又入朝觐见周桓王。

但是，郑庄公的退让求全，却让周桓王愈发胆大起来。

公元前712年，周桓王给郑庄公开了一张空头支票。他用苏忿生的12座城邑换取郑国富足的四邑。但苏忿生的城邑本来就不为王室所有，用它来交换郑国四邑，无疑是在白白地侵夺郑国的地盘。这还不够，过了5年，周桓王干脆把郑庄公的左卿士职位也给罢免了。郑庄公见周桓王一再对他制裁，再三隐忍退让的策略已经不起效果，干脆也就不再入周朝见。这事实上就是向周天子宣告：你周天子不义，我郑庄公也不忠了。从此，我不再承认你周天子的统治地位了。

郑庄公的举动，进一步惹怒了周桓王。这位不自量力的天子竟然控制不住自己心中的怒火，亲自率领王军和他还能号令的陈、蔡、卫等国军队对郑讨伐。结果，繻葛一战，周桓王不仅大败，而且还肩膀中箭，带伤而归。

郑庄公的有理有利策略终于发生了效果。繻葛一战，不仅使天下诸侯看到了错在周室，更重要的是这场战争的胜负直接关系到了东周王室日后的命运，它使周桓王恢复与重建王室权威的努力化为了泡影，周天子从此彻底威风扫地。周桓王自己把周天子"受天有大命""辅有四方"的牌子打掉了。

明代文豪李贽曾经把周代王权衰颓过程中具有标识意义的两件大事，放在一起加以评论：

夷王足下堂，桓王箭上肩。

《礼记》中曾明确记录有周夷王为了表示对诸侯有礼数而下堂会见诸侯的事，这是周王权开始衰弱而诸侯影响开始增强的一个标识。周王权的跌落显然经历了一个很长的时期。周夷王之后的厉、定、幽诸王依然有天子的威风。西周陨灭以后，周平王东迁洛邑，也还可以对诸侯们摆摆架子。然而，到了周平王的孙子——周桓王之时，天子的威风却从此不再，这个转折点就是周、郑繻葛之战。李贽所说的"桓王箭上肩"就是指在这次战争中发生的事情。郑国的这一箭，射尽了天子的威风，暴露出了周天子的纸老虎的面孔。从此以后，再没有一位周天子敢于率军出来挑战抗旨的诸侯，王权之威终于在实力的较量中让位给了霸权之雄。

从此，中国历史进入了一个新时代。

郑庄公"挟天子以令诸侯"，伐宋、伐卫、救齐败戎，俨然成为了春秋时期的霸主鼻祖，最终确立了郑国在春秋初期的大国、强国的地位。

春秋大国争霸由此启畔。始作俑者，岂非城府极深、一代雄主郑庄公乎？

齐僖公小霸

在春秋初年的政治舞台上，齐僖公是一位不可或缺的人物。离开了他，春秋初年的历史很可能就不会显现得如此生动有趣、丰富与和谐。原因很简单，春秋时期，大凡有资格有能力成为霸主的诸侯，一般都要在两个方面有突出的业绩：一是有强盛的国力、强大的武装力量作后盾，积极征战进取，建立赫赫战功为各国诸侯所承认；二是有号召力能主持诸侯间的会盟，在外交政坛上独领风骚。春秋初年，郑庄公虽能武功显赫，在当时的诸侯中无人与匹，然而在外交会盟方面，却实在未见他有什么特殊的建树。在这一方面，雄踞东方的大国诸侯齐僖公，就充分利用了当时的形势，在诸侯会盟的外交事业上胜了郑庄公一筹。

———

齐僖公，名禄甫，齐庄公之子，公元前 731 年至公元前 698 年在位，时长 34 年。他能够在春秋初年的政治外交舞台上占尽风流，其基础还要往远处溯源到其老祖宗姜太公建国，往近处是其父齐庄公为他留下的富足资源基础。

齐国是西周初年周武王分封诸侯时吕尚所建立的国家。

吕尚，本姓姜，字子牙，号飞熊。他是商末周初时期的一位杰出的军事家、政治家。他曾因辅佐周武王伐纣灭商立下大功，而被封为诸侯，成为东海边上大国齐国的始祖。

西汉刘向在《说苑》一书中说："吕望年七十钓于渭渚，三日三夜鱼无食者，望即忿，脱其衣冠。上有农人者，古之异人，谓望曰：子姑复钓，必细其纶，芳其饵，徐徐而投，无令鱼骇。望如其言，初下得鲋，次得鲤。刺鱼腹得书，书文曰：'吕望封于齐。'望知其异。"

这段材料显然注入了神话的色彩，但却透露出了一个信息：这就是姜太公出道很晚。大约 70 岁时才真正开始了他一生辉煌的事业。"姜太公钓鱼，愿者上钩"的典故，即是由此而得。

据司马迁在《史记·太史公世家》中记载："太公望吕尚者，东海上人。其先祖尝为四岳，佐禹平水土甚有功。虞夏之际封于吕，或封于申，姓姜氏。夏商之时，申、吕或封枝庶子孙，或为庶人，尚其后苗裔也。本姓姜氏，从其封姓，故曰吕尚。"

《史记》中又说："吕尚处士，隐海滨。周西伯拘羑里，散宜生、闳夭素知而召吕尚。吕尚亦曰'吾闻西伯贤，又善养老，盍往焉'。三人者为西伯求美女奇物，献之于纣，以赎西伯。西伯得以出，返国。言吕尚所以事周虽异，然要之为文武师。周西伯昌之脱羑里归，与吕尚阴谋修德以倾商政，其事多兵权与奇计，故后世之言兵及周之阴权皆宗太公为本谋。周西伯政平，及断虞芮之讼，而诗人称西伯受命曰文王。伐崇、密须、犬夷，大作丰邑。天下三分，其二归周者，太公之谋居多。"

后来，文王崩，武王继位。姜尚又辅师武王，伐纣灭商，建立周王朝。"师尚父谋居多。"

克商以后，根据周的分封制度，姜尚被封到他的原来出生地建立诸侯国，称齐国。

关于称"齐"的原因，根据司马迁的《史记·封禅书》中的"齐之所以为齐者，以天齐也"解释，大概是指姜尚之功可以与周天子相齐的意思吧。这样，姜尚就成为了齐太公。

姜尚在东海建齐不久，就发生了东方武庚联络三监管叔、蔡叔、霍叔发动的变乱，周公东征，因不懂军事，又多靠姜尚的鼎力相助才得以平叛。因此，三监之乱平定后，周王室立即授命齐太公"东至海，西至河，南至穆陵，北至无棣，五侯九伯，实得征之"的特权。意思是说，东至大海，西至黄河，南至穆陵，北至无棣，此间五等诸侯，各地官守，如有罪愆，齐国就有权征伐，而无须求得朝廷的同意。这样，姜太公以他的军事才能与军功业绩为齐国争得了征伐"不臣"的政治特权。

齐国不仅占有东海边上富足的天然资源，而且，从姜太公开始，齐国历代国君，都格外注重发展经济，充实国力，开放尚智，务实进取，这就为日后齐国的发展壮大奠定了良好的基础。

二

政治历来就是利益、利害的代名词，能够决定政治前途的，往往是实力与力量在说话发言。

齐国以其天时地利，国力不断得到加强。随着实力的增强，到齐哀公时开始与周王室发生了不可缓解的冲突。

司马迁《史记·齐太公世家》中记载："哀公时，纪侯谮之周，周烹哀公而立其弟静，是为胡公。胡公徙都薄姑，而当周夷王之时，哀公之同母少弟山怨胡公，乃与其党率营丘人袭攻杀胡公而自立，是为献公。献公元年，尽逐胡公子，因徙薄姑都，治临菑。"

根据这个资料，足可表明，到齐哀公时，周齐关系已经变得相当的紧张。导致这种紧张关系的原因何在？仅仅就因为别人的一个"小报告"，周夷王就抓捕了齐哀公并用鼎烹杀了他，这件事情恐怕不会这样简单。就算纪侯这个谮言很恶毒，但也不至于就让周夷王敢明目张胆地杀害一个诸侯国主。但纪侯到底说了些什么谗言，导致周夷王果断下了如此毒手，以鼎沸水烹杀了齐国国王，除了司马迁的记述外，史料阙如，无法深究。但可以断言，纪侯的这个谗言一定关系到了周王室的利害，否则，势力已大大削弱了的周王室，不敢也不至于下如此狠手。况且，烹杀也明显带有警示其他诸侯之意。很有一种可能，这就是齐哀公在齐国国力强大到一定地步后，不愿意再受周天子的统治。他很可能想要脱离周室自立为王，另起炉灶、烧锅煮饭。

周夷王虽然烹杀了齐哀公，又立齐哀公之弟齐胡公为新任齐侯。但事后不久，齐哀公的另一个弟弟姜山，便又公然违抗周王室之命，发动政变，杀死了齐胡公，自立为齐王，是为齐献公。

按道理，齐胡公是周天子任命的诸侯，齐献公以一个大夫的身份，竟敢违抗王命而做出这样弑君抗上的事情，周王室是不会放过他的。即使从维护周天子的脸面出发，征伐齐国，让敢于弑君抗命的齐献公成为第二个"齐哀公"，不是合乎"天意"，顺从"国礼"吗？但历史事实表明，对于这件大逆不道，使周王室大丢脸面的事情，周夷王却装聋作哑，没有对齐献公采取任何行动，而是听之任之，默许既成的事实。

这也从一方面说明，齐哀公时，肯定有对周王室极为不利的计划或打算，因为这涉及了周王室的兴亡命脉大事，周夷王才敢于不顾后果地对齐侯下了毒手。

这件事情，深深地影响到周齐关系，很可能齐国国君从此在事实上不再亲自去朝见周天子了，二者关系长期以来很可能是十分糟糕。

齐庄公二十四年，周幽王因废嫡立嗣、宠幸褒姒而引起天下大乱。犬戎入京杀死幽王，西周王室被抢劫一空。齐庄公这时逍遥东海，乐得轻快。平王东迁前后，齐庄公审时度势，全力发展本国经济，避祸保国，没有对周室危难再施援手。这种政策，一方面使周齐关系继续处在尴尬状态，另一方面，也为齐僖公即位后，齐国社会稳定、国力强盛打下了一个良好的基础。这使得齐僖公能够无后顾之忧，从而能够根据当时变化叵测的国际形势而抓住时机采取主动出击的进取政策。

三

齐僖公争霸，走的是一条与郑庄公迥然不同的道路。

春秋初年，政治聚焦在以洛邑为中心的中原及周围地区，东方的齐、鲁皆因与周王室关系紧张而谨慎有余。这时，中原地区的郑国在郑庄公的统治时期军事力量一度强大。齐僖公审时度势，根据齐国与当时的国际形势采取了一条军事与外交双管齐下，而以外交争霸的国策。

1. 与郑结盟，借郑国的军事实力来壮大自己的名望。春秋初年，郑庄公凭借其军事力量挫败周天子，纵横捭阖在中原政治舞台，所向披靡。齐僖公看准时机，放下大国的架子，主动向郑频送秋波。他先与郑庄公在庐（今山东长清县西南）歃血定盟，约为兄弟有事相偕，然后又于公元前720年和郑庄公在石门（今山东省长清县）重温庐之盟约。为了取得郑国的支持，他甚至想把自己的女儿文姜嫁给郑国的世子忽，以结齐郑之亲，只是因为郑世子忽的不领情而不了了之。

2. 主动改善与周王室的关系。东迁之后，周王室的影响江河日下，周王室勉强能摆一个天子的架子。齐僖公看准了这是一个齐与周王室改善关系的绝妙契机，他不是去借机生事，而是显示其恭敬之意，于公元前715年在郑庄公的陪同下，到洛邑朝见周桓王，以真诚取得了周天子的重新信任，从此结束了齐周多年不正常的尴尬关系。

3. 采取睦邻友好政策，改善与邻国鲁国长期不和睦的关系。齐与鲁虽然互为邻国，但由于文化传统的差距，历史上两国之间多有龃龉。公元前717年，齐僖公与鲁隐公在艾（今山东省新泰县西北）会盟，双方表示弃恶交好，建立起正常往来关系。第二年，齐僖公又派其弟弟夷仲年到鲁国聘问，以巩固两国在艾之盟中所取得的成果。齐僖公采取主动措施，接连改善与协调了齐国与郑、鲁、周王室的关系，这对于提高齐国的政治地位具有十分重大的意义。

4. 利用自己的大国地位，频繁展开一系列重大的外交活动，在外交纵横中提高与巩固齐国大国的地位。

齐僖公是春秋初期成功地利用多次会盟而提高齐国地位的一位著名诸侯。

公元前715年，齐僖公致力斡旋宋、卫两国与郑释嫌和好，在瓦屋（今河南省温县西北）齐、宋、卫三国会盟，达成了宋、卫与郑和好的议约。瓦屋会盟的成功，使齐僖公一时声誉大振。

公元前714年，齐僖公又与鲁隐公在防（今山东省费县东北）会盟。

公元前710年，齐僖公与鲁、陈、郑三国诸侯在稷（今河南省商丘县）会盟。

公元前709年，齐僖公和鲁桓公在嬴（今山东省莱芜县西北）会盟之外，还和卫宣公在蒲（今河南省长垣县）结盟。

公元前701年，齐僖公与郑、卫、宋三国诸侯在恶曹（今河南省延津县东南）会盟。

据历史记载，春秋时期，诸侯会盟是一项极其严肃的国与国之间外交活动，按照会盟的方法，会盟之前，要由发起国先选定会盟日期和地点，然后再郑重通告有关参盟国家，在会盟地点，要事先凿地成坎，挖成穴洞，将牛、羊、马等牺牲杀于坎上，将牺牲的左耳割下放在盘中，将牲血用容器盛起来。诸侯会盟时，要先宣读盟约以祈求神灵降福，然后由参盟国诸侯按顺序歃血为誓，先歃者为盟主。完毕，再把盟约的正本放在牺牲之上一并埋入坎中，盟约的副本则由参盟国诸侯各自携带一份回本国。在当时，人们普遍迷信神灵，相信真有鬼神存在。因而，一旦歃血誓盟，盟约就往往带有不可言喻的神圣光环，从而具有相当的约束力。

就是在这一系列频繁的外交活动中，齐僖公建立了他的威望，一致于《国语·郑语》中称他为"小伯"。伯者，霸也。小伯也就是小霸。《国语》中的这一说法看来是符合历史真实情况的。由齐僖公主持的一系列的诸侯会盟，表明他已经具有了"小霸"的地位。

5. 齐郑联合，大败北戎。春秋时期，东夷、西狄、北戎、南蛮一直是让中原各诸侯国头疼的几支异己势力。周幽王死亡，周平王东迁就是犬戎势力在中国西部扩张骚扰的结果。春秋初年，周王室自保不暇，根本没有力量再去号令诸侯，讨伐这些少数民族的力量，各诸侯国只有采取联合自保的态度与政策。

据《左传·鲁桓公六年》中记载："公元前 706 年，北戎伐齐，齐侯使乞师于郑。郑太子忽帅师救齐。六月，大败戎师，获其二帅大良、少良，甲首三百，以献于齐。于是诸侯之大夫戍齐。"

这则史料说明：

（1）齐、郑同盟是有实际意义的。当郑庄公知道北戎伐齐后，便立刻派世子忽率兵千里救援，与齐国军队一起大败了北戎入侵军队，并俘杀了戎军二帅。

（2）齐败北戎后，各诸侯国都看清了齐的实力，因而才赶快改变观望之姿，以"戍齐"来表明自己的态度。

（3）齐败北戎后，齐国在诸侯中的威望骤升，军事力量也在一系列的会盟及防御北戎中迅速发展，到齐桓公时，终于成为了一个继郑国之后独领中原诸侯国之首的政治军事强国。

四

公元前697年，齐僖公去世，在位34年。他打下的"小霸"基础，在其子齐襄公手中继续发展。据史料记载，齐僖公在临终前，曾谆谆嘱咐其继承人太子诸儿，要他一定牢记先祖哀公被纪侯陷害的屈辱，务必报仇雪恨。

纪、齐同姓，其地在今山东寿光县东南，西距齐都临淄不过只是咫尺之遥。由于弱小，始终担心为强齐所吞灭，因而，对齐一直高度戒备。周夷王时，纪侯打听到了齐哀侯某种"不轨"的消息，便马上向周天子报告，结果，齐哀侯遭到鼎烹之祸，齐、纪两国从此仇上加仇。为了防止自己被强齐吞食的危险，纪便与邻近的鲁、莒两国长期结成三角联盟，以达到牵制齐国的目的，齐袭纪的阴谋因为三国联盟而一直受挫。

公元前705年，纪侯又将自己爱女嫁给周桓王姬林，企图依仗周天子的地位以威慑齐国。

公元前699年，齐僖公曾经联合卫、燕两国伐纪，但由于鲁、郑二国的插手救援，齐师败归，齐僖公因此郁郁而终。

诸儿继位为襄公后，不忘父志，处心积虑想要消灭纪国。

首先，他玩弄外交手段，于公元前695年由鲁桓公撮合同纪侯三人会盟于黄（今山东淄博市南淄川镇），借以松软纪侯的戒备。

其次，齐襄公趁郑庄公死后诸子争位内乱之机，兴兵伐纪。郑国无力施以援手，鲁国力单，无力相救，结果，纪侯抵挡不住，"大去其国"。齐襄公又挥师东进，先后灭邢（今山东临朐县东）、鄑（今山东安丘县内）、郚（今山东安丘、高密县交界处）。到了齐桓公时期，整个纪国终于为齐全部吞并，成为齐国版图上的一部分。至此，齐僖公的生前至愿全部实现。

　　齐桓公在其父兄打下的良好基础上，继续精进不已，终于一跃而成为春秋初年的一位最大的霸主，奠定了齐国在整个春秋战国史上的超级大国的地位。

鲁庄公的"金仆姑"

　　"金仆姑"是春秋时期大名鼎鼎鲁庄公的矢名。在宋、齐联军入侵鲁国的时候，鲁庄公曾经亲自用"金仆姑"射中据说有万夫不当之勇的宋国大将南宫长万，从而大败宋齐联军。"金仆姑"的盛名，千古传扬着鲁庄公的强盛武功。他的文韬武略打下的基础是后来鲁国在春秋舞台上一直存在影响的一个重要因素。

　　唐代诗人卢纶在《和张仆射塞下曲》的诗作里，曾用春秋时期的诸侯兵器来比喻良弓和大旗。诗中说："鹫羽金仆姑，燕尾绣蝥弧。"

　　宋代诗人辛弃疾在其《鹧鸪天》一词中，也曾有过类似的说法："燕兵夜娖银胡䩮，汉箭朝飞金仆姑。"

　　"蝥弧"，是春秋时期雄主之一郑庄公的帅旗。这面大旗以锦做成，锦方一丈二尺，缀金铃24只，旗上绣书"奉天讨罪"四个大字，旗杆长三丈三尺，简直为古今旗帜之最。想当年郑庄公东征西讨、"挟天子以令诸侯"之时，这面大旗确实让他出尽了风头，成为他不可一世的重要象征。

"银胡"，则是一种银色的箭袋。胡簶多用坚耐皮革制成，除装箭簇外，还可作探测远处的声响动静之用。据唐朝杜佑在其《通典》卷152 中说：卧地枕空银胡簶，可以听到周围三十里外的人马踏地的声响动静。

"金仆姑"却是春秋时期大名鼎鼎大鲁庄公的矢名。在宋、齐联军入侵鲁国的时候，鲁庄公曾经亲自用"金仆姑"射中据说有万夫不当之勇的宋国大将南宫长万，从而大败宋齐联军。

"蝥弧""银胡""金仆姑"都是不分仲昆的军旅器具，卢纶、辛弃疾等都先后用它们来追史慨古，显然有喻指鲁庄公的武功可与郑庄公相比肩、叹息自己生不逢时之意。

那么，历史上的鲁庄公，究竟是一个怎样的人物呢？

鲁庄公，名同，是鲁桓公之子，鲁隐公之孙。

说起鲁庄公的武功文治，就不能不涉及其祖父鲁隐公、其父鲁桓公的足迹。

历史上，齐、鲁关系非同寻常。齐为姜太公封地，鲁为周公旦食邑。姜尚、周公两人同为西周的开国元勋，曾辅佐文、武王得天下，襄助成王安天下。齐、鲁两国鼻祖既然如此友好，本该世世睦邻友好、和平相处才是，但是，由于齐国是一个开放务实的国度，而鲁国又是一个极讲礼仪风范的诸侯，因此，鸡蛋看不起鸭蛋，有色金属瞧不起黑色金属的事情就屡屡发生，两国之间多有龃龉。在政治上极为敏感的周公就早已料到，"鲁后世其北面事齐矣"。到了春秋初期，两国强弱之势已经开始显露出来，齐常常以大欺小，鲁也总是因为自己弱小而对齐畏敬三分，多有退让，即使有联姻之好，事实上也并不能扭转这种强弱格局造成的实际状况。

公元前 722 年，鲁隐公成为鲁国的国主。

孔丘作《春秋》，现存春秋历史事件的起始年代，也就是从这一年才有了明确的记载。

鲁隐公这个人，在位期间虽然也在当时的国际外交上有所涉足，但对鲁国的国力增强却是没有起到多大的作用。因此，孔子在《春秋》中也只是对他轻描淡写，并没有多着多少笔墨。倒是《左传》在《春秋》一书的基础上，在下面几件事情上大写了一笔，以此来反映鲁隐公的为人：

1. 承位问题。

原来，鲁隐公是鲁惠公的一个庶子。根据周王朝的宗法制度，只有嫡长子才有承位的权力。但是，鲁惠公死时，其嫡子却年岁尚小，隐公抓住这个机会，坐上鲁国国王的宝座。这就为以后鲁桓公长大后杀死鲁隐公、争夺国主之位埋下了一个不祥的伏笔。

2. "观鱼"问题。

据《左传》记载，鲁隐公在位期间，对国事似乎不太在意，倒是对自己的生活享受不肯有丝毫的放松。"隐公观鱼"就是一个典型事例。

公元前718年春天，鲁隐公想离开国都，到一个在鲁国边境上的棠地去观赏渔人捕鱼。按照周礼，打鱼是一种贱业，身为一国诸侯却去凑这个热闹，显然是属于失礼的行为，何况，还是放下政事不理，远远地跑到边境上的一个小镇去游山玩水。于是，一个叫臧僖伯的大臣便出面劝阻。虽然他讲了一番义正词严的大道理，口中的唾沫星也不知浪费了多少，但隐公最终还是置若罔闻，到底满足了自己的心意才作罢。观鱼本来是件极小的事，但《春秋》却把它当作一件大事写进了当时编年史里面，可见，这在孔子的眼中，作为鲁国的国君，鲁隐公观鱼这件事，又实在不是一件小事。

3. "礼"问题。

隐公五年秋，鲁隐公观赏了"六佾之舞"。按礼制，天子八佾，三公六佾，诸侯四佾，士大夫二佾。鲁隐公身为诸侯，却敢去享受三公才有资格享用的礼仪。显然，他是无意中触犯了周礼，给春秋各国诸侯带了一个不好的头。礼崩乐坏从此一发不可收拾。

鲁隐公于公元前722年在位，到公元前712年被杀，在位长达11年之久。他做的这三件小事，都被堂而皇之地记在了《春秋》一书中，由此，或许我们可以看清鲁隐公到底是一个什么样的国君了。

总之，鲁隐公很蠢，他在位期间并没有抓住机会让鲁国在春秋初年的政治舞台上迈上一个新的台阶。

同样，鲁桓公在暗杀了他的兄长鲁隐公上台后，因为得到国主的手段不是那么光彩，害怕周王室与天下诸侯揪住不放，因而他对齐僖公格外示好。他不仅紧紧追随齐国之后，而且，还娶了齐僖公之女文姜。最终，他就是死在了他的妻子文姜的兄长齐襄公的手上。

鲁庄公就是在这样乱七八糟的情况下，登上鲁国的国主之位的。

鲁庄公即位之初，就面临着强大的压力，一是其父桓公死于齐之辱；二是母亲文姜与齐襄公的淫乱之耻；三是齐襄公的军事威压。

历史上的鲁庄公，可不是一个鲁莽、草率、无能之辈。他审视着国际动荡的形势，隐忍待机，在积极寻求着化解鲁国内外危机的最佳办法。

公元前691年，鲁的友好邻邦纪国遭到齐国侵犯，有被齐国吞灭的危险。鲁庄公亲自到渭（今河南省睢县西北），想会见郑国国君，求得郑的支援以共同救援纪国。但此时正值郑国内乱，无暇顾及别事。鲁庄公权衡利弊，决定不在纪国问题上与齐相争，纪国不久即被齐兼并。

公元前686年，齐、鲁联军进攻郕国（今山东省宁阳县北），郕国一看形势不妙，单独投降齐国并从此附庸于齐，这使鲁国多年处心积虑兼并郕国的计划破灭。对这一让人恼火的问题，鲁庄公决定再次退让，"姑务修德，以待时乎"。

面对齐强鲁弱，鲁庄公采取等待时机的策略是明智的，因为，很快，鲁庄公就等到了齐国内乱的机会。

就在这一年冬天，齐襄公被杀，齐国发生内乱。公孙无知在齐国国君的宝座上没坐几天，又被齐国大夫雍廪设计杀掉。鲁国欲支持正在鲁国避难的公子纠返齐继位，可是，终因动作迟缓而被公子小白抢了先机。鲁庄公十分生气，决定率军伐齐，但在乾时（今山东省临淄西）被齐军所败。不过，齐襄公死后的齐国内乱，倒是让一直紧张戒备的鲁国得到了暂时的喘息机会。鲁庄公秣马厉兵，准备与齐国再度交战。

发生在鲁庄公十年（公元前 684 年）春天的长勺之战是中国历史上早期的一个著名的以少胜多的战例。

其详细情况《左传·鲁庄公十年》中有明确的记载：

十年春，齐师伐我。公将战。曹刿请见。其乡人曰："肉食者谋之，又何间焉？"刿曰："肉食者鄙，未能远谋。"乃入见。问："何以战？"公曰："衣食所安，弗敢专也，必以分人。"对曰："小惠未徧，民弗从也。"公曰："牺牲玉帛，弗敢加也，必以信。"对曰："小信未孚，神弗福也。"公曰："小大之狱，虽不能察，必以情。"对曰："忠之属也。可以一战。战则请从。"

公与之乘。战于长勺。公将鼓之。刿曰："未可。"齐人三鼓。刿曰："可矣。"齐师败绩。公将驰之。刿曰："未可。"下视其辙，登轼而望之，曰："可矣。"遂逐齐师。

既克，公问其故。对曰："夫战，勇气也。一鼓作气，再而衰，三而竭。彼竭我盈，故克之，夫大国，难测也，惧有伏焉。吾视其辙乱，望其旗靡，故逐之。"

根据这段史料，我们可以看到：

鲁庄公十年的春天，齐国讨伐鲁国，鲁庄公准备应战。这时，一个名叫曹刿的人请求进见。他的同乡劝告他说："有那些有权势的人在那里谋划，你又去掺和什么？"

曹刿回答："有权势的人目光短浅，缺少见识，不能深谋远虑。"

最终，鲁庄公破例接见了这位布衣曹刿。从而留下了一段著名的君臣对话。

曹刿问："您凭什么应战呢？"

鲁庄公说："衣服、食品这些养生的东西，我不敢独自享受，一定拿它来分给别人。"他认为这样做就可以得到鲁国臣民们的衷心拥护。

曹刿反驳说："小恩小惠，国君您不可能让全国人都享受到，因此，民众们是不会积极参与战斗的。"

鲁庄公又说："用来祭祀的牛、羊、猪、玉器和丝织品等一切物品，我一定按照规定，从不敢有所增减，并且，一绝对虔诚的态度敬奉神灵。"

"这点儿小诚意，不能感动神灵，神灵不会赐福的。"曹刿仍然摇头。

"大大小小的案件，我既使不能一一洞察，但必定依据情理秉公处理。"

对于鲁庄公的最后一次回答，曹刿认为可以凭此一战。毕竟，民众才是胜利的基础。于是，曹刿说："这是尽了本职的一类事情。可以凭借这个条件打这一仗。开战时，请允许我跟随您去。"

于是，鲁庄公让曹刿共坐一辆战车，在长勺作战。庄公打算击鼓命令进军。曹刿说："不行。"齐国军队敲了三次鼓。曹刿说："可以进攻了。"齐国的军队大败。庄公准备驱车追去。曹刿说："不行。"于是向下观察齐军车轮留下的痕迹，又登上车前的横木了望齐军，说："可以了。"就追击齐国军队。

"一鼓作气"的成语典故，由此而来。

鲁国长勺之战的胜利，充分表明了鲁庄公的有胆有识。他能够破例接见一位名不见经传的布衣之人，并且虚心问计、坦诚纳言，在战时采纳了曹刿的正确建议，成熟稳健地指挥鲁军伺机出击，取得了最后的胜利。要知道，战争的决策者是鲁庄公而不是曹刿。曹刿提出的建议好否，也必须鲁庄公采纳，才能发挥效力。从春秋史上看，鲁庄公是一位能识人、会用人、智勇双全的开明君主。在他身上，同时存在着隐忍不发、善纳谏言、会抓时机、富有远见等品质。

据《左传》中记载，鲁庄公继位后，曾与其心腹大臣施伯有过一段精彩的对话。

施伯问鲁庄公："国有三耻，君知之乎？"

"何谓三耻？"鲁庄公佯装不解。

施伯一针见血："先君虽以成服，恶名在口，一耻也；君夫人留齐未归，引人议论，二耻也；齐为仇国，况君在衰绖之中，乃为主婚，辞之则逆王命，不辞则贻笑于人，三耻也！"

鲁庄公听罢，蹴然问道："此三耻何以免之？"

施伯回答："欲人勿恶，必先自美；欲人勿疑，必先自信。先君之立，未膺王命，若乘主婚之机，请命于周，以荣名被之九泉，则一耻免矣；君夫人在齐，宜以礼迎之，以成主公之孝，则二耻免矣！惟主婚之事，最难两全，然亦有策。"

话说到此，鲁庄公已经迫不及待，"其策何如？"

施伯认为，"可将王姬馆舍，筑于郊外，使上大夫迎而送之，君以丧辞。上不逆天王之命，下不拂大国之情，中不失居丧之礼，如此则三耻亦免矣。"

鲁庄公听罢，心中大释，遂一一依策而行。

《礼记·檀弓》中还记有鲁庄公引咎自责的故事：

鲁庄公曾与宋人战于乘丘，县贲父为鲁庄公驾车，卜国在车右边护驾。马拉的车因马受惊翻倒。庄公摔下车来，被副车上的人救助才得以脱险。受此一惊，鲁庄公生气地责备了卜国，卜国与县贲父因此双双自尽。事后，马夫洗马时，发现了马大腿内中了流矢。鲁庄公知道后才明白："原来翻车不是他们的罪过。"为此，鲁庄公很是自责，专门作诔文来纪念他们。"士之有诔，自此始也。"

看来，中国传统上的士人死后，人们为之作祭文的习俗，还是鲁庄公开创的呢！

长勺之战后，齐桓公很不甘心。他纠集宋国的军队不久就又向鲁国发起进攻。鲁庄公自己率军出击，在乘丘（今山东省兖州市）和齐宋联军作战。他采取避实就虚、各个击破的方针，先集中力量和宋军作战。在这次战役中，他用自己的"金仆姑"之箭，射中了宋军主将南宫长万，并将其活捉，从而导致齐宋联军失败，"金仆姑"也因此一举成名。

第二年，宋为了报复乘丘之役又发兵攻鲁。鲁庄公率军抵御。他采取先声夺人的办法，趁宋国军队正在布阵之机，率领鲁军掩杀过去，再次大败了宋军。此后，环顾形势，鲁庄公认识到了鲁国争霸条件并不具备。他转而采取对内保境安民，对外积极改善与宋、齐等国的关系。在他的任内，鲁国一直处于稳定发展的势态。

应当说，在齐桓公霸业兴盛之前，鲁庄公实是当时政治舞台上一位叱咤风云的人物。公元前680年、679年，齐桓公两次在鄄召集诸侯会盟，然而，鲁庄公皆未参加，这显然有不服齐国并有与齐抗衡的意味。只是由于后来鲁国势衰，而齐桓公霸业已成，不得已鲁庄公才转而成为齐桓公霸业上的追随伙伴。

鲁庄公在位32年，是以武功强盛著称的鲁国君主，和一般国君的"坐而论道"不同，鲁庄公不仅可以在庙堂上召集群臣，一言九鼎，而且还可以在战场上纵横驰骋，弯弓擒敌。除了长勺之战和乘丘之役的辉煌胜利外，鲁庄公还打败过南下骚扰的戎军，多次参与过诸侯会盟的外交活动。他实在是一位有为的君主，只可惜历史给他施展本领的空间与客观形势格局所限，他没能像齐桓公那样成为"九合诸侯，一匡天下"的霸主。

不过，"金仆姑"的盛名，千古传扬着鲁庄公的强盛武功。他的文韬武略打下的基础是后来鲁国在春秋舞台上一直存在影响的一个重要因素。

小议齐桓公用人

　　历史表明，满足一个人的社会交往与日常生活的需要，往往不是远方的亲人或身边只会一味工作的人，能够做到这些的，恰恰是生活在自己的周围，能满足自己生活与欲望需求的人。特别是领导者，由于工作环境使然，从心理上更容易将在自己身边工作的人当作可以吐心腹事、可为依赖的人。日子一久，在培养出感情基础后，理智的成分往往就会让位给感情的成分。这是符合人之常理的一个客观事实。也许，在齐桓公刚刚接触雍巫、开方、竖习时，会对他们存着清醒的戒心，在使用他们为自己服务时，也与他们保持着适当的距离。也许，在齐桓公刚刚接触这三个人时，还能凭君王的眼光与认识正确地把握与使用他们。把他们放在负责自己生活享受的专职工作上。但人往往就是这么怪，日子一久，有了感情，理智与判断的能力就会退化。所谓见丑不丑，习惯成自然，就是指的这一方面的事情。多年的相处，齐桓公在生活上已经不能离开他们，在心理依赖上也可能更加信任他们，这就成为了一代又一代明主能臣们的悲剧规律。他们往往在事业上显出精明强干与老道的一面，在生活与处理家庭及身边近侍、亲人问题上，却又弱智与低能的可爱；大风大浪安然闯过，在不经意的小河沟中却断送了自己多年来通过奋斗得到的一切。这就是齐桓公留给我们的一个教训。

一

齐桓公一生的荣衰，与他的用人得失有着很大的关系。

据《韩非子·十过》篇中记载，公元前 643 年，齐桓公到齐国南部一个叫堂阜的地方去游玩时，他平时重用的弄臣雍巫率领开方、竖刁趁间发乱。齐桓公被围困在临时行宫的一间屋子里，最后饥渴而死。

《管子·小称》篇中详细记载了齐桓公死时的悲惨状况：

齐桓公被围的时候，曾经有一妇人从墙洞爬进去，见到了齐桓公。

齐桓公着急地向她询问："我饿得很厉害，渴得受不了，很想吃点东西、喝点水。可是，一连几天却不见个人影，这是什么原因呢？"

"雍巫、开方、竖刁一伙人正在犯上作乱，相互拼杀，道路阻隔不通已经十多天了。即使有人想送食物和水，也到达不了这里。"妇人讲明了实际情况。

齐桓公听后，感慨万分，悔肠九转。他追悔莫及地说："哎！圣人的言语真有远见。假如死而无知也就算了，但如果死而有知，那么我在黄泉之下有何脸面去见管仲呢？"这时，他才深感懊悔，为自己没有听从管仲的亲贤臣、远离雍巫等小人的劝告而歔欷不止。

在极度的悲痛之中，齐桓公用尽了最后一点力气，"乃援素幭以裹首而绝"。

"幭"是古代车轼上的覆盖物，一代霸主齐桓公在他的晚年竟用"幭"

将自己勒死，结束了他辉煌而悲惨的一生。

齐桓公"死十一日，虫出于户，（人）乃知桓公之死也。葬以杨门之扇。桓公之所以身死十一日，虫出户而不收者，以不终用贤也"。

作为春秋时期最显赫的霸主，晚年不得寿终，死后也无人收尸，以致尸体上孳乳生长的虫子都爬到了门户的外边。

强大与渺小，光荣与屈辱，早年辉煌的霸业与晚年悲惨的结局，构成了齐桓公一生既精彩又悲惨的矛盾画面。只因为对人事的掌握运用不同，就这样明显地走向了两个极端。

二

齐桓公，名小白，是春秋初期的齐国国君。可以毫不夸张地说，他是一位杰出的政治家，是一位叱咤风云的大国君主。孔子说他"霸诸侯，一匡天下，民到于今受其赐"。他在位43年，重用管仲、隰朋、宁戚、弦高、鲍叔牙、高傒、公子成父、东郭牙一班贤能的大臣，这是他能够成为大国领袖、建立赫赫霸业的一个重要原因。

豁达大度、知人善任，构成了齐桓公性格中的一个重要特征。

齐桓公早年，流亡国外，饱受人间冷暖，激发了他想做一番事业的雄心大志。回国当政不久，他就听从鲍叔牙的建议，拜昔日仇人管仲为相国，尽委国政于管仲。

据说，一日，桓公问管仲道："寡人不幸，嗜好田猎，又贪婪女色，你说这些对霸业有害吗？"

管仲说："这些都是小事，对霸业没有妨碍。"

桓公又问："那什么对霸业有害呢？"

管仲对答："不知贤，害霸；知贤而不用，害霸；用而不任，害霸；任而复以小人参之，害霸。"

桓公称善。于是，专任管仲，尊其号为仲父。国有大事，先告管仲，如有施行，全由仲父一人裁决。

在管仲的建议下，齐桓公任命了能言善辩的隰朋主管外交、娴于攻守的公子成父主管军事、明于审断的宾须无掌管司法、敢于直谏的东郭牙为大谏之官，又待鲍叔牙国师之礼，一时形成人才济济的局面。

据《韩非子·外储说左下》中记载，齐桓公为了提高管仲的威望，曾征求群臣的意见："寡人将立管仲为仲父，赞成的人进门站在左边，不赞成的人站在右边。"

"仲父"，意为长辈，是齐桓公对管仲的尊称。

大臣中有一位名叫东郭牙的人，既不站在左边，也不站在右边，而是居中而立。

齐桓公询问原因，东郭牙却反问道："靠着管仲的智慧，能谋取天下吗？"

"能。"齐桓公对此毫不怀疑。

"凭着管仲的果断，他敢处置大事吗？"东郭牙又提出了一个问题。

"敢。"齐桓公又得出了完全肯定的答案。

"既然管仲的智慧能够谋取天下，他又敢于处置大事，那么，您把国家的权力全部交给他，以管仲的才能，凭借您的权势来统治齐国，君主您难道就没有危险了吗？"

东郭牙向齐桓公敲响了警钟。

"讲得好！"齐桓公若有所思地回答。

这个传说见于《韩非子·外储说左下》，其中可能有战国术士增饰的成分。然而，齐桓公普遍选用贤才治国，并非只用管仲一人，也是事实。

当然，综观历史，君臣之间不可能有其乐融融的朋友间的关系。讲究利害，趋利避害是他们之间恪守的一条永恒不变的潜在规则。

以齐桓公的枭雄之心、君主之胸，不可能会对管仲彻底放心的。以管仲的聪明，也不可能不注意到这样的问题。因此，才会有前面君臣二人关于什么会妨碍霸业的一段精彩的对话。为了让齐桓公对自己放心，管仲一方面放胆治理国政，一方面却也广置田宅、美妾，沉湎其中。这种用"自污"行为让齐桓公抓住缺点，从而使其释疑放怀的深苦用意，也真是够为难管仲的了。

三

正确任用人才的结果，使齐桓公成为了春秋时期最有影响的霸主。

一向目中无人的孟子，也忍不住地赞许说："五霸，桓公为盛。"

历史的事实是，在管仲等一班贤能之臣的努力下，齐桓公对内清明政治、发展经济、扩大军事力量；对外，高扬"尊王攘夷"的大旗，会诸侯，讨不义，伐山戎，问楚罪，兴灭国，继绝世，一时间，拥有了在诸侯国间发号施令的权力。

齐桓公在位43年，召集和主持诸侯国间的大小会盟就达22次：

1. 齐桓公五年，北杏之会，有五国参加。

2. 齐桓公五年，柯之会，有两国参加。

3. 齐桓公六年，鄄之会，有五国参加。

4. 齐桓公七年，第二次鄄之会，有五国参加。

5. 齐桓公八年，幽之会，有九国参加。

6. 齐桓公十一年，鄄之会，有三国参加。

7. 齐桓公十九年，幽之会，有五国参加。

8. 齐桓公二十二年，鲁济之会，有两国参加。

9. 齐桓公二十四年，梁丘之会，有两国参加。

10. 齐桓公二十五年，落姑之会，有两国参加。

11. 齐桓公二十七年，荦之会，有五国参加。

12. 齐桓公二十八年，贯之会，有四国参加。

13. 齐桓公二十九年，阳谷之会，有四国参加。

14. 齐桓公三十年，召陵之会，有九国参加。

15. 齐桓公三十一年，首止之会，有九国参加。

16. 齐桓公三十三年，宁母之会，有五国参加。

17. 齐桓公三十四年，兆之会，有八国参加。

18. 齐桓公三十五年，葵丘之会，有八国参加。

19. 齐桓公三十七年，阳谷之会，有两国参加。

20. 齐桓公三十九年，碱之会，有八国参加。

21. 齐桓公四十一年，牡丘之会，有八国参加。

22. 齐桓公四十二年，淮之会，有九国参加。

这22次的诸侯会盟造就了齐桓公这样一位独步一时、傲视天下的杰出霸主，成为齐桓公一生事业的顶峰。

四

齐桓公在事业上虽然是一个颇有作为的政治家，在生活方面却是一个彻头彻尾的好色、享受的庸夫之辈。

齐桓公贪婪好色，对这些，他也毫不讳言。即使在外出征伐或是会盟诸侯的重大时刻，带上美眷娇娃也是他必然要做的一件事情。在公子重耳投奔齐国时，齐桓公就明确地对他言道："寡人若独处一宵，如度一年。公子旅途奔波，竟无人侍身，这真令人不敢相信。"

齐桓公有三位夫人，分别娶自周王室、徐国和蔡国。除这三位正式夫人外，他还有众多受宠的姬妾，其中地位较高如同"夫人"一样的就有六位。即使这样，还不能满足他的生理欲望，他还经常到处寻新访鲜，采花摘草，乐此不疲。

事业上的成功使齐桓公的脾气傲慢而又有些乖戾。他不允许别人违拗自己的意旨，即使女宠也不能例外。

公元前 657 年的一天，秋高气爽，娉娉婷婷、艳丽动人的蔡姬见齐桓公心境正佳，便请他和自己一块儿到苑里的池塘中乘舟游兴。这位来自汝水之滨的蔡姬，娴熟水性，乘舟如履平川。为了博取齐桓公的高兴，她便在船中搔首弄姿，又歌又舞，使得船只摇荡不定。这让旱鸭子的齐桓公心中发慌，急忙让她停下。不料，蔡姬却撒起娇来，故意使船只摇荡得更加厉害，料想齐桓公一定会过来搂抱自己。谁知，逆鳞不可触碰，齐桓公大发雷霆，盛怒之下，便意气用事地将蔡姬撵回了娘家。

这件事情，导致蔡国与齐国绝交，转而投靠了齐的对手楚国。家务之事引发了国家的邦交之争，看来，齐桓公还真是"傻"得可爱。

齐桓公贪图享受。他对饮食有着很高的要求，甚至想吃人肉。他不但离不开女人，甚至也离不开竖刁这样被阉了的男宠。在他的身边，聚集起了一批专门讨好与安排他享受生活的弄臣。在管仲健在的时候，这些佞臣尚能有些警惧。当管仲去世后，这帮小人便猖狂起来，最终找机会囚禁了已步入暮年的齐桓公，断送了他的生命和霸业。

五

据《管子·小秤》中记载，公元前 645 年，管仲生病，齐桓公前往探望，君臣二人曾有过如下一段对话：

"假如您有不测，那么，谁可代替您来担任齐国的国相呢？"齐桓公很想听听这位为齐国霸业立下汗马功劳的助手的最后忠告。

"知臣莫若君。"管仲这样回答，是想让齐桓公先谈谈自己的看法。

"雍巫如何？"齐桓公把雍巫作为第一人选。原来，雍巫是齐桓公的私人厨师。有一次，齐桓公无意中说自己什么山珍海味都吃过，就是没有尝过蒸熟的婴儿的滋味。第二天，雍巫就将自己年仅三岁的儿子杀掉蒸熟端给齐桓公吃。从此，齐桓公很赏识雍巫，所以把他当作了第一人选。

"人情莫过于爱子，他连自己的亲生儿子都敢杀害，其他可想而知。"

"开方如何？"齐桓公接着提出了第二个人选。

"这个人背叛自己的亲人来迎合国君您的需要，这也不合乎人之常情。这样的人不可用。"管仲对开方的评价也不高。

开方放弃卫国太子之位不做，奔齐侍奉齐桓公15年，父母去世也不回去奔丧。管仲认为开方很虚伪，以这样的人去委以重任，结果可想而知。

"竖刁如何？"齐桓公认为竖刁为了取悦他而自宫净身，这是爱君主胜过爱自身。

"爱惜自己的身体是人之常情。像竖刁这样的人，连自己的身体都可以肆意摧残而不爱惜，那就很难设想他会真心诚意地对待国君。"

齐桓公不甘心地追问道："这三个人，侍奉寡人已经很久了，您为何平日就不给我指点出来？"

管仲惨然一笑，然后说："臣之不言，是为了适君之意。这三人好像洪水，臣如同堤防，臣在，不使他们泛滥。今臣去，堤防无矣，将有横流之患，君主一定要疏远这三个人。"

雍巫、开方、竖刁这些人的情况表明，在春秋时期的社会上，已经出现了一批为了做官而不惜采取任何过激手段以博得国君青睐赏识的人群。这批人，一般没有优越的社会地位和竞取功名的先天资本，他们只是靠自己的机敏和曲意逢迎而仕进。然而，这批以肋间谄笑、究心揣摩、奉承拍马为能事的弄臣并没有远见卓识，也不具备治理国家的政治经验。他们的长处只是局限在满足君主的享乐，以及精于钩心斗角与谗言诬陷等上面。管仲不同意由这些人来执掌齐国的大权，是很有远见与眼光的。

可惜的是，齐桓公不以管仲之言为是。据《史记·齐世家》记载："管仲死，而桓公不用管仲言，卒近用三子，三子专权。"

厄运正在一步步向这位曾经踌躇满志，一度八面威风的雄图霸主悄悄逼近。

六

《韩非子·难三》篇中有一段这样的记载：

有人设隐语问齐桓公。"一难、二难、三难，是什么意思？"

齐桓公回答不上来。还是管仲看出了其中的奥妙，替他作了回答。

"一难，指的是忧患临近而却疏远士人；二难，指的是国君常常离开国都而到海边游玩；三难，指的是国君年老而却迟迟不立太子。"

"说得好！"齐桓公由衷地赞赏管仲对隐语的诠释。

这"三难"的确是齐桓公晚年所疏忽的重大问题。他晚年的生活悲剧的造成，或多或少与这"三难"有着直接的关系。

翻开春秋的历史，真正的事实是：齐桓公虽然在争雄于诸侯和处理军国大事上斩钉截铁，果断明快，但在处理家庭事务上却是低劣庸俗之辈，尤其是在立太子的问题上的优柔寡断与再三的动摇，最终引发了身边的佞臣为了功名利禄而发动的变乱，从而造成了他的悲剧性的晚年。

虽然，在他的晚年，在管仲的帮助下，立了公子昭为太子，暂时解决了继承人的重大问题。但是，在管仲死后，他又重用雍巫、开方、竖刁三个小人，在周围一班佞臣的百般逢迎与吵闹声中，又改换立武孟为太子。既然先立了太子昭，现在却又答应立武孟为太子，这就使他的诸子们都看到了夺位的希望，从而使储君地位之争激化起来。这说明，一方面，齐桓公已经彻底被身边的宵小之辈所包围，割断了与朝中正直大臣的联系与沟通；另一方面，也表明了他年岁已高而力不从心，在佞臣小人的摆布下已经回天乏术了。

宋代名臣欧阳修在其所著的《伶官传序》中写道："夫祸患常积于忽微，而智勇多困于所溺。"在这篇文章中，欧阳修以唐庄宗李存勖为例，说明当他立志为父报仇时，奋发英姿，灭梁诛杀了朱温父子，建立了后唐。但在胜利后，他却溺爱伶人，贪图享乐，最终智勇被困，死于伶人之手。欧阳修由此得出结论：大祸与灾难常常积累于不起眼儿的小事中，明君能臣常常因为自己的嗜好而丧身。不但唐庄宗这样，历史上的相似事件，常常在不同时代、地点，不停地重演。用这个结论来反观齐桓公，不也是同样适用吗？齐桓公与唐庄宗，二人都奋起于患难之时，决胜于战场之上；二人都因自己的努力取得了巨大的成功；二人也都因溺爱身边的小人而身败名裂。二人的命运何其相似哉！

写到这里，我忽然又想起了韩非在《韩非子·八奸》中告诫君主应当防范的八种人：一曰在"同床"——贿赂君主的妻妾来求得自己的私欲。二曰"在旁"——利用君主的左右亲信说情，来达到自己的目的。三曰"父兄"——利用君主身边的亲人去达到自己的目的。四曰"养殃"——用物质享受来腐蚀君主，自己从中捞足油水。五曰"民萌"——用小恩小惠来收买民心，使君主周围的人都来称赞自己，用这种办法来蒙蔽他们的君主而使他们的欲望得逞。六曰"流行"——豢养能说会道的人来制造舆论以蒙蔽君主的正常视听与正确的判断，以此来达到自己的目的。七曰"威强"——发展自己的实力，豢养亡命之徒，用这个来恐吓群臣、百姓而求私利。八曰"四方"——以敌国挟持、震慑君主来求私利的实现。

韩非子认为，大凡这八种方法，是不法之臣用来使他们的阴谋得逞的手段，也是君主受到蒙蔽胁迫，以致丧失了自己所拥有的权威的原因，这是人主不可不仔细审查的事情啊。

人主需要谨慎防止身边这八种奸人，我们普通大众，芸芸众生，要想保持长存久安，正常的生活，不也同样应当注意这些问题吗？

以宋襄公为鉴

　　翻开中外古今人物脸谱，宋襄公倒是很像西班牙作家塞万提斯笔下的堂吉诃德。塞万提斯用他的神工妙笔，塑造出了堂吉诃德这个世界文学史上不朽的人物形象。堂吉诃德最显著的特点就是他脱离现实，耽于幻想。他满脑子都是中世纪骑士小说中所写的古怪的东西，他单枪匹马去"斩魔除妖""扶弱济困"，结果却闹出无数的笑话。他外出游侠的动机之一就是打抱不平、救世济人。他为实现理想而奋不顾身，不计成本。但他采取的都是错误的办法，理想与现实脱节，因而处处失败、次次碰壁。他动机高尚，却方法笨拙；斗争不止，却行为无益。在堂吉诃德这个初看令人忍俊不禁，细品却让人心情沉重的喜剧性形象的背后，其实处处潜在着很多悲剧性的因素。宋襄公与堂吉诃德一样，脱离现实，耽于幻想。他满脑子都是古代的仁义道德，大丈夫的堂正之气；他心中充斥着重言诺、重信誉、古侠热肠的观念与行为。但这种只有在书本上或宣传品中才能发挥作用的美德品质，在礼崩乐坏、刀光剑影的春秋时代却是一文不值。他为自己的理想主义而奋斗，却处处采取与残酷的现实相脱节的错误的方法。他的"君子不重伤，不禽二毛。古之为军也，不以阻隘也。寡人虽亡国之余，不鼓不成例"的这些在后人看来迂腐与可笑的名言背后，却隐然反映出了中国早期传统观念在春秋无义战时代的窘迫状况。

———

《左传》上记载着这样一件奇怪的事情。

鲁僖公十六年（公元前644年）春的某天，突然，有几块石头从天而降，落在了宋国的领土上。几乎与此同时，大风随之而起，又有六只称为"鹢"的水鸟退着飞过宋国的都城。

对于这种怪异的现象，国人一片喧哗，宋襄公更是一头雾水，大惑不解。恰巧，博学而又有见识的周内史叔兴此时正在宋国聘问。于是，宋襄公便向叔兴请教，问："这是什么预兆，吉凶在哪里？"看着宋襄公着急的样子，博通古今、熟知各诸侯国情况的叔兴，便信口而出："今年鲁国将有大的丧事，明年齐国将发生内乱，国君您将会得到诸侯们的拥护，但却不能保持到最后。这就是所预兆的内容吧。"

其实，连叔兴他自己都不怎么相信这些预言。他信口敷衍的这些话语，只不过是来自他对齐、鲁、宋等国形势洞若观火的观察后得出的结论罢了。

果然，从宋襄公那里退下来后，叔兴告诉别人说："国君询问得实在不恰当。这是有关阴阳自然的事情，并不与人事吉凶有什么必然关系。吉凶是由人的行为所决定的。我所以这样回答，是因为不敢违背国君的缘故罢了。"

看看，宋襄公是一个多么迷信的人。正是他把天命与人事混为一谈，了解他的叔兴才不得不信口预言吉凶来敷衍他。

实际上，天上掉下石头，那是陨星的坠落。六只"鹢"鸟退着飞过宋国的都城，那是因为风吹的结果。但是，尽管狂风怒作，"鹢"鸟却没有停止飞行，而且是逆风而行，这种拼搏精神诚然可嘉，然而不顾客观力量的一味蛮干，去做自己力所不及的事情，却又在另一方面显示了这六只"鹢"鸟的可笑。观宋襄公一生的所作所为，让人觉得他实际上很像这种固执的"鹢"鸟。

二

宋襄公图霸，与宋国的历史有着很大的关系。

公元前 11 世纪，周武王灭商。西周代商而兴后，周武王封纣王的儿子武庚于殷，以延续商汤的宗祀。为了防止商人余孽的反抗，武王同时封自己的弟弟管叔、蔡叔、霍叔在商故地建国。周武王死后，周成王年幼，周公旦摄政，引起了"三监"的严重不满。武庚趁机联合"三监"发动叛乱。周公东征三年，才终于平定了这股反叛的势力。此后，周成王又封商纣王的同母长兄微子启于宋，以奉商之宗祀。宋国之号由此而来。

终西周一代，殷商遗民一直受到周人的歧视，西周统治者把他们作为"二等"民族看待，因此，殷商遗民始终保存着民族复兴的梦想。在《诗经·商颂·玄鸟》中，就可以看出殷人的这一企图。

春秋年间，宋襄公图霸，便是受到了这股复兴梦想鼓荡的结果。

春秋时期，周王室衰弱，礼乐征伐权柄下移诸侯，先有郑庄公，后有齐桓公，称霸诸侯。在这种形势下，宋襄公认为，这是殷商民族复兴的大好时机，如不趁机奋起，机会就会转瞬即逝。

三

实际上，宋襄公在春秋时期所以出名，不是因为他有什么真才实干、丰功伟绩，恰恰是因为他蠢得可爱、笨得可笑。

按理来说，宋襄公也算是一位有理想的人物了。他的理想就是想像齐桓公那样，成为春秋列国的霸主。他也有自己的小九九。在他父亲宋桓公病重的时候，他坚持让他的庶兄公子目夷立为储君。他所以这样做，并不是出自他的真心实意。在他的眼中，庶兄目夷好行仁义、富有智慧，是他成为未来国君道路上的一个危险的障碍，他要通过父亲之口，试探目夷的反应。他所以敢这么做，一则他已经被立为太子；二则他已经揣摩透了父亲的真实想法。

果然，目夷急忙推辞，连连摆手，说："能谦让国君的位置，还有比这再大的仁义吗？要说仁义的话，太子比我强得多。我在哪一方面都不如太子，并且舍嫡而立庶，这不合乎君位继承的传统。"目夷说的是心里话，这表明他没有争夺国君的野心。于是，宋桓公放心了，太子兹父也安心了。

公元前651年，宋桓公卒，太子兹父继位，这就是本文传主宋襄公。

应当说，宋襄公刚刚继位，就显示出了他对霸业的向往。为了表示对齐桓公霸业的支持，他在尚未举行父亲的葬礼、自己正在服丧的期间，就应召前往参加了齐桓公召集的葵丘会盟。之后，凡是齐桓公登高一呼，他宋襄公必是闻声响应。这种积极的态度使宋襄公获得了齐桓公与管仲的赞赏与信任。管仲认为宋襄公是一个贤者，劝说齐桓公将齐太子大事托付给宋襄公，就是一个明显的例证。不过，管仲与齐桓公的这个举动并没有让宋襄公变得更加冷静与谦虚，相反，倒助长了他心中霸主梦的愈加膨胀。

果然，公元前643年，齐桓公在齐国内乱中死去。宋襄公立即抓住机会，率领曹、卫、邾等国诸侯讨伐齐国，立太子昭为齐国国君。这种既获得了然诺重于千金的美名，又让自己名正言顺地号令诸侯的事情，一时间让宋襄公变得飘飘然起来。面对小国不听话、大国不买账的现实，宋襄公忘记了他的国力现状，忘记了他吃的是几两干饭。在头脑发热的情况下，宋襄公接二连三地做出了下面几件蠢事：

1. 对于周围的小国，宋襄公屡以"霸主"的姿态出现。公元前645年，滕国国君滕宣公刚刚对宋襄公的行为表示出不满，宋襄公就立即将其抓了起来。公元前641年夏天，宋襄公在与诸侯会盟中，仅仅因为鄫国国君晚到几天，宋襄公就将他杀掉以祭睢水的河神。这种残暴不得人心的做法，使宋襄公很快就失掉了诸侯们的拥护之心，成为了唯知自大的孤家寡人。

事实上，拘执与刑杀国君，按传统，只有周天子才有这样的权力。一个小小的宋国国君竟敢违背传统，破坏周王室的"礼乐"秩序，还想一朝成为列国的霸主，这个算盘打得还真是让人觉得滑稽可笑。

2. 自不量力与齐、楚争霸。齐国虽在齐桓公死后屡遭内乱，但实力尚在。齐孝公虽感宋襄公立位扶持之恩，但对他的狂妄之举也表示不满。楚国本来就是春秋时期南方的一个大国，连齐桓公在事业盛时也不敢轻易与楚国言战。宋襄公却不自量力，与楚王争夺盟主的地位，结果上当遭囚，身俘名辱，贻笑当世。

3. 不顾国力，挟私怨与楚开战。这是宋襄公霸业梦破灭的标志。公元前638年，因为郑国投楚，宋襄公联合卫、许、滕三国诸侯进攻郑国。楚国乘势移师北上，在泓水与宋展开决战。这本来是关系到宋国生死存亡的一场大决战，宋襄公却还固执地以"仁义"之师自据，不去利用转瞬即逝的战机去扭转形势。

当楚军正在抢渡泓水时，大司马公孙固建议宋襄公发动攻击。

"不行。"宋襄公拒绝了这个完全正确的建议。

楚军全部渡过泓水还没有排列阵势的时候，公孙固再次劝告宋襄公抓住这个取胜的最后机会。

"还是不行。"宋襄公对公孙固的絮聒已不耐烦。

待楚军排列好阵势，双方开战。结果可想而知，兵少将寡的宋国自然大败而归。宋襄公不仅没能通过这一场战役取得霸主之位，相反，遭受重伤，还遭到了举国上下的谴责。

不久，宋襄公便在伤痛与羞愧交加中死去，他的霸主之梦也就随风而逝，徒留给后人一段笑柄。

四

据《左传》记载，面对泓水大败后的国人责备，宋襄公曾经吐露心曲："打仗的时候，君子不伤害敌人的伤员，不擒捉头发花白的敌人。古代作战，不在险要的地方设伏阻击敌人。我虽是殷商亡国者的后裔，也不愿意违背仁义的原则去攻击还没有摆好阵势的敌人。"

面对宋襄公的这种辩解，公子目夷哭笑不得。他直截了当地驳斥这位执迷不悟的国君说："您一点儿都不懂得作战的道理。那些强劲的敌人，遇到险阻还未摆开阵势，这是上天赐给我们的机会。战争就是要杀死敌人。敌人受伤后还有作战的能力，为什么就不可以再重创他一次？如果爱惜敌人伤员而不忍再次加以伤害，就应当一开始就不去与他们作战，不去伤害他们。怜悯敌人中头发花白的老兵，就应当向他们投降，还去打个什么仗呢？"

宋襄公一时默然。

也许，他一时还难以转过这个弯来；也许，他已经认识到了他的愚蠢可笑。

不管怎样说，宋襄公为他的"仁义"举动付出了昂贵的代价：自己受伤而死；宋国也从此一蹶不振。

后人有诗为证：

不恤滕鄫恤楚兵，宁甘伤股博虚名。

宋襄若可称仁义，盗跖文王两不明。

五

一般来说，看菜吃饭，量体裁衣，到什么山上唱什么歌，一切从实际出发，这是人们考虑问题、做好事情的前提与条件。可是，宋襄公却不这么认为，不仅不这么认为，而且还反其潮流而动。也许，在宋襄公的眼中，愚公尚且可以凭热情与毅力移走太行与王屋两座大山，他为什么就不能以弱小的宋国来像齐桓公那样做个八面威风的诸侯霸主？人有多大胆，地有多高产。只要有理想、有目标、有努力，何怕事情做不成功？可是，宋襄公却忘记了一点，这就是：山不是愚公自己移走的。愚公移山不过是《列子》中的一个神话故事。超越了现实客观条件，单纯主观上的一腔热情，是难以将事情做好的。

从国家的历史上看，宋国不过是殷商的余孽，是周天子在灭商后为安抚天下诸侯人心，而对商余民的一个高姿态的安排。自周王朝建立以来，宋国不过是诸侯各国眼中的一个异类，有谁把它真正当成一回事？很可能，这种异类的眼神长期折磨着商人的后裔。宋襄公急于称霸诸侯，很可能就是想发泄一下宋人心中长期抑郁的自卑；很可能就是为了重新证明一下商余民自己的力量。

从国家的实力上来考虑，周王室自周公以来，一直就是对宋国采取明扶暗抑的政策，害怕它重新膨胀发展起来。因此，最初安排在宋国周围的诸侯国家，很可能就是周王室安排在宋国周围的钉子，时刻严密地监视着宋国君臣们的一举一动。进入春秋时期，虽然周王室名存实亡，再也没有了以往"礼乐征伐自天子出"的能力与气魄。但在名义上它仍然是天下共主。周王室与宋国的商民余孽永远不可能做到坦诚相待。这或许是宋立国以来一直四面强敌而自己一直发展不起来的一个重要原因吧。

国力的强盛是叫板的基础。宋国数百年来积贫积弱，能够保有其国，享有宗庙血食，就已经是相当的不容易了，何况还想去号令诸侯各国？宋襄公这种不顾客观实际、不自量力的做法，也许已经为他满脑子的理想主义所湮没。虽然，旁边有一个洞若观火的庶兄目夷经常在给他提醒，但这无疑杯水车薪，根本浇不灭宋襄公脑中已经燃烧起来的幻想与雄心的大火。天命早定，宋襄公却根本看不到，或者说根本不愿意承认这一点。或许，承认宋国与自己不行是一件极为痛苦的事情。宋襄公也许认识到了宋国的实力不足以与大国叫板，但他"知其不可而为之"。如果真是这样的话，从另一方面看，宋襄公也算是一个悲剧式的英雄了。

从领袖的个人性格与气质来看，宋襄公无法步齐桓公的后尘。

齐桓公早年流亡国外，洞明各国情况，深知人世间的冷暖。他不仅有王霸的雄心更有雍容大度、虚怀纳谏、重用人才。他脚踏实地，先从齐国内政与富强做起，进而才去图谋王霸的大业。

相比之下，宋襄公的缺点却十分的明显。

他没有齐桓公那样的实际工作经验；

他没有齐桓公那样的对国内的改革与发展；

他没有齐桓公的豁达大度、虚怀若谷；

他身边虽有一个有眼光、懂政治的庶兄目夷，但他不能像齐桓公重用管仲那样，放手重用目夷，更做不到言听计从；

他没有齐桓公的眼光与图霸的能力；

他没有齐桓公让诸侯各国口服心服的功业与仁德，有的只是一味凭莽撞与孤勇去压制弱小诸侯。

说到底，他既没有齐桓公的国力，又没有齐桓公的威望与能力，却不自量力要去步齐桓公霸业的后尘，甚至想超越齐桓公，何其愚蠢可笑哉！

在我看来，宋襄公也不能效法愚公，因为他没有愚公那样的决心、耐心、诚心、威望、献身精神与团队精神。

宋襄公，是一个新观念迭兴、旧观念尚存时代的牺牲品，是一个理想与现实脱节的悲剧性典型。他就是中国的堂吉诃德！

　　换个角度考虑，如果宋襄公不是宋国的国君，而是如堂吉诃德一样的一位田园式的英雄，他的悲剧是否就可以避免了呢？细想之后，心情还是沉重，答案还是否定的：不能。只不过，宋国可以幸免地不在他的手中彻底衰败。至于他个人的命运，仍然逃脱不了一个悲剧。事实上，这样的人物，这样的悲剧，无论过去、现在与未来，只要有人类的文明与野蛮的存在，就无论如何无法避免。不同版本的宋襄公，仍然会在不同的社会与时代，在不同的人身上，或多或少的重演。

　　写到这里，我的心不由地颤抖起来。

　　人们啊！你们可要用你们聪明的头脑，去以宋襄公为鉴戒呵！

武夫洸洸的江汉三王

　　放眼整个春秋中期的争霸事业，历史的主旋律实际是由四个大国谱写而成的。这四大霸权国家，如按东、西、南、北四个方位来排列，它们分别就是濒临大海的齐国、据有关中险胜的秦国、主宰江汉地区的楚国，以及拥有黄河天险的晋国。就在中原诸侯纷争之时，在南方，一个被中原各国视为蛮夷之邦的楚国，却在伴随着周王室衰落的步伐，悄然崛起在汤汤的江汉之间，很快，它就不满足现状，开始虎视眈眈起了中原地区的霸权。

一

历史上，关于楚民族的渊源，史书上主要集中于两种不同的说法：

1. 楚的先祖出自五帝之一的颛顼高阳氏族。司马迁在《史记·楚世家》

中就说："楚之先祖出自帝颛顼高阳。"楚国贵族屈原在其著名的《离骚》篇中也自称自己是"帝高阳之苗裔"。

2. 楚人是九黎三苗的后裔。九黎是指以蚩尤为首的九大东夷部族。蚩尤在与黄帝部族大战失败被杀后，东夷九黎集团随之瓦解。其东夷族的一部，避祸来到江汉流域，在与当地土人经过几个世纪的发展融合后，形成了"三苗"。

无论楚民族的渊源如何，楚人，这个身上流淌着战神蚩尤血液的民族，长期以来，却是一直以不服输的名声著称于世。在尧舜禹时代，他们仍然与华夏部落展开着不屈不挠的斗争。直到商王朝时期，这个好战的民族才归入华夏国的统辖之下。

《竹书纪年》中说："商师征有洛，克之。遂征荆，荆降。"

《诗经·商颂·殷武》中说："挞彼殷武，奋伐荆楚，深入其阻，裒荆之旅。"

看来，楚民族进入中华民族大家庭的时间，应该是从商朝武丁时期开始的。"楚"这一称号也大约出现在商王朝时期。

商朝末年，商纣王残暴无道，楚人在首领鬻熊的带领下，弃商归周。周王朝建立后，周成王虽然论功行赏，封楚人为诸侯，但一开始对楚人就不加重视。周昭王时，还南征过楚国；周宣王时期，继续南征，周楚关系一直紧张。周夷王时，王室衰微，楚君熊渠宣称："我蛮夷也，不与中国之号谥。"封其三子为王，开始公然叫板周天子。从西周末年到春秋中期，楚武王、文王、成王相继以强势君主登上楚国的政治舞台。他们筚路蓝缕，相继开始了初创楚国霸业的艰难历程。

二

楚国的霸业之旅，确切地说，是从熊通做上楚国国君开始的。

公元前 740 年，熊通"弑蚡冒子而代立，是为楚武王。"

这个熊通，可是楚人中的一位了不起的人物。他胆略非凡，富有政治远见与创业意识。他的即位，真正使楚国迎来了前所未有的振兴曙光。

说起来，熊通也是一位适逢时运的君王。

他刚刚即位，就碰上了中原大乱、周王室衰微这样一个能够趁乱而起的大好机会。

司马迁在《史记·楚世家》中说："（楚）武王十七年，晋之曲沃庄伯弑主国晋孝侯。十九年，郑伯弟段作乱。二十一年，郑侵天子之田。二十三年，卫弑其君桓公。二十九年，鲁弑其君隐公。三十一年，宋太宰华督弑其君殇公。"平王东迁之后的周王朝的传统政治秩序在诸侯的这种逆乱与破坏中已经彻底乱了套。

乱有乱的好处。这个好处，就是周王室无力南顾，给楚国乘间扩张与崛起提供了一个上佳的时机。

楚武王熊通之所以雄达，就在于他能够紧紧把握与充分利用这一时机。他率领楚国军队开始了声势浩大的征伐行动，开始了楚国在春秋时期的争霸事业。

1. 灭权设县。权国在今湖北当阳东南，楚国从熊渠到蚡冒数代国君都想灭掉却没有办到。熊通凭借着他的雄才壮志，经过战争终于实现了楚国几代国君的夙愿。灭亡权国后，熊通在此地设县，将它正式化为楚国的一个地方行政区域。

2. 从随国开刀，征服江汉诸侯国家。熊通认为，汉东之国，唯随为大，以兵征服了随国，就可以带动全局，迫使江淮诸国望风顺从楚国。

随国在今湖北随县境内，是周王室封在汉江以东的最大的一个诸侯国。

公元前 706 年，熊通率领楚国大军大举伐随。

关于伐随的基本情况，司马迁在《史记·楚世家》中有着生动而具体的记述：

（楚武王）三十五年，楚伐随。随曰："我无罪。"楚曰："我蛮夷也。今诸侯皆为叛相侵，或相杀。我有敝甲，欲以观中国之政，请王室尊吾号。"随人为之周，请尊楚，王室不听，还报楚。三十七年，熊通怒曰："吾先鬻熊，文王之师也，蚤终。成王举我先公，乃以子男田令居楚，蛮夷皆率服，而王不加位，我自尊耳。"乃自立，为武王，与随人盟而去。于是始开濮地而有之。

以军队征伐别国，本身就是一种强权政治的推行，哪里还需要说出个什么理由？

随国在楚国攻打下要楚国讲明它挨打的理由，显然，这还是西周时代奉行的一套政治观念。

熊通攻打随国，并敢于吐露肺腑之言，讲明楚国手中拥有武力，为什么就不能参加"中国之政"？看来，在他的心中，显然没有随国国君那样的条条框框。这个以实力论英雄的公开宣言，说明熊通其人已经进入春秋争霸的角色。他发出了"我是蛮夷，我怕谁"的最强音。面对中原诸侯或叛或杀自相残杀的现状，他发出的"你们就可以凭武力干坏事，我为什么就不可以呢"的呐喊，充分显露这位楚国君王可爱、磊落的一面。最后，他干脆不买周天王老子的账，自己封起自己的王号来，活生生的事实显露出了这位君王的霸王色彩！

3. 败邓破郧。在汉东诸国中，邓国是地理位置比较特殊的一国。向北，它阻扼着楚国北上中原的道路；向东，也构成了楚国东进鄂东的屏障。公元前703年，巴国派使臣前来楚国通报想与邓国建立外交关系的愿望。楚武王不仅没有反对，而且还专门派出向导与巴使一同前往邓国行聘。但在邓国境内，巴使一行遭到了当地人的突然袭击，楚国派出的向导也被杀害。面对楚国的问罪，邓国表现出了傲慢无礼的态度。于是，大怒之下的楚武王便派大军联合巴军攻打邓国，大败了邓军。

公元前710年，为了阻遏楚国势力东进，郧国（今湖北沔阳）联合随、州、绞、蓼等国共同谋楚。楚军以打败郧国为突破口，很快就瓦解了这次汉东诸国联合图楚的图谋。

4. 会盟江汉地区的诸国诸侯，建立起楚国在汉东地区的赫赫霸业。楚武王熊通在灭权、败岁、破邓、胜郧的情况下，召集江汉一带诸侯会盟，建立王号。巴、庸、邓、随、郧、绞、罗、轸、申、江等诸国诸侯皆前来会盟。周桓王虽愤怒楚国的不道行为，但却没有任何对付的办法。自此，周室愈弱，而楚益无厌。役属汉江地区的各诸侯小国，骎骎乎拉开了北上中原之架势。楚武王，成为了楚国创建霸主之业的第一人。

三

公元前 689 年，70 岁的楚武王仍然雄心不减，最后死在外出征伐的途中。其子熊赀即位，这就是春秋历史上十分有名的楚文王。

与父亲楚武王相比，楚文王同样是一位有作为的君主。甚至，在推进楚国霸业的某些方面，他的步伐，还远远走在了他父亲的前面。

《韩非子·和氏》记载着这样一个动人的故事：

楚国人卞和在楚山中得到一块玉石，把它献给楚厉王。厉王派治玉的工匠去鉴定它，玉匠说："这是块石头。"厉王认为卞和是在欺骗自己，就命人砍掉了他的左脚。厉王死后，楚武王登上了王位。卞和又捧着那块玉石把它献给武王，武王也让治玉的工匠鉴定它，玉匠又说："是块石头。"武王也认为卞和是在欺骗自己，就命人砍掉了他的右脚。武王死了，楚文王登上了王位。卞和便抱着那块玉石在楚山脚下痛哭，哭了三天三夜，眼泪完全哭干，接着流出血来。文王听说了这件事，派人去询问他痛哭的缘故，对他说："天底下被砍去脚的人很多，你为什么要哭得这么悲伤呢？"卞和说："我并不是因为被砍去脚而悲伤，我悲伤的是那珍贵的宝玉却被称为石头，忠贞诚实的人却被称为骗子，这才是我悲伤的原因啊。"于是，文王就派治玉的工匠雕琢那块玉石，果然从这块玉石中得到了珍贵的宝物，于是就把他命名为"和氏之璧"。

卞和献玉本身是一个悲壮并且令人深省的故事。在这个故事中，韩非子除了借卞和献玉而遭刖刑这个悲剧，在倾吐法术之士怀才不遇、报国无门的苦衷和愤懑之外，还昭示出了楚文王性格中十分闪光的一面。这就是楚文王本身拥有注重事实、不偏听偏信、不唯上等优点，能够明察是非，敢于推翻前人的结论去为一个普通的百姓平反错案，有这种能力与气魄的君王还能不做成点事情吗？

事实上，除了拥有实事求是的珍贵品质外，楚文王还是一个颇能识人用人的明君。

据《左传·哀公十七年》记载，申人彭仲爽是中原一个很有智慧的人。楚文王在与中原诸侯国交战中俘获了这个人。楚文王根据彭仲爽的实际能力，大胆任命他为楚国的令尹。敢于将一国朝政交给一个抓来的外国俘虏，楚文王的识人用人气魄，可谓大矣！事实上，彭仲爽后来也确实没有辜负楚文王的期望，在他的任内，使申国、息国变成了楚国的两个县，使陈国、蔡国前来朝见，使楚国的版图开拓到了汝水。

楚文王在位十五年，对楚国的霸业具有重要的影响。他在位期间，主要做了以下几件大事：

1. 迁都于郢。郢地处江汉平原腹地，东接云梦，西扼巫巴，北连中原通衢，南临长江天险，自然条件优越，战略地位突出，定都在郢，有利于楚国牢牢控制住江汉诸国。

2. 灭申、灭息、灭邓，迅速拓展了楚国的疆土。

3. 败蔡、败黄。

在楚文王的手中，北进中原的门户已经完全打开，楚国也已经发展成为南方大国。凡汉东小国，无不向楚称臣纳贡。

司马迁说："楚强，陵江汉间小国，小国皆畏亡。十一年，齐桓公始霸，楚亦始大。"

历史上，楚文王图兴楚国霸业，时间虽然不长，却给后人留下了许多可以千古凭吊、脍炙人口的故事。他与桃花夫人的风流韵事就是一例。

《左传·庄公十年》上记载：

蔡哀侯娶于陈，息侯亦娶焉。息妫将归，过蔡。蔡侯曰："吾姨也。"止而见之，弗宾。息侯闻之，怒，使谓楚文王曰："伐我，吾求救于蔡而伐之。"楚子从之。秋九月，楚败蔡师于莘，以蔡侯献舞归。

息国和蔡国本是友好邻邦，蔡侯、息侯又分别娶陈国一对美女姐妹做夫人，两国本是唇齿相依，又是亲上加亲，本该互相扶助，两国国君却因为一个女人而翻脸。岂止翻脸，息国为报复蔡侯无礼反而招来外寇，蔡侯献舞也因此成了楚国的俘虏，两国从此不得安定，前景不妙。就因为蔡侯好色，几乎因之国破身灭，这个教训，也实在有点太大了。

事情到此还不算完。

另据《左传·庄公十四年》中记载：

蔡哀侯为莘故，绳息妫以语楚子。楚子如息，以食入享，遂灭息。以息妫归，生堵敖及成王焉，未言。楚子问之，对曰："吾一妇人而事二夫，纵弗能死，其又奚言？"楚子以蔡侯灭息，遂伐蔡。秋七月，楚入蔡。

蔡侯了解到自己在莘地兵败被俘全是因为息侯搞鬼的缘故，他也故伎重施，向楚文王赞美息妫如何美丽，劝楚文王去攻打息国、抢夺美人。好色的楚文王果然动了心。结果，息国被灭，息妫又转而成为了楚文王的桃花夫人。

息妫在楚宫几年，为楚文王生了两个儿子，但她从不与楚文王说话。楚文王无数次追问，她才凄然泪下："我一个女人，侍候两个丈夫，即使不能死，又能说什么呢？"结果，文王为了让息妫高兴，又率兵攻打蔡国，入其国。

就因为蔡侯好色而不能克制住自己，息侯也因愤怒、因私害公，蔡、息两国先后成了楚文王口中的佳肴。因为贪爱一个女人的结果，一国灭，一国破，三个国家兵祸相接，其中两个国家分崩离析。历史真是残酷啊！

关于此事，唐代诗人胡曾《息城》一诗可作结论：

息亡身入楚王家，迴首春风一面花。

感旧不言长掩泪，秖应翻恨有荣华。

四

楚文王去世后，他与桃花夫人生的两个儿子先后登上了楚国王位的宝座。

公元前 674 年，堵敖成为楚王。他在位三年，因与其弟熊恽的争斗失败被杀，熊恽成为楚王，这就是楚国历史上有名的楚成王。

楚成王享国 46 年，也是春秋历史上难得的一位明主了。

他即位之初，楚国的政局应是十分的动荡。当时，权臣子元专横跋扈，不可一世。

子元是楚成王的叔父，也是杀堵敖、立熊恽的主要策划与参与者，因此，楚成王即位后，他就理所当然地当上了令尹，执掌了楚国的国政。

可是，这位令尹，自恃有拥立之功，加上贪婪嫂嫂桃花夫人的美色，渐渐有了不臣之意。

在这场君臣斗争中，取胜方是楚成王。他起用若敖氏势力，一举剪除了不臣的子元。到此时，因为内争，楚成王已经白白耽误了八个年头的大好时光。

子元死后，楚成王任用了楚国历史上一位有名的令尹来辅佐自己，这便是堪与齐国管仲齐名的斗谷于菟。

斗谷于菟，字子义，出自在楚国曾经起过举足轻重作用的若敖氏家门。

他成为楚国令尹之后，首先倡言君主集权。他认为：国家之祸，皆由君弱臣强所致。凡百官采邑，皆以半纳归还公家。他首先以身作则，先从自家身上做起，诸人不敢不从，楚国的君权因而有所增强。

其次，斗谷于菟任贤图治。他进言楚成王任用了一班有才识能力的人物，如屈完、斗章、斗班等。

再次，斗谷于菟注重发展楚国的经济，治兵训武，在他的手中，楚国再次恢复了元气，国富兵强，重新走上争夺霸权的道路。

公元前 659 年，楚成王注目北方，见中原地区的强国齐国正在忙于存邢救卫，手忙脚乱地应付山戎的入侵。于是，他趁机挥师北上，向中原门户的郑国发起进攻，开始了他与中原诸侯的争霸苦旅。

在春秋时期，郑国处在一个十分特殊的地理位置。它北扼中原，南通江汉。"中国得郑则可以拒楚，楚得郑则可以拒中国。"对于郑国来说，"附此则此重，附彼则彼重。"楚成王掂量着郑国的分量，在此后的三年，他才不惜物力、人力，接连不停地伐郑。

楚伐郑的结果，引来了齐桓公带领中原八国（齐、宋、鲁、陈、卫、郑、曹、许）联军气势汹汹地问罪。

联军以讨蔡为名，侵入楚境，到达楚国的陉邑（今河南偃师县南）。楚成王则拜斗谷于菟为大将，厉兵秣马，在汉南迎敌。

楚成王派人责问齐桓公：

君处北海，寡人处南海，唯是风马牛不相及也。不虞君之涉吾地也，何故？

面对楚使的代君责问，管仲代齐桓公列出三大理由：

1. 我齐太祖姜尚当年受周天子的特权，"五侯九伯，汝实征之"。
2. 楚国多年不向周王室进贡包茅，"王祭不共"。
3. 周昭王南征不复，我们现在问你要人。

八国联军表面上气势汹汹而来，其实，齐桓公对能否胜楚并无真正的把握。因此，管仲才强词夺理，列出三条所谓理由来逼楚国低头服输。

楚成王当然不会示弱。

周天子赋予姜太公的特权，那是陈年往事了，与齐桓公有何关系？不向周王室贡茅，也已是多年的事了，周天子他自己都不问不睬，这又管你们何事？周昭王南来不返，你去问汉水要吧，找我们干吗？

经过双方交涉，齐国未能给出足够的伐楚理由，虽然八国联军人多势众，但劳师远征，未必就能一战胜楚。相反，如果一旦受挫，齐国霸主的地位岂不岌岌可危？

楚成王一方，也顾虑到中原联军的强大力量，同样不敢轻起战端。

最后，双方妥协，在召陵定盟，楚国答应给周天子进贡包茅，齐桓公则率八国联军北归。

召陵之盟，表面上是齐国取得了重大的政治胜利，其实是齐楚二国打了个平手。它是两个超级大国争霸的一个暂时的妥协。从某种意义上更加刺激了楚成王的北进争霸的雄心。

从另一方面看，召陵之盟也给了楚成王一个有益的提醒，这就是此时北上中原进行诸侯争霸的时机并不成熟。楚成王审时度势，转而经营淮河流域，采取了与齐国迂回争锋的战略方针。

不久，楚成王就等到了新的机会。召陵之盟的第二年秋天，齐桓公干涉周惠王的废嫡立幼的做法。作为报复，周惠王便唆使郑国叛齐而投楚、晋，齐国同盟内部出现了分裂形势。楚成王抓住这个时机，一举灭掉弦国，给齐国来了一个下马威。

公元前 649 年，楚成王又借口黄国不向楚国上贡，出兵吞并了黄国。

公元前 646 年，楚成王又乘胜灭掉英国。

弦、黄、英三国一灭，打破了齐国的犄角之势，为楚国东进齐国扫清了道路。

公元前 645 年，楚国又起兵伐徐。徐是齐的忠实属国，兼有姻亲关系，但齐桓公却不敢与楚国正面交锋。这说明，召陵之盟后，齐侯已是"诸侯日散，霸业日衰”一番明日黄花的景象了。

公元前643年，齐桓公在国内大乱中死去。齐国霸主地位也随风而逝。郑文公亲自到楚国聘问，诸侯们也从利害角度考虑纷纷叛齐而投靠到楚国的门下。

在这种情况下，楚成王锋芒直指北方中原。

齐桓公死后，晋国正乱，中原只有宋国尚是一个大国。不自量力的宋襄公企图继承齐桓公的霸主衣钵，号令中原诸侯。

公元前642年，宋襄公伐齐，立孝公。次年，又执滕子，杀鄫子，伐曹国，在诸侯中立威。随即转而向南对抗强楚。这就引起了宋、楚的正面冲突。

公元前639年，在诸侯“盂之会”上，楚成王捕俘了宋襄公并讨伐宋国。后来，见他是个废物，留在手中无用，就又放他回国。宋襄公不能汲取教训，在公元前638年的宋楚泓水大战中再次受伤惨败。次年，宋襄公因伤去世，称霸之梦遂化作泡影。

楚败宋后，声势显赫。公元前637年伐陈，又与卫联姻，同时结好鲁国、曹国。公元前633年，楚又联合陈、蔡、郑、许四国联军伐宋，占据齐国谷地。此后一段时间，中原诸侯莫敢撄其锋，“春秋列国，陈、蔡、郑、许以地近而从楚，宋以先伐之后，至此不得不从楚。”诸侯俱拱手南向的事实表明，楚成王已经确立了他在春秋时期的霸主地位。

童书业先生在《春秋左传研究》一书中认为：“是时楚人势力几已席卷中原，为中原事实上之霸主矣。”“不特庄王是霸主，成王亦为霸主也。”

我赞同这一观点。

晋文公的成功之道

　　重耳的成功，得力于他具有同时代的其他诸侯所没有的素养。长期的流亡生活，丰富了他的阅历、充实了他的知识、增长了他的才干，使他对中原各国的形势状况有了一个比较深刻的了解。《左传·僖公二十八年》中说他："险阻艰难，备尝之矣。民之情伪，尽知之矣。"似非夸张。

　　他饱受骊姬乱晋之惊，为求生存，流亡狄国，为躲避追杀，它又往东赴卫国，遭拒后，投齐5年，后来又折回曹、宋、郑，南至于楚，最后西入秦国，前后历经8国，在这19年期间，他目睹了父亲晋献公死后，晋国三易朝政，9个兄弟只剩下了他一个人，满朝文武死难者更不知有多少。他目睹了叱咤风云、不可一世的齐国霸业如何随着齐桓公的去世而土崩瓦解；宋襄公的称霸雄心，如何地遭到挫败；楚成王如何厉兵秣马、急于插手中原事务；秦穆公如何虎视眈眈，急于东进中原。在这19年流亡期间，他尝到了卫文公的闭门羹；受到了曹共公"窥浴"的侮辱；知道了郑文公是如何地对他不客气。多年的流亡苦难生活，使他对中原诸侯的为人和人心的向背有了一个感性的理解，同时也给他上了如何妥善处理君臣之间、国民之间以及国家之间的关系的深刻而生动的一课。这对于他后来的功业是具有重大作用的。特殊的经历，造就了重耳坚忍的性格。

一

晋国君臣建大猷，取威定伯服诸侯。
扬旌城濮观俘馘，连袂王宫观冕旒。
更羡今朝盟践土，谩夸当日会葵邱。
桓公末路留遗恨，重耳能将此志酬。

这是《东周列国志》中赞美晋文公重耳能够在春秋末年继齐桓公之后取威定霸的一首诗。

这首诗说晋文公重耳在城濮一役大败楚军，又率领众诸侯尊王定霸，功业甚至超越了春秋五霸的首霸齐桓公。

那么，晋文公重耳究竟是一个什么样的人？他的成功之路对后世的我们又有什么启示？

原来，重耳是春秋时期中原大国晋国国君晋献公的次子。晋献公战胜骊国而得到美女骊姬。骊姬在生下儿子奚齐后便想废黜太子申生，由自己的亲生儿子奚齐取而代之。晋献公昏庸贪欢，听信枕边之言，失于明察，把申生、重耳、夷吾三公子赶出国都，进而迫使太子申生自杀，晋国祸乱由此而起。

晋献公二十二年，公子重耳被迫离开晋国逃亡。

这一年，他已经 43 岁。

19年后，已经62岁的重耳，回到饱受内乱的故国执掌政柄。短短6年，他就败楚制秦，成为春秋时期继齐桓公而起的春秋时期的又一位赫赫霸主。

二

重耳的成功，首先，得力于他拥有得天独厚的条件。

说起来，晋国的产生开始于周成王的一句玩笑话。

晋国的始祖唐叔虞是周武王的庶子、周成王的弟弟。

一天，年幼的周成王与弟弟叔虞在院子里嬉戏，一时高兴，成王把一片桐叶削成珪的形状随手送给叔虞。

"用这个封给你。"成王言者无意，随心脱口说道。站在一旁的史佚却听者用心。他当场记录下了这件事情，并请求选择一个吉日封叔虞为诸侯。

"我这只不过是和弟弟开个玩笑，你为什么还要当成真的呢？"周成王不快地问道。

"天子无戏言。"史佚严肃地回答。"只要您说了，史官就应该如实记载下来，并督促您，按理解去完成它，用乐章去歌咏它。"

就这样，周成王只好封叔虞为诸侯。当时，周公刚刚灭掉了相当于今天山西运城、临汾之间的唐国，正需要有人去那里镇守，于是，叔虞就被封为唐侯。叔虞死后，他的儿子改国号为晋，这就是春秋时期晋国的由来。

"桐叶封弟"典故因此而来。

不过，春秋时期，晋国内乱不断，先是长期发生弑君篡位之事；接着又发生了自毁公室的事情。

按照周天子的宗法制度，诸侯国与周天子一样，有大宗、小宗之分。大宗就是嫡长子，继承王位，同一代的其他诸子均为庶子，都是小宗。在周王室那里，大宗继承王位，小宗只能分封诸侯。在诸侯那里，同样有大宗、小宗的区别。大宗是嫡长子，继承国君，余子为小宗，分封卿大夫。这种"亲亲尊尊"的等级森严的宗法制度，目的是在确保权力与财产继承的合法性与秩序性。

但是，在春秋时期，晋国却是权力观念高于宗法观念，利害之争代替了宗法制度与等级观念。小宗灭大宗，公室弑君事件接连不断。晋献公继位后，为了防止历史重演，干脆高挥屠刀，大肆诛杀公族。这还不够，为了防止诸子争权夺位，公元前656年，晋献公又自毁公室，杀太子申生，逐庶子重耳、夷吾。

晋献公死后，晋国大臣又连杀二君奚齐与卓子。晋献公剩下的五个儿子，死了三个，跑了两个。夷吾后来成为晋惠公，执政19年后在内忧外患中郁郁死去。晋室公子就只剩下了重耳一人了。这是重耳就任晋国国君后能做到暂无君位之争的内患之忧，全力对外争霸的一个客观条件。

三

重耳的成功，首先得力于一批贤人能士的追随与襄助。

在19年漫长的流亡生涯中，一批"卿士"之士，始终不离他的左右，与他艰难困苦，不离不弃。

据说，重耳自幼谦恭下士。17岁时，就已经"父事狐偃，师事赵衰，而长事贾佗"。凡朝野知名之士，重耳无不纳交。因此，在他出奔流亡之际、生死莫测之时。志士豪杰，愿从者众。狐偃，是重耳的舅舅，"惠以有谋"；赵衰，"又以忠贞"。贾佗也是一个公族，"多识以恭敬"。此外，胥臣、魏犨、颠颉、介子推、先轸，皆当时知名勇武人士。他们愿意抛家舍妻，执鞭负橐，奔走效劳。这是重耳长期流亡国外而不败，终能成就大事的一个重要原因。

据史书记载，重耳对这批追随自己的才士，"居则下之，动则谘焉"，他们同心协力、共同患难，构成了重耳的"智囊团"。没有这批患难相从，甘苦与共的积极支持者，重耳很可能一辈子都得在外流亡或做寓公而默默无闻客死国外。

四

重耳的成功，还得力于"贤内助"的帮赞。

俗话说，"家和万事兴"。妻子是男人的半边天。妻妾的贤能与否与行为结果，往往直接影响到一个人的事业成败与高度。

《淮南子·缪称》中说："晋文得之乎闺内""齐桓失之乎闺内"。

的确，齐桓公的凄惨晚年和他的霸业的败落，与他的妻妾诸子的利害冲突、权力之争有着很大的关系。相反，重耳的妻妾，在帮助他夺回君位、建立霸业方面却起到了旁人无法替代的积极作用。

重耳出奔之前，先后娶妻二人。一位名叫杜祁；另一位名叫偪姞。偪姞为他生了儿子，起名欢，后来继位为晋襄公。

重耳流亡到狄国不久，又纳咎如之女季隗为妻，生伯儵、叔刘二人。后来，晋惠公派人前来行刺，重耳不得不逃离狄国。行前，他与季隗有约，要她好好抚育儿女，25年后如果没有他的音讯，再改嫁。季隗安慰她说："到那时我都五十岁了，还嫁人！公子放心走吧，我一定等着您。"

重耳流亡到齐国，齐桓公又把宗女齐姜嫁给他，赠华屋、送美车。重耳一住5年，生活安逸，归心全无。来齐两年后，齐桓公死去，齐国大乱。同行诸人眼看靠齐国帮助已经无望，便密谋如何将重耳骗走。齐姜知道后，深明大义，不但没有阻拦，反而劝说重耳："公子避难外邦，来到齐国。这些年来，晋无宁岁，民无成君，晋不该绝，才使您一人得免于难。有晋国者，非公子而谁。""倘若贪图一时的舒适、欢爱和安乐，那就什么事也干不成了。一个人如果不想有所作为，还指望他什么呢？《周书》说得好：

贪恋安逸，要碍大事。""跟随公子的人都忠心耿耿。齐非久居之地，机遇不可再失，忠良不可弃，安乐不可贪恋，您得快走。"齐姜甚至说："子为一国公子，穷而来此，数士者以子为命，子不疾返国，拒劳臣，而怀女德，窃为子羞之。且不求，何时得功？"

齐姜苦口婆心、语重心长，仍然劝说不动重耳。无奈，她只好与狐偃、赵衰等人合谋，用酒灌醉重耳，把他抬上马车悄悄带走。可惜的是，这位奇女子在重耳得位之前就去世了。也许，她是怕重耳牵挂她而耽误国家大事，就用自杀的方式来断绝了重耳的想念。

重耳辗转来到秦国，秦穆公又把自己的女儿文嬴许配给他。秦晋之好，为秦国全心帮助重耳夺国准备了最后的条件。

重耳坐稳了晋侯的位置后，便把所有夫人全接了回来。从政治上考虑，立文嬴为夫人，依次为偪姞、季隗、杜祁等。杜祁虽为重耳最早的夫人，但以偪姞之子欢为长，杜祁不但让她居上，而且还照顾到同狄国的关系，自甘退居季隗之下。这三位夫人如此知大体而不争位夺宠，免除了重耳的后顾之忧，使他得以专心国事，这在春秋战国史上，实属罕见。

五

重耳的成功，同样得力于他具有同时代的其他诸侯所没有的素养。

据说，他"敏而有文，约而不诮"，豁达而有文采，处于困境而不急不躁、不卑不亢。

据说，他有耐性、有毅力、重信义、讲义气。

据说，他为人谦逊、善于团结人，更善于用人。

坐稳晋国国君宝座后，他立刻实行了三个举措：

1. 安定人心。重耳执政后，对晋惠公的死党吕甥、郤芮两人继续任用，只是在他们阴谋叛乱事发后，才将二人处死，但对他们的家属则一律赦免，有的还加以提拔与重用。勃鞮虽然先后两次行刺重耳，但因他告发了吕、郤等人的叛乱图谋，不但未被治罪，而且还得到提拔。面对前朝旧臣人心惶惶的局面，重耳果断起用佣人头须为御者。头须是重耳逃亡之时的侍者，途中他在重耳最困难的时候，把重耳的财宝细软尽行卷逃，害得重耳十分狼狈。重耳的这种豁达行事，不计前嫌的做法，安定了国内人心。这说明，他是有政治头脑的。他没用任何代价就把前朝旧臣、所有能人都团结在了他的周围，足以显示出了他的政治智慧已经十分的成熟。

2．大封功臣。吕、郤之乱平定后，晋文公论功行赏，大封群臣。壶叔因为当场没得到封赏，便问重耳自己在追随他的长年累月中，究竟犯了什么错误。晋文公当众宣布，功分三等："凡是以仁义之道相教导的，使我的道德品质受到熏陶的，功列魁首；帮助出谋划策，使我得以主国而不受诸侯欺侮的，功列二等；不惧箭矢刀锋，立下汗马功劳的，功列三等；至于那些跑腿干粗活的，功劳又在其次。头三种人奖过了，才能轮到你。"据说，晋文公此举，不但让壶叔没有话说，而且"晋人闻之，皆悦"。

3．安定周室。公元前 635 年，周王室内部发生变乱。王弟子带在狄人的帮助下，赶走了周襄王，自立为王。周襄王逃亡到郑国，亲自作书求告各诸侯国起兵勤王。晋文公趁此时机，立即出兵驱狄平叛，把周襄王送回洛邑复位。晋文公在这次勤王行动中一石三鸟：得到了河内、阳樊等地的周王酬封；在诸侯各国中树立了威信；遏制了秦国想趁此机会东进的战略意图。

到此时，晋国国内已经君明臣和、上下同心，政局稳定。晋文公终于完成了他的霸业之旅前的一切准备工作。

晋文公重耳的成功之道还主要表现在：他正确地制定和实施了"尊王攘夷""拒秦抑楚"的战略方针。

重耳清醒地看到，晋国强大的道路上横卧着两只拦路虎——南方的楚国和西方的秦国。

楚国一直企图北上中原，只是因为齐桓公与管仲的努力才暂时扼制住楚王的这种企图。齐桓公死后，齐国衰落，楚国已经成为晋国霸业道路上的头号敌人。

秦国自穆公继位以来，重用贤臣百里奚和蹇叔等人，发展实力，雄心勃勃地打算东进中原，不断插手晋国事务。不过，晋国据有秦东进必须经过的崤函天险，只要晋国守好这个天险，秦国的东进战略就会难以实现。

权衡再三，晋文公决定联秦制楚。

如果把"尊王攘夷"作为中原诸侯称霸的必由之路的话，那么，晋文公在他继位后的第二年（公元前635年）就迅速出兵帮助周襄王平定了子带之乱，完成了"尊王"这一任务。至于"攘夷"事业，则是在败楚之后完成的。

接着，晋文公重耳把目标瞄准了强大的楚国，决心与楚国决一雌雄。

公元前635年，晋国发兵支持秦穆公侵楚，向楚国发动试探性的攻势。

公元前633年，楚成王大举伐宋。晋文公君臣认为时机已到，"报施"（答谢宋襄公在重耳流亡之时的馈赠）、"救患"（解救宋国危难）、"取威"（示威诸侯）、"定霸"（称霸中原）全都在此一举，决定出兵救宋伐楚。晋文公听从狐偃的建议，先打楚国盟国曹、卫，迫使楚国还兵救之，然后双方决一死战。楚军统帅子玉果然撤除对宋国的围攻，全力向晋军挺进。晋文公本着有理、有利、有节的原则，让晋军"退避三舍"，以退为进，在城濮以逸待劳，诱敌深入，终于一战歼灭楚军主力，奠定了晋国在中原诸侯中的霸局。

接着，公元前632年5月，晋文公重耳召集鲁、齐、宋、蔡、郑等国诸侯，在践土会盟，正式确立了他在中原诸侯中的霸主地位。

晋文公的多年积累与努力，终于等到了开花结果的季节。这正应了中国古人的一句话：艰难困苦，玉汝于成。

秦穆公的特点

　　在秦穆公的身上，始终洋溢着一种活力，这是集秦民族的质朴、尚战、无畏、智慧、粗犷、坚韧、进取于一身的活力。这种活力，很大程度应归功于他的先人们在为了生存而战中所激发出来的坚强毅力和不畏艰难的巨大勇气。这种活力，让他在春秋历史的舞台上，演出了至今仍为人们啧啧称赞的一幕幕永垂青册的动人大战。经过艰苦卓越的努力，他最终平定西戎，并国十二，为秦国建造了一个强大而坚实的根据地。正是有了这个进可问鼎中原、退可固守关中的富饶地方，才最终使秦人无后顾之忧地一直向东拓展，直至一统天下。

一

　　在秦人的开国历史上，秦穆公是一位了不起的人物。

他，可以说是大秦帝业创业史上一位承前启后的为君楷模。

大秦帝国的首任宰相李斯早就说过："昔穆公求士，西取由余于戎，东得百里奚于宛，迎蹇叔于宋，来丕豹、公孙枝于晋。此五子者，不产于秦，而穆公用之，并国十二，遂霸西戎。"

其实，这位秦帝国的宰辅，还不过只是揭示出了秦穆公为人性格中的冰山一角。

秦穆公自有他的雄心，他的襟怀。这种雄心与襟怀，不是一般庸主能君所可望其项背的。

在秦穆公的身上，流淌着作为一位雄主的血液。种种血液，滚烫、滚烫，让他雄才大略，促使他不停地去为秦国扩疆拓土，拓展实力。

他的事业是那么的伟大，伟大的足以令他的后世子孙代代努力不止；他的榜样力量是那么的厚重，厚重的令后来的历代秦君效仿不已。

秦穆公，一个谜一样的人物，看天翻地覆，多少年才能出现这样一表人物？

二

任贤用能，极力从国内外求取人才，这是秦穆公急于强秦的必然结果，反映出了秦穆公的眼光与识人、用人的能力。

司马迁在《史记·孔子世家》中写道：

> 齐景公与晏婴来适鲁，景公问孔子曰："昔秦穆公国小处辟，其霸何也？"对曰："秦，国虽小，其志大；处虽辟，性中正。身举五羖，爵之大夫，起累绁之中，与语三日，授之以政。以此取之，虽王可也，其霸小矣。"

看来，孔圣人对于秦穆公敢于打破贵贱界限，唯才是用的举动，是十分欣赏的。在孔子的眼中，秦穆公"行中正"，善用人，其气度足以成王者大业，何况霸业呢？

秦穆公继位后，继承着祖先开拓宏业的传统，决心与列国争一雌雄。

但是，环顾四野，严酷的现实是：

1. 秦的建国始于平王东迁，与当时的大国齐、鲁、晋等国相比，秦的历史比人家短了整整一个西周的时代，已经落后了400余年。

2. 秦处西陲，"始小国僻远，诸夏宾之，比于夷狄"。长期处在中原文化圈的外围，中原人士一般都不太愿意前往，因而人才显得格外奇缺。

3. 严酷恶劣的生存环境，把秦人培养成为了一个敢于在疆场上任意驰骋的民族，但文化、文明程度则远逊东方各国。马上得之，不能马上治之。寻找富于远大目标的策划人才显得十分的迫切。

4. 秦虽然立国，与东方各国平起平坐，但东方诸国对秦始终抱有偏见，打心眼里瞧不起这个西方边境的所谓"蛮夷之邦"。他们采取排斥、贬低的态度来对待秦国，这使秦人在长期同戎狄的斗争中建立起来的自信受到了严重的打击，认为是莫大的耻辱。为了超越这种自卑，秦穆公更添具了以通过奋斗来显示自己实力的愿望。你们不是瞧不起我这个落后之邦吗？好吧，我要以实际行动让你们认识到你们的这一举动是多么的错误、多么的荒谬。各国卑秦使秦人产生了巨大的逆反心理，这是自秦穆公登基以后急于招揽人才、大举图兴的一个重要因素。

春秋时期，秦穆公的霸业，多赖于下列几个人的辅佐与支持。

1. 公孙枝——公孙枝，字子桑，岐人。年少时游宦于晋，秦穆公闻其贤，就将他招揽到秦国。公孙枝入秦后，秦穆公以之为师，不离左右，言听计从，在秦国与晋国的外交事务的决策上发挥了无可替代的作用。据《吕氏春秋·慎人》中记载，公孙枝奉秦穆公之命以五张羊皮从楚人手中将百里奚赎回时，发现百里奚是一个王佐之才。于是，他不仅郑重地将百里奚推荐给秦穆公，要求秦穆公大用之，而且将自己的上卿位置让给百里奚，甘居其次。这件事使秦穆公很受感动，经常念念不忘，并以此来醒戒自己与秦国官员们的行为规范。

2. 百里奚——百里奚，虞人，事虞公。晋灭虞时，将他抓获为战俘。后来，晋献公嫁女给秦穆公做夫人时，迫他去做陪嫁，他感到莫大的耻辱，就出走逃亡到宛地。在那里，他偏又时运不佳，被楚国鄙人抓了个正着，被迫替他们从事放牧的生计。秦穆公发现少了一名陪嫁，又听说他是一名有才德的老者，现在正流落在楚国乡间为奴，于是就派公孙枝拿了五张羊皮将他赎了回来。百里奚到秦后，与秦穆公"语三日，公大悦，授之政，且以为师。号曰'五羖大夫'"。这个时候，百里奚已经是 70 多岁的老人了。秦人赵良形容秦穆公对百里奚的信任与重用，是"举之牛口之下，而加之百姓之上"。秦穆公爱才、识才，不拘一格任用人才，于此可见一斑。

3. 蹇叔——蹇叔，原本是宋国人，早年流落齐国，不为齐君所用，遂在齐国一个小部落中做了个酋长。当年，百里奚中年来到齐国，因无人引荐而流落街头，盘缠用光后作了讨饭的乞丐。后来，二人相遇，经交谈后相见恨晚，遂为至友，后经蹇叔托人举荐，百里奚得以在虞国被拜为中大夫，蹇叔对百里奚说："虞君眼光短浅，只见眼前小利，并且刚愎自用，并非有为之主，我打算隐居在宋国的鸣鹿村，他日有事可来找我。"百里奚到秦国后，强烈向秦穆公推荐蹇叔。于是，秦穆公就派人带着厚礼，将蹇叔迎至秦国，用为上大夫。

4. 由余——由余的先人是晋人，他因家族关系会说晋语。逃亡入戎后被戎王所用。后来，"戎王闻穆公贤，使余观秦"。秦穆公不过跟他见过一面，谈过一席话，就看出了他是一个非凡的人才，于是开始动心眼儿想方设法地笼络他。最后，秦穆公甚至不惜手段，采用内史廖的计策，用反间计迫使由余弃戎归秦。"公出迎，拜之上卿。"

5. 丕豹——丕豹是晋国大臣丕郑之子。晋惠公为丕郑等大臣所立。晋惠公继位不久，杀丕郑。丕豹乃出奔秦国，并仕于秦。秦穆公白白得了一大帮手，其欢喜之情，不言而见。丕豹是晋国大臣，对晋国情况了如指掌。秦穆公要想在东进的道路上打开一个缺口，就不能不在晋国问题上多打注意，丕豹用于秦，正合了穆公的心意。

6. 孟明视、西乞术、白乙丙——孟明视、西乞术、白乙丙三人分别是百里奚、蹇叔之子。孟明视"知人"、西乞术"善言辞"，"皆不愧其父，岂仅知兵而已哉！"三帅皆得到秦穆公的信任与重用。他们帮助秦穆公"增修国政，重施于民"，三次伐晋，出使鲁国等内政外交方面取得了重大的成绩，可以算得上秦国自百里奚、蹇叔之后的外籍集团中第二代领军人物。

以上八人，都不是秦国人，但是，为了霸业的需要，秦穆公只要一闻其贤，就不计一切将他们罗致到秦，不计身世、年龄，一概破格重用。或许，这就是秦穆公能够最终称霸西戎、东进中原、声震寰宇的重要秘诀之一。

在上述八子之中，公孙枝、丕豹用在对付晋国上面，由余用在吞并西戎诸国上面，孟明视、西乞术、白乙丙主要用在军事指挥上面，而百里奚、蹇叔二人给秦国的全盘规划、制定的有系统、有步骤的全面发展战略才是秦穆公能够成为春秋五霸的一个首要因素。

据史料记载：

1. 秦穆公请教百里奚："我们秦国僻居西方的岐雍间，不能参与中原的会盟，请问您教导我该怎么做，才不致落后于中原诸侯国？"

百里奚回答："其实，岐雍之地地势险要，是周王朝建国的发源地，如今周王室不能守而送给了秦国，这是个非常了不起的礼物啊！处在戎狄的威胁下，可以使秦国永远保持强大的军事战斗力；不能参与中原的会盟，正可使我们不必分神，全心全力建设国家。西戎地区，总共不过十余国，各自独立、组织松懈，很容易并吞它们。最重要的是如何开发这些土地，以提升秦国的综合实力。如何组织这些人民，以加强我们的武装力量，这种有利条件是其他诸侯国所没有的。我建议主公应先好好地经营这块地方，服从我们的，以德抚之；不服我们的，以力征之。完全掌握这块西陲之地后，再利用这块进可攻、退可守的土地向东方中原地区发展，一有机会，便可发动攻势，则霸业可成。"

百里奚的这种战略为秦穆公先西后东、先内后外的发展指明了方向，深得秦穆公的赞许，以后秦国数百年战略发展的方向基本上没有超出这个范围。

2. 秦穆公请教蹇叔：“百里奚非常推重先生的才能，请问先生对我秦国未来的霸业有何赐教之处？”

蹇叔回答：“秦国僻居西土，和戎狄为邻，地势险要，军队强盛，进可以战，退可以守，条件比别人好，但却无法跻于中华大国之列中，这是因为威德不及的缘故啊！没有威势，别国自然不怕；没有恩德，别国自然也不服。既不怕又不服，自然就成不了霸业了。”

秦穆公问：“威与德哪一个应当排在首位？”

蹇叔回答：“德为本，威济之。德而不威，其国外削；威而不德，其民内溃。”

秦穆公又问：“寡人欲布德而立威，何道而可？”

蹇叔回答：“秦杂戎俗，民鲜礼教，等威不辨，贵贱不明，臣请为君先教化而后刑罚。教化既行，民其尊敬其上，然后恩施而知感恩，刑用而知惧怕，上下之间，如手足头目之相为。这样就会像管夷吾节制齐国军队那样，号令天下而无敌。”

秦穆公问：“有了威德，便可以称霸天下吗？”

蹇叔回答：“没有那么简单。想称霸天下的雄主必须有三戒：毋贪、毋忿、毋急。贪则多失，忿则多难，急则多蹶。对目标的大小早有规划，便不必贪；衡量自己和别人的力量再行动，就不会有气急败坏的灾难；一切有计划，轻重缓急分得清楚，就不会急功近利，造成缺失。主公若能有此三戒，便有资格争霸天下了。”

秦穆公说：“您说得很好。请先生先为寡人指明眼下就应当做的事情。”

蹇叔回答：“秦国立国西戎，这是主公的祸福之本。现在齐桓公年纪已老，霸业将衰。主公应当用心安抚雍渭民众，并号召诸戎。不服者，讨之。诸戎既服，然后再敛兵以俟中原之变，在齐国霸业的基础上，广布德义。届时，主公即使不想称霸，形势也不允许你这样做了！”

从上面的君臣问答中可以看出，蹇叔的建策其实与百里奚如出一辙，是对百里奚提出的战略方策的进一步深化。如果说，百里奚从纵向上为秦穆公全面地规划了称霸西戎、参与中原大国事务的蓝图的话，那么，蹇叔则是从横向上规劝秦穆公"戒贪、戒忿、戒急"，饭要一口口地吃，路要一步步地走，要秦穆公脚踏实地地一步步去具体落实百里奚制定出的西取东进的战略目标。

百里奚与蹇叔，两人一左一右，为秦穆公规划出了百年远图，为秦国的霸业撑起了腾飞的双翼。难怪乎秦穆公听了他们的建策后高兴地说："我得到这两位先生，真是秦国的福气啊。"

三

在秦穆公的身上，始终洋溢着一种无尽的进取精神。这股异于同时代别国诸侯的精神，在很大程度上，应当归功于他的先人们在为了生存的斗争中所激发出来的坚强毅力和不畏艰难的巨大勇气。这种精神是秦人存在的意义，是秦民族不断发展壮大的原动力。

秦穆公继位时，已经三十余岁，正是壮年鼎盛、身心舒发时期。由于父兄打下的基础，他在国内的统治地位已经相当稳固。他为人强悍勇武、胸襟开阔、耿直诚恳、志向高大。列祖列宗们开辟臻莽的事业、西进运动的艰难历程，都经常让他心驰神往、向往不已。他要效法祖宗的开创精神，弘父兄之基业，让秦国的国势发展到一个新的高峰。

目标：东进中原，西吞诸戎。

今天看来，秦穆公毕生的功业，应当说最集中地表现在他率领秦军东进中原与独霸西戎的军事行动上面。

百里奚、蹇叔虽然为秦穆公规划出了先整顿好内部再东图中原大业、先吞并卧塌之旁的西戎诸国然后再向东挺进的战略，但400余年来秦人一直受到东方各诸侯国的轻视而产生的急于起而表现自己的心理一直烦恼着秦穆公。虽然蹇叔反复提醒他"戒贪、戒忿、戒急"，踏踏实实地先增强秦国的综合国力，但秦穆公认为，"一万年太久"，他要在有生之年"只争朝夕"。因此，秦穆公时期，秦国的跃进战略实际是先东后西，先外后内，先急于让世界真正承认自己的能力而后再整顿扩大自己内部版图实力的一套思路。

秦穆公在位前期，正值晋献公执掌晋国政权。

当时，晋正处在强盛势头，先后吞并耿、霍、魏、虢、虞等一批小国，版图急剧地扩大。地理位置上，虢据崤函，虞扼茅津，正好挡住了秦国东出之要道。晋国占了先机，秦穆公只能面对现实。为了称霸中原，参与"国际事务"，秦穆公转而施展军事外交双管齐下的手段，以和晋为主的方式与强晋相周旋，以等待时机，向东挺进。

这一时期，秦穆公的成就主要表现在：

（一）秦晋联姻

公元前 659 年，秦穆公即位伊始，就立即率兵东进，进攻茅津之戎，初战告捷，将秦国的势力范围由西向东推进到黄河一带。但因为继续东进为晋国所扼，不得已，秦穆公班师回国。然后向晋国求取婚姻。公元前 655 年，秦晋联姻，秦穆公迎娶晋献公的女儿为夫人。今天，我们将新婚夫妻称为缔结秦晋之好，历史渊源即在于此。

秦穆公娶得晋献公的女儿，这对于秦国具有重大的象征意义。晋国在当时为东方一个大国，秦晋联姻，标志着秦国与晋国一样，具有了大国的身份，在名分上进入了中原诸国的行列。

（二）三定晋乱，三立晋君

公元前 651 年，晋献公死。晋献公生前宠爱骊姬，听信骊姬谗言，逼死太子申生，赶走公子夷吾、重耳，欲立骊姬之子奚齐为君，导致晋国在他死后立即大乱。晋献公刚死，晋国大臣里克、丕郑父两弑孤主——奚齐、卓子。公子夷吾趁机以"割晋之河西八城与秦"为条件，许诺秦穆公"苟假君之宠，入主社稷，唯是河外西城，所以便君之东游者，东尽虢地，南及华山，内以解梁为界，愿入之于君，以报君德于万一"，请求秦国协助他夺取晋国君位。在这样的优惠条件下，秦穆公命令百里奚护送夷吾回国即位，是为晋惠公。这是秦国一定晋乱，一立晋君。

晋惠公继位后，立即失信，拒绝兑现当初答应秦穆公割河西之地给秦国的条件。秦穆公基于对形势的判断，压制住心中的怒火，没有立即发兵讨伐。

公元前647年，晋国国内大荒，仓廪空虚，民间绝食。晋惠公向秦国乞粮。秦穆公采纳百里奚、蹇叔的意见，输粟于晋，救济灾荒。秦穆公大度地认为："负我者，晋君也。饥者，晋民也。吾不忍以君故，迁祸于民。"于是，运粟万斛于渭水、直达河、汾、雍、绛之间，舳舻相接，命曰"泛舟之役"，以救晋之饥荒。

第二年冬，秦国年荒，晋反大熟，请粮于晋。晋惠公不仅不卖给秦国粮食，反而趁机兴兵伐秦。于是，秦穆公亲率三军，与晋惠公在韩原展开大战。这一战，秦军大获全胜，晋惠公被俘，历史上称之为"韩原大战"。

三个月后，晋惠公被迫"献其河西地，使太子子圉为质于秦"后，获释回国。秦穆公立即在河西设置政权机构，秦国的东方国境首次到达了黄河边上。

几年后，晋惠公死，此前从秦国逃回晋国的子圉立为君，是为晋怀公。

为了控制晋国，秦穆公"怨圉亡去，乃迎晋公子重耳于楚，而妻以故子圉妻"。公元前636年，秦穆公亲自统兵护送重耳回晋，夺取君位，杀死子圉，是为晋文公。这是秦国二定晋乱，二立晋君。

晋文公当国后不久，惠公、怀公时的重臣吕省、郤芮蓄谋发动兵变，杀害重耳。晋文公得到消息后，潜走秦国。赖秦穆公出兵再次平乱，除掉吕省、郤芮，又送重耳回国。这是秦国三平晋乱，三立晋君。

秦穆公时期，晋国国内大乱，齐、楚等国都想趁火打劫，但却为秦穆公审时度势走在了各国的前面。通过三平晋乱，三立晋君，秦国不但将领土向东扩展到了黄河边上，而且在外交上纵横捭阖，彻底走上了当时的"国际大舞台"，这部分地满足了秦穆公的称雄之心，也进一步大大提高了秦国的国际政治地位与秦人的自信心。

（三）灭梁

梁国是邻近秦国的一个东方小国。长期以来，晋、梁同盟，共同对付秦国。公元前 637 年，梁君无道，大兴土木，引起民怨，秦穆公趁晋惠公病重不能视朝、晋国无力出援、梁国民心浮动的时机，命百里奚率军袭梁，一举灭掉梁国，吞并了东方又一块宝土。

（四）千里袭郑，兵败崤山

晋文公主政晋国后，由于他多年流浪在外，积累了丰富的政治、外交经验与人脉关系，很快，就使晋国由乱变治，最终成就了霸业。秦穆公本欲弱晋、图晋，不防晋国在晋文公的统治下日益强大起来，于是，他逐步改变方针策略，转而采取联晋的方针，在外交上紧紧追随晋国。他协助晋国平定周王室的内乱，又与晋国联手制楚，倒也是出尽了风头，使秦国在东方各国中建立了大国实力的名声。但是，得陇望蜀是人之常情。秦穆公此时已不以此为喜、为功，他要进一步东进扩展自己的领土，进一步加强在东方大国国际舞台上的地位，建立自己的霸业，而不是追随晋文公之后，为他人做嫁衣裳，空讨一个美滋滋的虚名号而已。

公元前 628 年，晋文公病死。秦穆公认为自己进一步东进的时机已经成熟，公元前 627 年，秦穆公为东出中原争霸的野心所驱使，不顾蹇叔、百里奚等人的苦苦劝告，派遣孟明视、白乙丙、西乞术三将率兵偷越晋国，千里袭郑。计划流产后，又攻灭晋的边邑滑国。终于导致秦晋反目，发生了崤山大战，秦国落了个全军覆没、三将被俘的糟糕下场。

公元前 625 年，秦军再次伐晋，欲报崤山之仇，结果再次败北。这年冬，晋国纠合宋、陈、郑等国，再次伐秦，取江及彭衙二邑而还。

秦军的接连挫折，使秦穆公急于东进中原、建立霸业的热情降下温来。他由此认识到自己综合国力的不足、后方的不稳，重新估量蹇叔、百里奚多年前为他提出的吞并西戎、夯实综合国力的正确性。

但是，崤山之仇不报，无以对国人、对各国诸侯有所交代。争强好胜的秦穆公不能咽下这口恶气。

公元前 624 年，经过精心的准备，孟明视与秦穆公第三次伐晋。孟明视立誓："若今次不能雪耻，誓不生还。"秦穆公也说："寡人凡三见败于晋矣。若再无功，寡人亦无面目返国也。"他们"渡河焚船，大败晋人，取王官及鄗"。面对秦起倾国之兵、破釜沉舟的拼命劲头，晋襄公传谕四境坚守，勿与秦开战。"晋人皆城守不敢出。"于是，秦穆公自茅津渡河，"收崤山死士之骨，可以盖之耻"。"为发丧，哭之三日。"并收江及彭衙二邑失地，秦凯歌班师。

崤山之战对秦国政治、军事、外交等方略产生了重大的影响。秦穆公虽说趁晋献公死了取得了河西之地，但多次出兵函谷关、图霸中原的行动都始终没有成功。这主要原因在于秦国东邻晋国十分强大。秦晋长期征战，秦国势力始终不能在河东立足。鉴于晋国扼住了秦国东进的道路，秦穆公决定改变外交方针，由联晋制楚向联楚制晋转变，后世的远交近攻谋略在此已端倪初露。此后，在秦穆公的努力下，秦楚结盟有力地遏制了晋国向西发展的锋芒，减轻了晋国对秦国的压力，最重要的是，秦穆公从此决心改变秦国的战略发展方向，将多年前百里奚、蹇叔为他制定的吞并西戎诸国、增强秦国实力的战略目标真正开始付之实施。

（五）并国二十，称伯西戎

400多年来，秦人在开拓西部历史中，无时不刻地不与戎夷发生着斗争。可以确定地说，长时期的刀光剑影，早把秦人培养成了一个不怕作战，勇于作战的军事团体。

公元前623年，秦穆公采纳由余的谋略，利用西方诸戎各自为政、互不统领的现状，分化瓦解，集中优势兵力，各个击破敌人。

通过大规模的军事征戎，秦穆公"益国十二，开地千里，遂霸西戎"。

通过吞并诸戎、开疆拓土，秦穆公终于把秦国的领土西展至今陕甘边境，北拓至今陕西北部，不仅消除了后方戎狄侵扰的顾虑，而且将周王室"王兴之地"真正变成了自己巩固的后方基地。秦国在后方稳定、军团力量日益壮大的同时，又把目光转向了东方。

秦康公时，开始倾全力进攻东进道路上的拦路虎——晋国。他一败晋军于令狐，再败晋军于武城，三败晋军于羁马，四败晋军于河曲。此后，秦国与晋国之间互有攻守、胜负。战国初年，三家分晋，秦国利用这个机会，迅速征服了山西全境的诸戎，又接连征服了甘肃东北及汉中一代的诸戎。到秦孝公时，秦国已经具备了进一步侵略东方中原各国的力量和势力。

四

在秦穆公的身上，同样汇聚着一般仁德之气，这是他的臣民很愿意"为之驱驰"的一个重要因素。

据史料记载，昔日秦穆公到梁山打猎，夜失良马数匹。大家知道，秦穆公是一个非常爱马的人，历史上著名的"伯乐相马"典故就因他托人寻找良马而来。现在，国君喜爱的良马，不是一匹而是数匹被人偷走了，这可不是一件小事情。秦穆公知道了，也十分着急。他急忙命人去寻找。最后找到岐山脚下，只见乡间鄙民三百多人，正在热气腾腾地吃着他的马肉。把宝马良驹当肉吃，这还了得。探寻者火速回报，要求秦穆公赶快派兵缉捕，加以严惩。谁知秦穆公听后叹曰："马已死矣，又因而戮人，百姓将谓寡人贵畜而贱人也。"在慎重思虑后，秦穆公决定不再追究此事。非但如此，他还让人拿出军中美酒十瓮，使人赍往其山脚下，将就赐给吃良马肉不懂事的百姓，并让带话："寡君有言：'食良马肉，不饮酒伤人。'今以美酒赐汝。"这使盗马者一齐叹曰："盗马不罪，更虑我等之伤，而赐以美酒，君之恩大矣。何以报之！"俗话说，种瓜得瓜，种豆得豆。秦穆公的宽仁襟怀在他与晋惠公决战之时，好处淋漓尽致地表现了出来。在秦晋龙门山大战中，秦穆公处在重围、形势危急的时刻，"只见整西角上，一队勇士，约三百余人，高叫'勿伤吾恩主！'秦穆公抬头看之，见三百余人，一个个蓬首袒肩，脚穿草履，步行如飞，手中皆执大砍刀，腰悬弓箭，如混世魔王手下鬼兵一般。脚踪到处，将晋兵乱砍。一齐将穆公奋勇救出。"原来，这三百余人，正是秦穆公当年赦罪赐酒的食马人。他们闻穆公伐晋，皆舍命趋至助战，结果帮助秦军一举取得了此役的重大胜利。

仁德之性，使秦穆公不仅获得了秦国的民心，在当时的国际政治舞台上，秦穆公在实践中同样也有范例。

公元前647年，晋国遭受到前所未有的饥荒灾害，仓廪空虚、民间绝食。晋惠公派人到秦国提出借粮的要求。当时秦国朝廷上有两种意见：

1. 坚决不借，主张"晋侯无道，天降之灾。乘其饥而伐之，可以灭晋。此机不可失！"既然晋惠公"已失人，又失天"，必须加以严厉的惩罚。

2. 答应晋国的借粮要求。认为自然灾害，哪个国家没有？救灾恤近邻，是国家应有的态度。

经过慎重的考虑，秦穆公批准了第二种意见。

晋惠公是在秦国帮助下回国登上君位的。当初，他为求取秦国帮助而答应事成之后，割河西五城给秦国。可是，他一旦成为晋君，便毁约失信。对此，秦穆公与秦国臣民一样，是十分恼火的。但是，在晋国面临灾荒的侵袭时，秦穆公还是认为："寡人其君是恶，其民何罪?""负我者，晋君也。饥者，晋民也。吾不忍心以君故，迁祸于民。"

在秦穆公的眼中，不好的是负约失信的晋惠公，他的"民"是没有责任的，不能归罪于他们。于是，秦运粟数万斛于渭水，直达河、汾、雍、绛之间，命曰："泛舟之役。"此一善举，充分反映了秦穆公的高超眼光与仁德胸怀。晋惠公与之相比，真可谓是乌鸦匹凤凰，不可同日而语。后来不久，秦国发生饥荒，晋国却拒绝了秦国的借粮要求，并且准备出兵伐秦。两国军事成败，在秦穆公、晋惠公的不同表现中，实际上早已预定下来了。果然，秦国君民同仇敌忾，晋国君民却心中有亏，龙门山大战，晋军几乎全军覆灭，晋惠公被俘，仔细想来，实在不是一件奇怪的事情了。

五

不诿过于别人，知错就改，在秦穆公的从政生涯中同样表现得十分明显。

在中外历史上，不乏雄才大略的大英雄、大政治家。但是，当遇到错误决策或因为自己处置失误而遇到重大挫折时，能够光明磊落、无所顾忌地公开承认自己的错误，不诿过于部下者，却并不多见，秦穆公就是这样一位成熟而自信的人物。

公元前627年，郑文公、晋文公先后去世，秦穆公认为东进时机成熟，遂派孟明视、白乙丙、西乞术三人千里袭郑。这本是一次冒险的军事行动，结果，袭郑计划不但受挫，而且在崤山还进入了晋军准备好的布袋阵中，全军覆没，三帅被俘后又寻机逃回秦国。

这次东进受挫，给秦国君臣上下留下了一个阴影。涉及切身利益的国内百姓，产生怨愤的情绪也是常理中的事情。

对于这个重大错误，秦穆公并没有为了自己的面子而诿过于孟明视等三帅。相反，在挫折面前，他冷静地进行了反思，认识到是自己的急功近利的心态，才是这次惨败并给国家带来了重大灾难的主要原因。

由此，他拒绝了周围人让他严惩三帅的建议。

秦穆公决定，自己到城外亲自迎接逃回来的三帅。

面对归来的将士，他掏出肺腑之言：

我没有听从蹇叔等人的意见，让你们受到了侮辱。这次失败是我的过错。你们三位有什么罪过？

"吾不以一眚掩大德。"

于是，秦穆公继续一如既往地重用孟明视等人。

这样做的结果是，君臣更加团结一心。经过三年的卧薪尝胆，秦穆公向东寻晋复仇。在崤山封尸中，秦穆公再一次罪己责躬，在阵地上发表了勇于承认错误、继往开来的著名演说。他说：

"我的官员们啊！你们安静下来，听着！我要告诉你们很重要的话。

"古人有言说：'人如果总顺着自己的性子去处理事情，就会多出差错。'责备别人并不难，而接受别人的责备，听从它就像流水一样畅快，做到这一点其实很难啊！我心中的忧愁就在于：时间一天天消失，一切再也不会回来了。

"过去，我找别人商量国家大事，却又说'你不顺从我的心意，我就会忌恨你'，今后我找别人商量，我将把他们当作亲人。虽然这样，我还应向黄发老臣们请教，这样才会减少过失。

"过去，对于体力已经衰弱的白发介臣，我还能够亲近他们，对于那些仅仅是射箭和驾车都不错的勇夫，我还能做到不太喜欢他们。可是对于那些能让君子容易疑惑的能言善辩的人，我却太亲近他们了！

"我常暗暗地思量，如果有这样一个大臣，他没有别的才能，但他能诚实专一，能心胸宽广，能容纳别人。别人有本领就像自己的一样；别人有才有德，他内心就喜欢他，并且这喜欢的程度超过了他口头的表达。这种人我就接纳他，因为他能保护我的子孙和臣民，他对我们来说是有利的！

　　"对于别人有本领，他就嫉恨得不得了，对于别人有才有德，他就加以阻挠，使其长处不为君王所知。对于这种人，我决不能容纳他，因为，他不能保护我的子孙和众民，他对我们来说是危险的！

　　"国家的动荡不安，往往由一人造成；国家的繁荣安定，也往往由于一人的善庆而成。"

　　这是载于《尚书》中唯一有关秦国的一篇文章。

　　这是一篇千古传诵的罪己诏书。

　　这是一篇坦然承认自己过错并及时反思改正的忏悔录。

　　秦穆公以他博大的气魄，坦荡的胸怀，远大的目标，豪迈的做人、做事方式，终于让他成为秦国后任国君们效法的榜样。活跃在他身上的积极进取的诸多优点，不能不令我们后人赞赏叹止。

　　秦穆公不死！

楚庄王轶事

　　中国历史上，经常会有一些有作为的人物，在某种特殊的情况下，为了自存，采取伪装无知无能、沉湎酒色的做法，这就是所谓的韬光养晦。殷商时代，商王武丁继位之后，就曾经有"三年不言，政事决定于冢宰，以观国风"的经历。公元前613年，楚庄王继位时，还没有长到成人的年龄。朝中公族势甚汹汹，大臣左右观望，楚庄王的两位老师子仪和公子燮拥有相当大的权力。政局诡谲、变化不定。刚上台时，楚庄王不仅不能掌握国政，生命危险也随时存在。在这种情况下，他选择不问朝政，韬光养晦的做法，显然是一种深思熟虑后的选择。正是楚庄王这种聪明的做法，才最终铸就了他的"一飞冲天"与"问鼎中原"的传奇经历。

一

一部春秋的争霸历史，楚国几乎占了一半.

这个江汉流域大国谱写的乐章，其高潮处是由一位名叫熊侣的人和弦的。

这个人，就是中国历史上赫赫有名的楚庄王。

在楚庄王的手中，将楚武王、楚文王、楚成王、楚穆王代代推进的事业，演化到了绚烂夺目、令人拍案叫绝的程度。

在人们的印象中，楚庄王似乎是一位风风火火、浪漫幽默、性情暴烈、豪放无羁的人物。

《墨子·公孟》中说：

"昔者，楚庄王鲜冠组缨，绛衣博袍，以治其国，其国治。"头戴色彩鲜明的峨冠博带，身穿宽舒松大的赤色衣袍，举重若轻、大大咧咧、大刀阔斧地治理国家，这不正是楚庄王的性格特点吗？

鲁宣公十四年（公元前 595 年），楚庄王派文无畏出使齐国，途经宋国使被宋军杀掉，消息传到郢都之时：

> 庄王方削袂，闻之曰："嘻！"投袂而起，履及诸庭，剑及诸门，车及之蒲疏之市，遂舍于郊，兴师围宋。

《吕氏春秋·行论》的这个记载，把楚庄王急躁直露的性格刻画得活灵活现。

"削"原指刀鞘，此处"削袂"是说楚庄王将两手套入衣袖之中，正在宫中悠然自得，气定神闲地养着神。及听到宋国杀使，他闻讯即甩袖而起，顾不得穿鞋，走到庭院时，随从才提着鞋赶上，到了门口时，随从才匆忙间将佩剑呈上，行至一个叫蒲疏的市场上时，御者才赶着车撵上了他。

当天晚上，楚庄王就住在郊外，调兵遣将，迅速围宋。

一个活生生的王者形象就这样跃然纸上。

然而，如果据此就认定楚庄王是一位急躁粗莽的赳赳武夫，那就大错特错了。

实际上，楚庄王是一位了解社会、粗中有细、富有眼光与权谋的有为君王。

晋文公死后曾一度消沉的诸侯争霸，在他的手中，又开始趋向高涨。

二

司马迁在《史记·楚世家》中记载：

庄王即位三年，不出号令，日夜为乐，令国中曰："有敢谏者死无赦！"伍举入谏，庄王左抱郑姬，右抱越女，坐钟鼓之间。伍举曰："愿有进。"隐曰："有鸟在于阜，三年不飞不鸣，是何鸟也？"庄王曰："三年不飞，飞将冲天；三年不鸣，鸣将惊人。举退矣，吾知之矣。"居数月，淫益甚。大夫苏从乃入谏。王曰："若不闻令乎？"对曰："杀身以明君，臣之愿也。"于是乃罢淫乐，听政。

表面上看，楚庄王淫于声色、不听国政，这种做法，与一般昏君无异。但实际上，在这三年之间，此公所表现出来的荒淫，不过是一种迷惑人的手法而已。

《吕氏春秋·重言》中就看得十分的清楚："其三年不动，将以定志意也；其不飞，将以长羽翼也。"

这就是说，楚庄王三年荒理朝政的真正用心，是在躲避政敌的注意，是在磨砺意志，冷眼观察世情变化，考察辨别忠奸，以便淘汰糟粕，选拔忠臣贤良；是在积聚力量，为以后"一鸣惊人"在做准备。

楚庄王的这种颇有特色的自保手法，确实起到了一定的效果。他不仅瞒过了王位的觊觎者，而且也瞒过了在朝的文武大臣。在这种情况下，武举与苏从迫不及待，一暗一明的劝谏之举，本身就表明了楚庄王的养晦做法十分高明。

楚庄王也不得不谨慎，不敢不谨慎。一则他年纪轻轻，公室不把他放在眼中；二则他还没有自己的股肱心腹；三则自己的命运尚且自己不能操纵。

楚庄王当时的内部危险，主要来自两个方面：一是他的两位老师权力太大；二是强宗若敖氏一直对他的王位虎视眈眈。

楚庄王即位那年，他的两位老师子仪和公子燮就联合发动了叛乱。

子仪在公元前635年秦楚之战时被秦国俘获。秦穆公崤山之战失败后，为了联楚抗晋，就把他放回做两国的联络人。秦楚结盟通好后，子仪自以为有功，楚穆王却没有给他封赏，由此心怀不满。而公子燮也因为没有当上令尹而心怀不满。于是，两人联手作乱。他们让楚庄王派遣令尹子孔和大将潘崇去对舒人作战。当子孔、潘崇出征后，子仪、公子燮立即将子孔、潘崇的家产分掉，并派人去刺杀子孔，又增修国都郢的城墙以防不测。刺客行刺失败，子孔带着军队回来平乱，子仪、公子燮遂挟持楚庄王逃往高密，途中幸得庐邑大夫戢黎和其辅佐叔麋的救助，诛杀了子仪与公子燮，楚庄王这才得以脱离险境，返回到郢都。事实说明，在这样的复杂险恶的形势下，楚庄王在没有弄清真正情况、具有真正的把握前，是用不飞不唱来作掩护的。

令楚庄王头痛的另一件事是公族的势力强大。他们窥视着楚王的宝座，是楚庄王卧榻之旁睁着眼等待时机的猛虎。

楚庄王三年，在目标明确的情况下，他一举歼灭潜在的敌人数百人，任命忠心自己的伍举与苏从等人到重要职位，这才初步安定了后方，开始了他的霸业征程。

但是，若敖氏仍是公族中很具实力的一支不安分的力量。

周定王二年，趁楚庄王外出征战，若敖氏的斗越椒公公然造反。楚庄王冒着生命危险，费了很大的气力，才将这次叛乱平息。

作为公族的一支，若敖氏敢于兴兵与国君对抗，这说明楚国的公族势力确实非同一般。现实表明，要使君权稳固，就必须强干弱枝，集中权力于王室。

斗越椒公死后，公室中敢与楚庄王较量的势力暂时不复存在，楚庄王开始将目光移向了北方。

三

楚庄王给我们留下了"问鼎中原"的千古佳话。

公元前 606 年，为讨伐陆浑之戎，楚庄王领兵北至洛水，在周天子脚下耀武扬兵，检阅军队。

周定王派王孙满前往慰问楚军，实际上是想探探楚国的虚实。楚庄王乘机询问九鼎的大小轻重。

王孙满回答得不卑不亢："在德不在鼎。"

在王孙满看来，"九鼎"是王权的象征。你楚庄王不知天高地厚，怎可询问"九鼎"的情况。事实明摆着，你楚庄王陈兵周郊，又问"鼎"的情况，是不是野心膨胀，要灭亡周室取代天下。

可是，警惕过度的王孙满这次却看错了楚庄王。

楚庄王问鼎的大小轻重，实际上并没有取周而代之的打算。因此，他心中无愧地答道："九鼎有什么厉害的？我们楚国用报废兵器的刃口，就足以铸成同样大的九鼎！"

王孙满一脸庄重。

呜呼！君王其忘之乎？昔虞夏之盛，远方皆至，贡金九牧，铸鼎象物，百物而为之备，使民知神奸。桀有乱德，鼎迁于殷，载祀六百。殷纣暴虐，鼎迁于周。德之休明，虽小必重；其奸回昏乱，虽大必轻。昔成王定鼎于郏鄏，卜世三十，卜年七百，天所命也。周德虽衰，天命未改，鼎之轻重，未可问也。

在王孙满的眼中，鼎是不能用大小、轻重来衡量的。它的分量在德而不在鼎的本身。夏桀昏乱，九鼎就迁到商都。商纣暴虐，九鼎又迁到周室。现在，周德虽衰，天命仍然在周。楚庄王啊！楚庄王，你就不要再去打什么问鼎主意了。

事实上，王孙满的长篇大论，确实也道出了当时的实际情况：

1. 周天子作为天下共主，各国诸侯屏藩周室，经历了几百年，已经成为一种强大的政治观念。周王室虽衰微，王权有限，但诸侯国之间的实际对比尚不足以打破原有的政治平衡，有新的力量来独霸天下。谁拥戴周天子，谁就能取得政治上的主动权，从而取得春秋霸主的地位。谁如果侵犯周王室，就会成为各国诸侯一致口诛笔伐的对象，变成倒霉的众矢之的。

2. 要想制服众诸侯，称霸天下，就必须威德并用，仅仅依靠强大的武力作基础是不够的。

楚庄王是个聪明人，焉能不明白王孙满语言背后的丰富内容。

不过，楚军"观兵周疆"，只不过是想炫耀一下武力，并不是真的要攻城略地，灭亡东周。

按当时的客观力量对比，楚庄王取周，非不能也，实不为也。楚庄王不是要取走周的九鼎，而是想试探一下天下诸侯的态度。既然各国诸侯一致高举"尊王"的旗帜，楚庄王又何必要去碰这个"热山芋"？心中了然当时国际社会的人心向背，是楚庄王既观兵周疆，问鼎中原，炫耀够自己的武力，又不失时机返归楚国的重要目的与原因。天下已知楚国的威力，而自己的德力又不足于代周而起，楚庄王又何必在"九鼎"这个问题上固执下去呢？

这，就是有眼光、有韬略而又聪慧的楚庄王！

但是，"问鼎中原"这个典故，确确实实地给楚庄王增添了不少的色彩。后世诸侯争夺天下，群雄逐鹿就称为问鼎中原，究其源头，还是来自于当年楚庄王的一句"鼎大小轻重"的豪情壮语！

四

历史上的楚庄王，还是一位宽容大度的君王。

中国有句古语：将军额上能跑马，宰相肚里可撑船。在许多佛庙中，供奉着弥勒佛。在这个哈哈乐佛的两旁，你可以常看到一副对联：

大肚可容天下难容之事；笑口常开笑天下可笑之人。

楚庄王在后来的人们心目中所以能长青不老，与他弥勒佛般的性格有着很大的关系。

关于楚庄王的宽宏气度，后人颇多赞颂。东汉时期的朱穆在其所撰《崇厚论》中说：

夫天不崇大则复帱不广，地不深厚则载物不博，人不敦厖则道数不远。昔在仲尼不失旧于原壤，楚严不忍章于绝缨。由此观之，圣贤之德敦矣。

朱穆以天地作比喻，指出只有高大深厚才能广复博载，人必须敦厚才能弘扬道术。"原壤"是春秋时鲁国人，孔子旧友。传说，原壤母死，他不哭却歌，因而不合儒家礼法。但孔子理解他，仍然以他为朋友。"楚严"，即楚庄王。朱穆是东汉人，因避讳汉明帝刘庄之名而改之。在朱穆看来，楚庄王不忍心将"绝缨"的事情盘查清楚，是和孔子谅解原壤一样，同属圣贤之德。

"绝缨"事见《说苑·复恩》篇：

楚庄王赐群臣酒。日暮酒酣，灯烛灭。乃有人引美人之衣者。美人援绝其冠缨,告王曰:"今者烛灭,有引妾衣者,妾援得其冠缨持之。取火来上,视绝缨者。"王曰:"赐人酒,使醉失礼。奈何欲显妇人之节而辱士乎?"乃命左右曰:"今日与寡人饮,不绝冠缨者不欢!"君臣百有余人皆绝去其冠缨而上火,卒尽欢而罢。

楚庄王大宴群臣,这本是件令大家都高兴的事情。楚庄王亲自请出自己娇美艳丽的宠妃给大臣们敬酒,由此事也足表明楚庄王的一片诚意。美中不足的是,偏偏有人喝多,不能自持而趁黑摸了君王的爱姬一把。这件事,说多大就多大。胆敢对国君的宠妃动手动脚,这还了得,少说也是死罪难逃,说不定还要搭上三族亲人。这位宠妃不能从政治上的角度去理解楚庄王举办这场大宴的重要意义。在她的眼中,有人敢欺负她,就是在欺负大王,这还了得。在她拔取敢冒犯人的帽缨以后,想让楚庄王给她解气的愿望在当时不知该有多大?

但楚庄王却不这么看,他立刻命令正在点灯的仆人们停下来,并要求在座众臣把帽缨全都摘下来,开一个绝缨大会,痛痛快快,一醉方休。在楚庄王看来,他所以举办这场欢宴大会,就是为了君臣团结。现在有人乘醉失礼,如果追究查办,显然违背了他的初衷。于是,他相当机敏、果断合理地处理了这件事情。这种大事化小、小事化了的成熟政治家的风格,只能让满朝文武更加团结在他的周围,为他不惜肝脑涂地而奋勇杀敌。

善有善报,恶有恶报。种瓜得瓜,种豆得豆。

楚庄王灭烛绝缨的举动,有力地彰显了他的王者气度与风范,是他统率楚国,将楚国王霸事业推向高峰的一个有力的保障。

五

楚庄王还有着从善如流的美名。

《史记·滑稽列传》记下了一件楚庄王从谏如流、不惜改掉癖好的事例。

楚庄王嗜好良马。他所喜爱的一匹马，穿锦绣衣裳，住华堂美屋，吃香甜枣脯，不料却肥胖而死。伤心一番是免不了的事。出人意料的是，楚庄王让群臣为马吊丧，并打算以大夫之礼厚葬这匹死马。这当然引起大家的不满，左右争辩，皆以为不可。楚庄王置若罔闻，干脆下令："有敢以马谏者，罪至死！"把马看得比人还重，这当然是一件令人不满的事情。但既然君王金口玉牙，不让大家提意见，谁还敢逆这个龙鳞？

宫廷乐师优孟闻讯，进入殿门，仰天大哭，庄王惊问其故，优孟泣涕涟涟："马者，王之所爱也。以楚国之大，何求不得？如今却以大夫之礼安葬这匹马，礼太薄了，请以人君之礼葬之。"

"详细说来。"楚庄王顺着优孟的建议说道。

"臣请以雕玉为棺，文梓为椁，调发甲兵士卒为马修筑陵墓，封给马以万户大邑。这样做才能使诸侯各国都知道君王您是贱人而贵马的呀！"优孟言辞诙谐。

楚庄王如梦方醒，才明白了优孟进谏的本意。

"寡人居然这样糊涂！那么，究竟该怎么办为好呢？"

"依臣下的意见，请大王按六畜的'葬礼'处置。可以把炉灶做外棺，用铜釜做棺木，用生姜和红枣为佐料，把它炖得烂熟，葬在人们的肚子里。"

楚庄王听罢，哈哈大笑，遂将死马依优孟的建议处理掉。

以谈笑讽谏而著称的优孟，以此得楚庄王的赏识而名垂青史。一代霸主楚庄王，得优孟之谏而免铸成大错。他们可谓是相得益彰。

与上述事例相媲美的还有樊姬荐贤。

据《韩诗外传》记载，楚庄王有一次朝见群臣，很晚才返回内寝，美貌而贤惠的樊姬急忙下堂迎接。

"这么晚才罢朝，大王一定又饿又累了吧？"樊姬笑容可掬地关心道。

"今日听忠贤之言，便不觉饥饿疲倦。"

"大王所说的忠贤，是指诸侯国来楚的客卿，或是楚国的贤士？"樊姬好奇地问道。

"就是那位沈令尹。"沈令尹原名虞丘子，公元前624年，虞丘子被任命为沈县大夫，故以沈为姓。后来，虞丘子因才华为楚庄王赏识而担任令尹，即称沈令尹。

樊姬闻听，掩口而笑。楚庄王问其缘故。

"妾得以侍奉君王，掌汤沐、执巾栉、振衽席，已有十一年之久。然而，妾却常常派遣人员到梁、郑之间寻求美人淑女而进献给大王。现在与妾同列者有十人，贤于妾者二人。妾难道是不愿意专擅君王的宠爱吗？不是这样的。我是不敢以私人之愿来隐蔽众美，而是想让大王您见多识广呀！"

这番话说得楚庄王连连颔首，若有所思。

"如今沈令尹相楚四年，没有见到他举荐贤良，也没有黜退不肖之人。他这么做，怎能称得上忠贤呢？"樊姬道出了自己的见解。

楚庄王很赞赏樊姬之言。第二天早朝，他就把樊姬之言告诉了沈令尹。这位能言善辩的沈令尹一时竟然无言以对，只好拜首认错。

不久，沈令尹便举荐有治国之才的孙叔敖。孙叔敖与沈令尹为楚庄王智谋策划，治楚三年，国富兵强，遂成庄王霸业。为此，楚国史官曾在简策上秉笔直书：

"楚之霸，樊姬之力也。"

六

楚庄王不仅能做到选贤任能，而且能支持贤能之士发挥作用，支持臣下秉公执法。

据《韩非子·外储说右上》中记载，楚庄王曾经制定"茅门之法"，规定群臣大夫和诸公子在"茅门"前必须下车，然后再入内朝见。

"茅门"是古代诸侯宫室的第二道门，又称"稚门"，臣下朝见时必经此门。"茅门之法"规定：群臣大夫及各位公子进入朝廷时，凡是马蹄踩到了屋檐下滴水处的，廷理将派人砍断车辕，并杀掉御者。楚庄王的太子入朝时犯了"茅门之法"，廷理照章处理。太子大怒，到庄王面前哭诉，要求杀掉廷理。楚庄王说道：

> 法者，所以敬宗庙、尊社稷。故能立法从令尊敬社稷者，社稷之臣也，焉可诛也？夫犯法废令不尊敬社稷者，是臣乘君而下尚校也。臣乘君，则主失威；下尚校，则上位危。威失位危，社稷不守，吾将何以遗子孙？

楚庄王认为法是社稷宗庙的根本。怎么能诛杀立法从令、尊敬社稷的大臣呢？如果犯法废令，那就是臣下侵犯君主，就会给社稷君位造成危险。

太子听了楚庄王这番严肃的训诫后，吓得回头就走，避舍露宿三日，以反省悔改过错，并向庄王承认错误，诚心听凭处罚。

这就是英气勃勃的楚庄王。

他给历史留下了太多的佳话。

他恢弘大度，知人善任，从善如流，闻过则改；

他看重实际，重视实践，一步一个脚印；

他重视法制建设；

他败晋、困宋、灭陈、服郑，将楚国威势播达中原，将先人的事业推进到一个新的高峰。

他为后人增添了像"一鸣惊人""问鼎中原"这样不朽的文学典故。

在他身上，有着太多、太多的亮点与值得后人学习的地方。

他的业绩，是楚国历史上的一座永远不朽的里程碑。

从景公到悼公——晋国霸业的复兴

　　晋国的霸业，在晋文公、晋襄公时期已经表演得十分精彩。但自灵公、成公以来，由于这二位国君贪图享受、加上国内卿族势力的强盛与猖獗，公权下移，晋国的霸业开始明显表现出滑坡的趋势。晋景公时，以公元前597年的邲之战惨败为标志，晋国的霸业一度陷入了低谷。晋景公后期，由于他的努力，晋国的霸业开始复兴。经历公一朝，到悼公时期，晋国的霸业又开始再次上升，呈现出一番欣欣向荣的复霸景象。

一

公元前600年10月，晋景公成为晋国的国君。

晋景公即位后，晋国的主要敌人仍然是南面不断北侵的楚国。

当时的情形是，晋文、襄公霸业之后，秦转而执意联楚抗晋，楚问鼎中原，不停地锐意北进。特别是楚庄王成为楚国国君后，对内对外政策进行了大幅度的调整，志在北上中原，代晋称霸。

这样，晋、楚两国之争，继晋文公之后再度上升成为春秋时期最刺激、最为引人关注的政治性事件。

晋景公与楚庄王的第一番较量，便是两国争夺中间地带的陈、郑、宋三国。

公元前598年，楚庄王首先拿陈国开刀，移师北上，灭陈而归，继而又玩弄外交手法，让陈复国，与陈结盟。

对于郑国，从公元前606年到公元前597年，楚国先后用兵8次，用军事力量将郑国制服。

此后，楚国讨伐宋国，又迫宋弃晋盟楚。

陈、郑、宋先后叛晋附楚的情况表明，晋国霸业已不复昔日文、襄时期的气象。

与此同时，晋景公与楚庄王在军事上较量的结果，也因邲之战中的惨败而暂时告一段落。

公元前597年，楚国伐郑，晋国发兵救郑，双方在邲地展开了一次自晋文公城濮败楚后的又一次军事大较量。结果，这次决斗，晋败楚胜，晋在与楚争霸中暂处下风。

公元前589年，楚纠集包括秦、齐、鲁、郑、宋等重要国家在内的14个国家在蜀（今山东泰安县西）会盟，以此为标志，楚庄王如愿以偿地代晋取得了中原诸侯的霸主之位。

然而，晋国霸业虽衰，国力却仍有争霸之气。晋景公是一位不甘服输的君主。他并没有因与楚争霸受挫就失掉信心，而是总结失败的教训，积极改善外部条件，力图谋求晋国霸业的再次复兴。

二

其实，晋景公之所以在邲之战中遭遇惨败，除了他的将帅不和造成失误外，晋国的外部环境也有诸多不利的因素。强大的赤狄在其北面骚扰不断；秦与楚联合在西面也牵动着晋国的安危；晋、齐失和又使它在重大军事行动时无法得到大国的声援；晋内部卿族势力的膨胀与跋扈，君臣之间的矛盾的发展等，均成为晋国无力与楚争雄的消极因素。

因此，邲之战后，晋国君臣进行了认真的总结，除了整顿内部外，决定先消灭北面的赤狄以解除后顾之忧，然后再争取齐国站到自己一边。

公元前594年，晋国派荀林父率大军在曲梁（今山西潞城县西）大败赤狄，消灭了其潞氏部落。第二年，晋国士会又趁热打铁，"率师灭赤狄甲氏及留吁、铎辰"。公元前588年，晋郤克又联合卫国的大夫孙良夫出兵打垮了赤狄的廧咎如部。至此，赤狄主要部落全部屈服于晋。由于解除了后顾之忧，争取晋齐联盟也就随之被提上了议事的日程。

可是，一个偶然的小事件使晋国的联齐制楚的努力差一点化为泡影。

原来，公元前592年，晋景公想在断道（今河南济源县西南）召集诸侯会盟，便派大臣郤克到齐国聘问，请齐参加。

齐自桓公死后，一直无力主持诸侯间的盟会，但它以一个大国的身份，却从不参加晋楚任何一方所召集的多边国际会议。从晋文公到晋景公凡36年，由晋主持的国际盟会超过20次，齐一次也未参加过。晋景公如果争取到齐侯出席他主持的盟会，就意味着在同楚国角逐，作为东方大国的齐国站在了自己的一边。这必将大大提高晋国的政治声势，至少在与楚国争霸的过程中，在当时的政治上占据上风。

可是，世间事情发展的真谛往往好事多磨。

无巧不成书。与郤克同时到齐国聘问的还有鲁卿季文子，卫卿孙良夫及曹大夫公子首。这四名使者皆身有残疾：郤克眇目；季文子秃顶；公子首驼背；孙良夫跛脚。

齐顷公为了博取母亲萧同叔子的欢心，竟有意安排这四位身有残疾的使者集体会见，特意让母亲在帷幕后面观看取乐。事情的结果很简单：萧同叔子看到这批畸形怪状的知名人物，不禁失声大笑。四位使者顿感羞辱。郤克更是怒火万丈，不待使命完成，就提前离齐返秦，并在黄河边上发誓说："所不此报，无能涉河！"

郤克回到晋国，向景公报告了此行情况，要求出兵伐齐。晋景公当然不会因为郤克的个人恩怨就去与齐动用干戈。于是，郤克又要求"以其私属"伐齐，晋景公也没有答应。但郤克心中窝火，"齐患自此始矣"。

公元前 591 年，晋国借齐国在断道会盟，不积极配合之实，在郤克鼓动下，会同卫国军队，大举伐齐。晋景公出兵的真实目的其实还是要通过武力胁迫齐国服从，以便共同对付楚国，以达到外交手段所不能达到的目的。

当时，在晋国最有势力的是郤、赵两大卿族。任中军元帅并执政晋国的士会看到郤克发怒的样子，就对儿子士燮说：

> 夫郤子之怒甚矣，不逞于齐，必发诸晋国。不得政，何以逞怒？余将致政焉，以成其怒，勿以内易外也。

士会于是主动告老还乡，让郤克执政晋国，使他有发泄其愤怒的机会，免得他在晋国作乱犯上。

其实，士会这种担心不是多余的。当时，当晋景公拒绝郤克用兵伐齐要求时，郤克就几乎要动用自己的家兵家将起而伐齐。以一个卿族的战车与士卒竟敢去同东方的大国抗衡，可见郤氏的私人武装势力大得多么可怕。

面对气势汹汹前来问罪的晋国大军，没有做任何应战准备的齐顷公决定暂时对晋议和，双方妥协，晋景公和齐顷公在缯（今山东省阳谷县境）会盟。齐派公子强到晋国为人质，晋军返归。

但是，公元前 590 年，楚遣使通齐，"齐、楚结好"。齐国又转而背叛晋盟。

公元前 589 年，齐顷公兵犯鲁国，攻克鲁北国境上的龙邑。卫派大夫孙良夫、石稷、宁相、向禽率军救援鲁国，在新筑（今河北魏县南）被齐军打败。

遂后，鲁、卫两国向晋乞师。晋中军元帅郤克力主伐齐。

晋景公见联齐不成，为打破齐、楚联盟，遂同意郤克意见，起兵车八百乘，大举伐齐。

这年六月，双方军队在鞌对阵。

齐顷公骄傲轻敌，扬言："余姑翦灭此而朝食。"马不披甲杀向晋军。双方经过激战，齐军失败。齐顷公派大臣国佐到晋军献上玉磬和从纪国得来的铜献，答应归还所侵占的鲁、卫两国土地，请求媾和。

国佐来到晋营，经过一番讨价还价的斗争，国佐拒绝了郤克提出的让萧同叔子到晋国为人质以及把齐垄亩全部改为东西走向以利晋国战车长驱直入；但同意齐侯朝晋，齐国承认晋国的盟主地位；退还卫、鲁侵地等要求。

晋景公所考虑的当然主要是晋国的威望和霸主地位，而不只是为郤克出口怨气，结果，晋、鲁、卫与齐讲和，晋军撤归。

这年七月，晋、齐双方国君在爰娄（今山东省临淄市西）会盟，双方正式媾和，晋国暂时取得了与楚争齐外交上的重大胜利。

齐顷公母亲萧同叔子嘲笑郤克身有残疾，本来是件偶然发生的小事情，但却因为伤害的是在晋国拥有强大实力的卿族首领，结果，晋齐两国因之兵戎相见，反目为仇。鞌之战，齐被迫与晋结盟，这有其必然性，也有其偶然性，而必然性是通过偶然性表现出来的。假若没有萧同叔子的哈哈大笑，那么，晋齐结盟恐怕不会是在爰娄，而是在断道之会上早就完成了。

历史经验表明，自愿的联盟出于双方利益的协调一致，基础较为稳固。被迫的联盟基础则较为脆弱，稳定性不足。流血战争往往使战败双方均付出沉重的代价，伤痕也在短时间内难以弥合。这就是在此后晋楚争霸的斗争中，齐国对晋国的立场始终是暧昧、摇摆、不鲜明、不坚定的主要原因。由此看来，礼仪在外交中十分重要，后来者应该以此为戒，慎之又慎。

三

鞌之战后的第二年，齐顷公亲赴晋国朝见齐景公。

据《史记·晋世家》中记载：

（晋景公）十二年冬，齐顷公如晋，欲上尊晋景公为王，景公让不敢。

如果上述记载可信的话，那么，它透漏出来的信息，就实在令人不可轻视。

想当年，齐桓公、晋文公、秦穆公曾经创建了震古烁今的功业，但是，并没有见哪一位诸侯出来拥戴他们为"王"。

现在，晋景公打败齐国，齐顷公就主动要尊他为"王"，由此可见，在春秋中后期，"王"的尊号在诸侯们的心目中已经不是只有周天子才可以独自享用的名号了。

齐顷公要尊晋景公为王，其原因很可能有以下三点：一是为了讨好晋国，毕竟，通过军事的较量，事实已经表明，作为大国的齐国在此时此刻已经不是昔日的气象了；二是齐顷公也很可能想让晋景公来为中原诸侯开这个称王之头，以便也为齐国再度复兴后自己称王打下个基础；三是让晋景公成为出头之鸟，成为中原诸侯的众矢之的。仔细想来，齐顷公对付晋国的这个一石三鸟的策略倒也有其一定的道理。

但是，对于齐顷公的这番"美意"，晋景公却只能是辞而不敢。

这并不是晋景公不想称王道寡，不想去与周天子并驾齐驱，实在是因为他环顾周围，揣度形势，深深地感到"称王"的时机并不成熟。

也许，在晋景公看来：

1. 晋国所以自文、襄以来一直霸业不衰，在中原诸侯中能够具有颇大的影响，就是因为晋国一直高举着"尊王"这面大旗。虽然时代发展到春秋后期，周天子的权威已经仅剩下一个名号，但它毕竟在诸侯们的思想观念中还是占有神圣不可侵犯的地位。此时，仅凭齐国一个国家支持就去贸然挑战周天子的地位，很可能就会冒天下之大不韪，闹不好还会搬起石头砸了自己的脚。

2. 晋国自献公屠杀公室以来，卿族势力不断增强。就说眼下，晋国的赵、郤两族的家兵家将，就可以与国君军队相抗衡。国内局势的不稳定，也足以让晋景公忧虑而不敢孟浪造次。

3. 晋国眼下虽然得到了东方大国齐国的支持，但是，秦国在西面、楚国在南面仍在对晋国虎视鹰瞵，国际上的形势亦甚不明朗，如果此时称王，很可能就会给自己的敌人以可乘之机。

历史证明，晋景公不愧是一个明智的君主，他在得出利害得失后，毅然压下了心底中在齐顷公挑逗下已经翻腾上来的欲望，不是去浪得虚名，而是"深挖洞，广积粮，不称王"，致力于加强晋国自己的内政与外交的实力。

四

公元前 587 年，中军元帅郤克死去。晋景公果断地提拔栾书任职中军元帅执掌国政。晋景公的这一举措，其主要目的在于削弱和打击赵、郤两家卿族的势力。在诸卿中，栾书生活俭约，处事谨慎，是他可堪信任的一位大臣。

就在这一年，赵氏内讧。赵同、赵括将赵婴逐出晋国。晋景公冷眼旁观，不动声色。

四年后，即公元前 583 年，赵庄姬向晋景公告状，谓赵同、赵括要谋反作乱。晋景公抓住时机，当机立断，名正言顺地发兵诛杀全部赵氏族人，仅赵庄姬之子赵武因受人保护而幸免于难。经过这次诛杀，赵氏势力中衰，郤氏势力也不免兔死狐悲，再也不敢轻举妄动，晋国大权转入栾氏手中，晋景公的君权反而由此有所加强。

五

公元前584年，楚臣申公巫臣投晋，齐景公任命申公巫臣为大夫。
《左传·鲁成公七年》中说：

> 及共王即位，子重、子反杀巫臣之族子阎、子荡及清尹弗忌及襄老之子黑要，而分其室。子重取子阎之室，使沈尹与王子罢分子荡之室，子反取黑要与清尹之室。巫臣自晋遗二子书，曰："尔以谗慝贪惏事君，而多杀不辜。余必使尔罢于奔命以死。"

申公为了报楚国灭他满门之仇，向晋景公献策：联吴制楚。

于是，晋景公肯定与赞赏申公巫臣的建策，派遣申公巫臣"通吴于晋"，为两国建立正常的外交关系，并且"教之叛楚"。

申公巫臣在晋景公的支持下，亲自带领30辆战车前往吴国，并配备射手与御者，训练吴军使用车战和部署战阵的军事技术。

对于晋国抛来的橄榄枝，吴伯寿梦当是求之不得。

当时的吴国，地处偏僻的东南地带，政治、军事与文化都远远落后于中原诸侯，吴国要想得到国际社会的承认，就必须急起直追，迎头赶上。因此，申公巫臣的到来，自然是让吴王寿梦满心欢喜。

对于晋国而言，秦楚联盟，晋侧背受到秦国的威胁；齐晋虽然联盟，但两国关系并不稳定。如果晋吴联盟，晋就可以有效地利用吴国从侧背来牵制与自己争霸的对手——楚国。后来的历史发展证明，齐景公的这一步棋，很快就改变了当时晋、楚之间抗衡形势，从此，楚国再也没有一个安定的后方，晋楚争霸开始演化为吴楚抗衡。申公巫臣出使吴不到两年，吴就开始攻打楚国，令楚军疲于奔命。在这种情况下，晋国坐收渔翁之利，晋景公又开始稳操霸主之券。

六

公元前 581 年，晋景公病逝，晋厉公继位。

晋厉公是晋景公的太子。他在位仅有短短的 7 年，便被卿族诛杀薄葬在晋国的旧都翼（今山西省翼城县东南）的东门外。但是，千万可不要小觑了这位短命的国君。他在位时间虽然短暂，却是一位"功烈多，服者众"的有为之主。

1. 修好诸侯，争取机会。晋厉公继位以后，在总结其父景公得失的基础上，首先努力修好晋国与各国的关系，以求诸侯们的真心拥戴，取得了政治上的主动权。

据《左传·鲁成公十一年》记载：公元前 580 年，晋厉公派郤犨聘鲁结盟，又和秦桓公在河西结盟。

公元前 579 年，在宋国执政大臣华元的斡旋下，晋厉公派士燮到宋参加弭兵大会，约定"晋、楚无相加戎，好恶同之，同恤菑危，备救凶患"。

晋厉公当然清楚，晋与秦、楚结盟只不过是麻痹对方，争取时间的一个阴谋。所谓友好的盟约实际上是靠不住的，真正的资本，还要努力提高晋国自己的政治与军事的实力，以求在新一轮的晋、楚、秦争斗赛中占据上风。

因此，晋厉公利用与楚、秦暂时和好之机，于公元前 578 年，不失时机地带领齐、宋、鲁、卫、曹、邾、滕共 8 国诸侯到洛邑朝见周天子；公元前 576 年春，晋厉公又与鲁、卫、郑、曹国君和宋世子成、齐国佐以及邾人在戚（今河南省濮阳县北）会盟。同年冬天，晋厉公又率领宋、齐、鲁、卫、郑、邾等国大夫安排同吴国代表在钟离（今安徽省凤阳县东）举行会谈。这是吴与晋建交后第一次同中原国家的大夫接触面谈。由此可见，这些重大的外交活动，无疑都是晋国针对自己的竞争对手楚国而展开的。

2. 出兵伐秦。晋自崤山战役后，霸业一直受到秦、楚联盟的困扰，陷于对秦、楚两面作战的被动地位。这是晋自灵公、成公以来，霸业中衰，楚在中原占了支配地位的一个重要原因。至晋景公时，采取了几次新的部署：其一，消灭赤狄，改善了晋国的战略地位；其二，在鞌之战中战胜齐国，打破了齐楚联盟，逼迫齐国向晋靠拢；其三，联吴制楚，在楚侧翼扶植它的心腹大患；其四，拆散秦楚联盟，以便各个击破。前三个战略部署，晋景公时已经完成，中原战略形势已开始向有利于晋国的方向发展；其五，在厉公时期，在和楚策略下也开始见到了成效。

晋、楚的和局，实质上是晋国拆散秦、楚联盟，实现各个击破战略的一部分。因而，当秦桓公企图联结楚国与狄人共同伐晋时，楚共王拒绝了秦的要求，并向晋国通报了这一情况。晋见秦楚联盟有了裂痕，立刻抓住时机，专力西向对待秦国。

公元前579年，四月，晋厉公派吕相赴秦，宣布与秦断绝外交关系。

同年五月，晋厉公率领晋、齐、鲁、宋、卫、郑、曹、邾、滕九国联军直压秦境，双方在麻隧展开激战，秦军大败。秦经麻隧之败，数世不振，已不再构成对晋西面的威胁。但是，秦晋麻隧之战，楚既是秦的盟国，又刚刚同晋国结盟，因此，不能援秦制晋。这对楚国而言，无异是吃了一记闷棍。晋则在麻隧胜秦以后，完成了"秦、狄、齐"三强服晋的部署，从而能够集中精力全力制楚。

3. 与楚决战。公元前575年，晋厉公看到伐楚之机已经成熟，遂以双方争郑为导火线，晋楚两国发生鄢陵之战。

这一年，楚共王派公子成将汝阳（今河南省郏县南）之田送给郑国，收买郑叛晋附楚，郑执政大臣子驷遂到武城（今河南省南阳市北）和楚共王结盟。晋厉公率大军伐郑，楚共王亲征，往救郑国。这年六月，晋、楚两军在鄢陵（今河南省鄢陵县北）相遇。经过双方决战，楚败晋胜，这表明，晋在与楚的争霸斗争中军事实力已经又占了上风。

4. 诛郤门卿族势力。对秦、对楚战争及其他一系列大大小小的胜利，使得晋厉公免除了外患而注目于解决国内的问题。当时，在晋景公暂时除掉赵卿一族势力后，除掉郤氏势力，巩固君主集权也就逐渐提上了日程。郤至、郤锜、郤犨三郤权倾晋国，作风跋扈，或与周人"争田"，或对晋厉公的嬖臣"夺田"，这个卿族势力的膨胀不但威胁到了晋国其他大臣的利益，也深深地威胁到晋厉公的统治。因此，公元前574年，在晋厉公的授命下，嬖臣胥童、夷羊五、长鱼矫等人与正卿栾书联手，设计一举除掉了三郤。但是，晋厉公拒绝了长鱼矫劝他趁机一起除掉栾书、中行偃等卿族势力的建议。结果，留了自己被栾书、中行偃惨杀的祸患。

晋厉公年幼即位，诸卿擅权，君权受到很大的威胁。鄢陵战后，晋厉公想借鄢陵战胜之威，削弱晋国诸卿势力，其实无可厚非。君权与臣权在传统的中国政治生活中，本身就是一对不可调和的矛盾。但晋厉公在除掉三郤势力后，不去趁机除掉与三郤势力本有瓜葛的栾书、中行偃以达到斩草除根的目的，就为他的人生悲剧埋下了祸根

如果从稳定晋国的政治局势来讲，晋景公不去一日而杀三卿，同时除去栾书、中行偃是有一定道理的。站在稳定朝局的立场上看待这一决定，无疑是一项正确的决策。问题是，在三郤势力除掉后，晋厉公的嬖臣势力与栾书、中行偃的卿族势力已经水火不相容，二者必去其一，否则必然大祸立至，不久，栾书、中行偃发动兵变，囚杀厉公的血淋淋的事实本身就是最好的证明。这说明，卿族势力已经成为危害晋国君主统治的十分严重的问题。晋国最后被韩、赵、魏三家卿族分裂而亡，就是这君臣矛盾、权臣争权夺利矛盾发展的必然结果。

七

晋厉公死后，晋悼公以晋国公室支庶孽子的身份，战战兢兢地入继晋国大统的。

晋悼公的祖父恒叔是晋襄公的少子，因不得入承大统，为了避祸，便和儿子惠伯逃往京师洛邑做起寓公。晋悼公便是惠伯在洛邑时娶妻生下的儿子。

据《国语》记载，晋悼公名周，自幼聪慧果敢，很是一位人物。

当时，洛邑是中国的政治与文化的中心。生于斯，长于斯的少年周十分用心地学习和了解了周代的历史兴衰和典章文物。对中原各国的形势，他也有着较深刻的理解。祖孙三世落魄异乡，饱尝寄人篱下的流亡艰辛。这种经历，使他更加关注晋国的局势。所有这些，都成为他后来返晋为君的重要基础。

公元前 573 年，晋执政大臣栾书和中行偃弑杀晋厉公以后，派荀罃、士鲂到京师洛邑迎接周返晋继位，这样，周就成了晋悼公。

当时，晋悼公年仅 14 岁，虽然年幼，但他却有胆有识，柔中带刚，颇具比较成熟的政治素质和才能。

在返晋途中到达清原（今山西省稷山县东南）的时候，面对前来迎接的晋国诸大臣，这位少年英才不卑不亢，义正辞言地训诫大家：

"孤祖父、父亲皆因不能立为国君而到周避难，客死异乡。孤自认为是庶子孽室，根本就没有想到今天能够成为晋国的国君。今天，诸位不忘文公、襄公之灵而立我为君，孤岂能不战战兢兢，如履薄冰，尽我责任？还希望诸位大夫努力辅佐寡人！"

这番对大夫们感激并寄予厚望的话，直说得前来迎接的人们心里热乎乎的。

殊不知，晋悼公话锋一转，便又说出另一番让晋国群臣们胆战心惊、不能不敬畏的言语来：

"孤本不愿做这个国君，只是因为天命所归，不得不然。孤如不尽心尽力治理好国家，愿由诸卿废黜。但如孤勤谨治国，诸卿却不听从政令，暴虐对待百姓，孤还不如不做这个国君。今日大事，现在必须先说明白。"

晋悼公抬出一个"天"来，指出自己继位为君，虽然出乎自己的意料，但却是合乎天意，顺应民心。言外之意很明白：诸位，你们千万不要以为立我为君就可以骄傲自大，就可以贪天功为己有。你们今日立我为君，那就得听我的，不然的话，就不要立我。听与不听我，都要在今天表明态度。

晋悼公手中有"天命"、有"神灵"，又是当众侃侃而谈，要人们当场表明自己的态度。在这种形势下，众臣谁还敢说一个"不"字。他们只有齐声高呼：

"谨遵主公的命令。"

于是，晋悼公与晋国诸卿乃盟而入。

一位年仅14岁的少年能够在合适的地点、合适的时间、合适的氛围下，讲出一番折冲樽俎的言语，并且竟能让跋扈不羁的晋国权臣们折服，晋悼公果然是身手不凡。

晋悼公即位后，立即在内政外交上采取了一系列措施。

在他的手中，晋国的霸业又重新达到高潮。

1．"逐不臣者七人。"即位以后，晋悼公首先驱逐和惩处了夷羊五、胥童、长鱼矫等在晋厉公时期扰乱晋国政局的7名嬖臣，表明自己依靠和支持卿族的态度。这一举措，大快人心，立刻取得了众望，起到了稳定政局的作用。

2．"兴旧族""选贤良。"晋悼公刚刚继位，就起用先朝功臣，选贤用能。

晋悼公说："在晋楚邲之战中，吕锜在下军辅佐智庄子，俘获了楚公子谷臣与连尹襄老。鄢陵之战中，吕锜又射中了楚共王的眼睛，晋国因此而大败了楚军，他安定了晋国，却没有子孙在高官显位上，吕锜的子孙不可不提高官职。"

"从前，秦人侵入晋国，妄图挫败晋的灭潞之功，魏颗凭借他自身的英勇在辅氏击退秦军，俘获了秦国大力士杜回，他的功勋铭刻在景公的钟上。魏颗的功绩使秦人至今不能遂其意，他的儿子不可不起用。"

在按功授赏的基础上，晋悼公在短短的时间内又先后起用了士屋浊、贾辛、荀会、栾黡、祁奚、羊舌职、魏绛、张老、籍偃、程郑等一批有才能的士大夫，委任他们以重任。"赵氏孤儿"赵武也被起用为卿士。

3．平衡卿族间的势力，以达到操纵制衡的目的。面对自晋灵公以来，晋国贵族势力抬头，君权不断受到威胁的现状，晋悼公不是采取晋灵公、景公、厉公那样针锋相对的办法，而是扶弱抑强，尽量使卿族之间相互牵制，从而达到巩固君权与宫室权威的目的。晋悼公恢复了某些沉沦的卿族地位，有意让他们形成和权势炙手的卿族的抗衡力量。他任命魏氏的魏相和魏颉，赵氏的赵武、范氏的士鲂等人为卿，魏绛为中军司马，韩无忌为公族大夫，这就分散了栾氏、中行氏手中的过大的权力。晋悼公在位 16 年，政权一直比较稳定，这显然与他的牵制平衡卿族势力的发展策略有着很大的关系。

4．采取一系列有利于百姓的政策。据《左传·鲁成公十八年》记载：

二月乙酉朔，晋悼公即位于朝。始命百官，施舍、己责，逮鳏寡，振废滞，匡乏困，救灾患，禁淫愿，薄赋敛，宥暴戾，节器用，时用民，欲无犯时。

《国语·晋语七》中也说，晋悼公即位后：

朝于武宫。定百事，立百官，育门子，选贤良，兴旧族，出滞赏，毕故刑，赦囚系，宥间罪，荐积德，逮鳏寡，振废淹，养老幼，恤孤疾，年过七十，公亲见之，称曰王父，敢不承。

晋悼公采取的这种与民休息、关心民众疾苦的政策，很快就让晋国的国力再次走上了富强的道路，从而为他对外采取军事行动、召集国际间的诸侯会盟，重建晋国的霸业打下了坚定的基础。

5. 在外交与军事上，晋悼公采取了北和诸戎，南抗楚国，保宋争郑以与楚争夺中间地带，并且西拒秦国的战略策略。

（1）晋悼公继位的那一年，楚郑联合伐宋，攻占宋国要邑彭城（今江苏省徐州市），把宋国亡臣鱼石安置在那里，派 300 辆战车的兵力替他们守卫。宋是晋联络齐、鲁、吴、邾等国的交通要道，对晋的霸业影响很大，因此，晋对宋的局势自然是格外的关心。这年秋天，宋派兵围彭城。冬天，楚军攻宋救彭。宋执政大臣到晋国告急。晋国主将韩厥认为："成霸安强，自宋始矣！"于是，晋悼公亲征救宋，迫使楚军退归。第二年春天，晋悼公率诸侯围攻彭城，把鱼石等宋逆臣捉回还宋，宋乱得平。

（2）鄢陵之战后，楚虽战败，但郑国仍未归服晋国而是继续亲楚。当时，无论是制楚还是抑秦，关键仍然是对中间地带陈、宋、郑等国家的争夺，尤其是郑国。郑国的向背，几乎耗尽了晋悼公的心力。晋悼公要保持晋国的霸业，就必须使郑国归服。晋悼公即位的第二年（公元前 571 年）秋，他就召集鲁、宋、卫、曹、邾在戚地（今河南濮阳北）相会，商议对付郑国的策略。鲁国的仲孙蔑建议"城虎牢以逼郑"，被晋国人采纳。这一年的冬天，晋悼公就召集齐、鲁、宋、卫、曹、邾、滕、薛、小邾等国，在虎牢筑城，准备随时威胁郑国，郑国在多次摇摆之后，最后被迫向晋国求和。自公元前 572 年至公元前 562 年的 10 年间，晋对郑用兵就达 11 次之多。楚郑也多次动武，郑国受祸之烈，可以想见。

（3）采纳魏绛的建议，实行北和诸戎的政策。晋悼公五年，无终国君嘉父派孟东通过魏绛的关系奉献虎豹皮，请求晋国和各部戎人媾和。晋悼公认为，"戎狄无亲而贪"，主张加以讨伐。

这时，魏绛给他讲了一个历史故事：

夏朝衰落时，有穷国君后羿因为射技高超，承袭先世职务，任帝喾的射官。后来，后羿篡夺了政权。后羿虽然力大无穷，箭术无人可比。但他终年逐猎禽兽，不修民事，不听劝谏，不用贤良。他信任一个善于拍马溜须的奸臣。这个坏人行媚于内而施贿于外，愚弃夏民，以取其国。结果，后羿被杀，有穷国灭亡。究其原因，是因为失掉了人心。这个历史教训，不能不引以为戒。

晋悼公闻后，若有所悟地说："那么，难道就没有比和戎更好的办法吗？"

魏绛向他分析："和戎有五大好处：戎狄游牧，逐水草而居，住无定所，对货物很看重，对土地不在意，可以用货物换取他们的土地，此其一。和戎之后，边远的地区不受侵犯，边民生活安定，边吏省心，此其二。戎狄愿意服事晋国，周围的国家必然震动，诸侯就会向晋靠拢，此其三。晋国以友好争取戎狄，不必兴师动众，不致劳民伤财，此其四。汲取后羿的教训，依靠道德准则治国，可收到远至迩安的效果，此其五。"

晋悼公听后，欣然接受了魏绛的和戎建议，派他去同无终山戎结盟。"于是乎始复霸。"

（4）坚持传统的拒秦战略。秦自穆公称霸以来，东进之路一直受阻于晋而不能与中原诸侯相周旋，对此，秦历代国君均耿耿于怀，"秦晋之好"已成昔日春景。不是秦胜，就是晋胜，两国在争夺霸业上的矛盾不能调和。

同样，楚国也并不甘心在同晋国争夺中间地带时处于无所作为的状态，秦、楚一个要东进，一个要北上，共同的目标把他们联系在一起，这就是共同制秦。

对于秦国，晋悼公采取了晋国长期以来的拒秦战略，坚持挫败秦国东进中原的图谋。事实上，终春秋之世，秦的锋镝一直也未能越过崤山以东。

（5）"三驾制楚"。在同楚国争夺郑国的斗争中，为了彻底击败楚国不断北上中原的行动，晋悼公采纳了知罃的"敝楚"军事策略。具体办法是：将晋国能够出征的四个军分成三个部分，轮番迎击北上中原的楚军，速进速退，周而复始，不以战胜为功，而以疲惫楚师为目的。这种战术，很快就让北上援郑的楚军陷于疲于奔命的被动状态，达到了消耗其锐气和兵力，陷楚军于被动的目的。最终，在三驾制楚的行动中，楚国对郑国始终无能为力，郑国唯有投靠晋国以自保，晋在一连串夺郑抗楚的军事行动中出尽了风头。

6. 召集诸侯会盟。晋悼公在位期间，革除了一些外交上的弊政，使中小国家对霸主的贡赋和朝聘有了一定限度和明确的规定。即使是小国之君来朝，晋悼公也要亲自到郊外迎接。这种一视同仁、尊重诸侯的做法，使得长期受到霸主欺凌和盘剥的诸侯十分感激，对晋国的外交成功起到了很好的推进作用。

晋悼公在位期间，15 次召集诸侯会盟，这也是晋国霸业复兴的一个重要标尺。

公元前 558 年，晋悼公去世，年仅 30 岁。死亡原因，史乘乏载。不过，从晋国的政局变化来推测，晋悼公年纪轻轻就撒手人寰，很可能与国内的卿族势力的动荡有着密切的关系。晋悼公去世后，晋国一度形势紧张，国都曾经警戒备敌。晋悼公不论在军事行动或是外交战略上，都有超越先辈的功业，他有使晋国复霸的辉煌业绩，死后却被谥为"悼"。其中情形实在耐人寻味。

分析起晋悼公之死，很可能与晋国卿族专横有关。

晋国的霸业由于晋悼公成功地驾驭了卿族而得以延续，然而也由于卿族势力的更加活跃和卿族之间的利益冲突，晋国的霸业又很快地趋向败落。正像当年晋灵公惧怕赵氏卿族势力、晋景公梦见厉鬼、晋厉公因为郤氏卿族势力过大睡不着觉一般，卿族跋扈的魔影亦时常在晋悼公的眼前闪现。

晋悼公虽然成功于外，但对内也只能求得个安定守局了事。

公元前 559 年，晋悼公率领诸侯伐秦。在棫林（今陕西省泾阳县境），晋军主将荀偃命令继续西进，"唯余马首是瞻"。下军主将栾黡偏偏不买主帅的账，扬言"余马首欲东"，竟率领下军扬长东归，致使晋国这次军事行动无功而返。这说明，晋悼公末年，强门公族实际已不再唯国君之命是听。同年，卫国发生内乱，卫献公被大夫逐出，不得不到齐国避难。晋悼公询问执政大臣荀偃，是否应当派兵讨伐卫国的乱臣贼子。

卫人出一君复立一君，非正也，当何以处之？

荀偃主张息事宁人，不去多管闲事。晋悼公也就不再提出兵之事。实际上，处于霸主地位的晋悼公不去纠集诸侯讨伐卫国以伸张正义这件事，本身就说明了他已没有了昔日霸主的雄风。一个年仅 30 岁的青年君主，已不能从心所欲地去干他想干的事情，这说明，此时此刻，晋悼公对晋国的卿族势力的跋扈已经束手无策了。自家的事还管不明白，怎么还好去管别人家的闲事呢？

"无可奈何花落去。"如果说，晋悼公没有为晋国的霸业最终画上一个圆满的句号而死不瞑目的话，那么，此后若欲晋国霸业再次如火如荼、有声有色的兴盛，那就不啻是水中捞月了。

从此，东南地区新兴壮大起来的吴、越两国，开始耀眼于中原煌煌争霸之戏的舞台上。

阖闾往事

    阖闾时期，吴地多产名剑。干将是当时吴国的造剑大家，阖闾命其作剑，干将不敢怠慢，便"采五山之铁精，六合之金英"。择吉日良辰开炉冶铁，但金铁之精英不熔化于炉。其妻莫邪说："您以善于作剑闻名于王，现在却历时三月而不能成功，是何缘故？""我不明白其中的道理。"干将有些懵懂。"我听说神物之化须人而成，您做剑怕没有想到这些吧？"莫邪猜测着说。"对呀——"干将以手加额，恍然大悟："从前我的老师做剑时，曾经遇到过这种情况，为了铸出稀世名剑，他们夫妻二人纵身入炉，舍出性命，这才成功。""您的老师烁身以成宝物，如今我们知晓了这个道理也就不难了。"莫邪胸有成竹。于是莫邪乃断发剪爪投于炉中。使童男童女三百人鼓橐装炭，金铁乃濡，遂以成剑。阳曰干将，阴曰莫邪。剑铸成以后，干将把"莫邪"剑献给阖闾，成为吴国之宝。

一

说起吴王阖闾，不能不提到吴国的历史。

一方面，吴国在他的手中强盛，入当时列国之林；另一方面，他在接班人问题上所犯的错误，又实际上导致了吴国的亡国。

吴国的历史说来悠久，相传是周文王的儿子太伯和仲雍所建立的国家。

说起来，吴国的祖先也有着一个美丽动人的传说。

吴国的先君太伯，是后稷的后代。后稷的母亲姜嫄，是传说中的三皇五帝之一的帝喾的正妻。

一天，姜嫄野外踏春，发现了一个巨人的脚印。脚印是那么的明晰且有魔力，这大大引发了这个美丽少女的好奇心。她情不自禁、满心喜欢上了这个脚印的形状。出于一种冲动，她就走上去踩这个脚印。当踏上这个脚印的一瞬间，她的身体、心神好像被人深深地触动了一样，这样，她就怀上了身孕。孩子生下后，她怕被人认为这是自己纵欲放荡的结果，于是，她把这个孩子抛弃在狭窄的小巷中，希望借牲畜之手来结束这个不该来到世上的孩子的生命。但是，路过的车马都绕道改行而躲避开这个孩子；姜嫄又想把他抛弃在树林中，恰巧又碰上很多伐木的工人；姜嫄又把他放在湖中的冰上，但群鸟飞来用羽翼来衬垫覆盖他；后稷多次大难不死，姜嫄认为他是个神人，因而收而养之，给他起名叫"弃"。后来，后稷长大，精通农业种植与建筑技术，成为尧的农业大臣，为造福当时天下苍生做出了巨大的贡献。

物换星移，沧桑变化，夏商两代转眼间成为历史的云烟。

商代末期，后稷的子孙古公亶父在周建城立邦。

古公亶父有三个儿子：太伯、仲雍与季历。古公亶父喜欢季历的儿子姬昌，希望他将来能够广大祖宗之业。太伯、仲雍看到王位将要落在弟弟季历的身上，为了躲避兄弟之间的权力之争，他们出走中国的东南地带。

《史记·吴太伯世家》说：

> 吴太伯，太伯弟仲雍，皆周太王之子，而王季之兄也。季历贤，而有圣子昌，太王欲立季历以及昌，于是太伯、仲雍二人乃奔荆蛮，文身断发，示不可用，以避季历。季历果立，是为王季，而昌为文王。太伯之奔荆蛮，自号句吴。荆蛮义之，从而归之千余家，立为吴太伯。太伯卒，无子，弟仲雍立，是为吴仲雍，仲雍卒，子季简立。季简卒，子叔达立。叔达卒，子周章立，是时周武王克殷，求太伯、仲雍之后，得周章。周章已君吴，因而封之。乃封周章弟虞仲于周之北故夏虚，是为虞仲，列为诸侯。

不过，吴国的强大，却是春秋晚期才发生的事情。公元前585年，寿梦成为吴国的国主。

《吴越春秋》中说：

> 寿梦立，而吴益强，称王。

这说明，吴国称王是从寿梦开始的。

寿梦在位期间，朝见周天子，游历诸侯大国，考察风土民情，让国人学习射箭驾车技术，加强军队的建设，并重用外籍人才申公巫臣及其子狐庸等人，吴国在他的手中开始迅速崛起。

这位吴主寿梦，虽与周王室同宗，脑子里却没有执行周天子制定的宗法制度的观念。他有四个儿子，依次是诸樊、祭、味、季札。他不去按照当时中原诸侯多年沿用已经成为习惯的嫡长子继位制办事，而是凭着自己的感情、经验，依着老祖宗古公亶父的办法，选嗣以贤不以嫡。

寿梦看中的继承人是他的小儿子季札。

不想，季札却不在乎这个国主的名分，他坚持辞让，不从王命、父命。

季札的理由似乎也很充分：

礼有旧制，奈何废先王之礼而行父子之私乎？

看来，季札的治国理念与他父亲大不相同。他所谓的"德才"，其实是努力学习周天子的礼乐制度的结果。这也许正是这个小儿子为寿梦看重的一个重要原因吧。

但是，寿梦还是不甘心。死前，他虽将王位依宗法制度传给了嫡长子诸樊，却留下了一个不小不大的尾巴。这就是：一定要把国家的政权依照兄弟的次序传递给季札。

《吴越春秋·吴王寿梦传》中说：

寿梦乃命诸樊曰："我欲传国及札，尔无忘寡人之言。"诸樊曰："周之太王知西伯之圣，废长立少，王之道兴。今欲授国于札，臣诚耕于野。"王曰："昔周行之德加于四海，今汝于区区之国、荆蛮之乡，奚能成天子之业乎？且今子不忘前人之言，必授国以次及于季札。"诸樊曰："敢不如命？"

寿梦不知道，他临终的这个安排，会给他的儿子及子孙带来多大的危害。他更无法知道，因为他的这个安排，吴国后来王位的继承便注定要充满腥风血雨。他让季札继位，本希望吴国在季札手中能富国强兵，百姓太平富足，但寿梦却没有料到，季札对王位根本没有兴趣，兄终弟及之制只是一种空想，王室喋血，臣民遭戮，却成为他一手安排的结果。诸樊的儿子公子光便是第一个出来用铁血手段夺取王位的人。

按照寿梦的临终遗命，其子诸樊、余祭、余昧相继称王。余昧死时，季札再次拒绝接受王位。他说：

吾不受位，明矣。昔先君有命，札不敢从，富贵于我如秋风过耳，吾何受焉？

事情到了这个地步，兄终弟及的办法至此走入死胡同。于是，吴国人就拥立余昧的儿子州吁做王，号称吴王僚。

　　对于这种情况，诸樊的儿子公子光心中是一百个不服。他认为：寿梦将去世时，把君位传给了嫡长子，以次兄终弟及。季札既然不肯继位。有资格继位的人，就应当是他这个嫡长子的儿子，而不是余昧的儿子州吁。既然王位不能和平得到，他就决心暗中培养死士，要通过谋杀手段来除掉吴王僚，让自己坐上王位。

　　山雨欲来风满楼。

　　公子光的政变行动将会给吴国的历史平添许多传奇的故事。

二

　　公子光在吴王僚继位后，所做的第一件大事，就是阴谋暗杀吴王僚以夺回他认为本该属于自己的王位。

　　环顾朝野，公子光却感到自己是那么的势单力薄，那么的没有办法。

　　满朝文武大臣都讲究利害关系，站到了吴王僚的一边；吴王僚的身边，羽翼丰满，更兼掩余、烛庸掌握着吴国的兵权，又是吴王僚的心腹，特别是吴王僚的儿子庆忌勇力过人，有万夫不当之勇，时刻不离吴王僚的左右，公子光想行动也没有下手的机会；兼有甚得民众之心的季札在朝，如果发生变乱，他会支持公子光这个篡位之举吗？

　　公子光每每想着这些事情，就心慌神乱，绪意茫然。

　　但是，机遇的女神总是垂青那些有长期准备的人。楚平王的一个错误举动，给公子光带来了无限的生机。

　　据史书记载，楚平王不仅是一个好色多欲的君王，还是一个宠信小人、重用佞臣、远离贤臣的昏庸之主。

　　楚平王有个名叫建的儿子，这是楚平王做大夫时在蔡国与蔡女私通所生，他是楚平王的长子。平日里，楚平王对这个儿子还算重视，自己做了楚王后，就立建为楚国的太子，并派吴奢与费无极做太子的老师。

俗话说，男大当婚，女大当嫁。太子建很快就到了谈婚论嫁的年龄。楚平王遂派费无极到秦国为世子求婚。就因为费无极的这趟求婚差事，惹出了一件影响以后楚国历史命运的大事情。这件事导致楚国差一点灭亡。

原来，费无极是一个专门研究、琢磨权术与趋炎附势的势利小人。他知道楚王是一个酒色之徒，又见秦女孟嬴有绝世之色，遂灵机一动，劝说楚平王将孟嬴占为己有，再给太子建另娶一个齐女做媳妇。楚平王遂依计占有了秦女孟嬴，从此与她在后宫宴乐，不理国政。费无极也平步青云，离开了太子建转而侍奉楚平王。

中国有句老话，叫作做贼心虚。

费无极本是一个势利小人，他担心将来有一天楚平王去世，太子建继位会杀了自己，因此，他整天就在楚平王面前编排太子建的坏话。日子一长，楚平王就不得不信。他先将太子建打发出国都，让他到边境城父去戍役；不久，又经不住费无极的恫吓与造谣，因担心太子建造反而派人去杀掉他。太子建的老师伍奢是一位忠直大臣，他知道这是费无极的谗毁，便劝谏楚平王说："大王怎么偏要因为那谗毁陷害别人的小人而疏远自己的骨肉至亲呢？"费无极听说后，当然又恨又怕。于是又劝说楚平王立即杀掉太子与伍奢。太子建闻风逃走，伍奢被囚，转而被杀。伍奢有个儿子名叫伍子胥出逃吴国。

伍子胥"其状伟，长一丈，腰十围，眉间一尺"，是一位有智谋的勇士。他到吴国后，打算劝说吴王伐楚，为父报仇。

公子光见到伍子胥是一位人物。便一边劝阻吴王僚伐楚，一边私下接触伍子胥。聪明的伍子胥看到吴王僚不能助己成事，他又观察到公子光有谋取王位之志，就转而计划帮助公子光杀掉吴王僚，夺得吴国王位。

对于公子光和伍子胥来说，这是一个双赢的计划。伍子胥帮助公子光夺得吴国的王位；公子光则答应帮助伍子胥伐楚报杀父之仇。

吴国的历史，在此注定要暂时停顿且转个大弯，然后，再向一个更高的地方挺进。

<h1 style="text-align:center">三</h1>

伍子胥与公子光结盟后，主要在三个方面帮助公子光实现夺取王位的计划。

1. 把结识的勇士专诸推荐给了公子光。

专诸，堂邑人，是伍子胥在从楚国出逃前往吴国的路上结识的一个朋友。

当时，专诸刚要和人搏斗，将要逼近对手时，他的愤怒有压倒上万人的气势，厉害得不可抵挡。但他的妻子一喊，他就回去了。伍子胥见状觉得奇怪，就询问他：“为什么您的愤怒那样强烈，但听见一个女人的声音就半途而退了，这难道有什么讲究吗？”

专诸说：“您看我的仪表，难道像一个愚蠢的人吗？为什么您的话这样鄙陋呢？那屈服于一人之下的人，一定能舒展于万人之上。”

伍子胥仔细端详他的相貌，只见专诸的眉额凸出而眼眶深凹，老虎似的胸膛，熊一样的脊背，凶猛的脸，就知道他是一位不可多得的勇士猛杰。于是，伍子胥与专诸暗中结交，希望有一天能够用得上他。正好，公子光正缺少刺杀吴王僚的刺客，伍子胥就把专诸推荐给了公子光。

《史记·刺客列传》中说：

> 光既得专诸，善客待之。

但是，要想刺杀吴王僚，可不是一件容易的事。

吴王僚身边甲士重重，戒备森严，根本不可能让一个身携武器的人接近他的身体。公子光想了很久，他知道吴王僚特别喜欢吃烤鱼，于是，就叫专诸到太湖边上的饭店去学做好烤鱼的本领。让一个对烹调技术根本没有兴趣的大老粗去学习如何烤鱼，而且必须学到最佳本领，这也真难为了专诸。但是，专诸是一个把承诺看得比自己生命还重的人，他答应了公子光的事，就日夜学习，这倒应了"有志者事竟成"这句名言，三个月过去，专诸便真的学得了一手闻名当时吴国的烤鱼技术。

伍子胥的第一步安排初步就绪。

2. 帮公子光分析形势，要公子光安心等待机会。

伍子胥认为："鸿鹄所以不可制者，以其羽翼在也。欲制鸿鹄，必先去其羽翼。"吴王僚的公子庆忌，筋骨如铁，万夫莫当，手能接飞鸟，步能格猛兽，王僚得一庆忌，旦夕相随，尚且难以动手。何况其母弟掩余、烛庸并握兵权，虽有擒龙缚虎之勇，鬼神莫测之谋，安能济事。要想除掉吴王僚，就必须先去此三子。然后再图吴王僚。他劝公子光忍耐待机，以观时变。

3. 公元前514年冬，楚平王病死。伍子胥认为夺位时机成熟。他与公子光共同设计出支走吴王僚的心腹羽翼，然后趁机下手的计划，并且开始付诸行动。

伍子胥建议公子光，以图霸的名义去劝说吴王僚乘楚丧乱之际，发兵伐楚。他设计的连环套是：先让公子光劝说吴王僚伐楚，然后，让公子光假装坠车伤足，无法出征。吴王僚必然派弟掩余、烛庸为将，再让公子庆忌出使结连郑卫，共同伐楚，此一计而支开吴王三翼，除掉吴王僚就不困难了。考虑到季札在朝颇有人望，对公子光的行动会采取反对措施，他又让公子光以窥中原之衅为由，劝说吴王僚派遣季札出使晋国。

好大而疏于心计的吴王僚果然中计，欣然采纳公子光的诸项建议。

支开了吴王僚的羽翼与反对者，公子光、伍子胥认为夺回王位的时机完全成熟。

公子光对专诸说："中原诸国有句谚语：'不去寻找，哪里能够得到？'我本是王位的合法继承人，就要为得到王位而努力。事情如果成功，季札即使回来，也不会废掉我。"

"我可以去替你杀掉吴王僚，只是担心母亲年老，儿子又小……"

公子光不待专诸说完就应声道："光之身，子之身也！"他让专诸放心，自己一定会像专诸一样照顾其母、其子。

公元前 515 年 4 月，公子光设享礼招待吴王僚。吴王僚既想品尝美味的太湖炙鱼，却又担心有诈。于是，他穿了用棠谿的优质铁片制成的铠甲三层，派手执武器的卫兵从王宫的大门一直排列到公子光家的大门；台阶坐席的身旁都是吴王僚的亲信，两旁站着的侍卫都手握长戟，高度戒备。为了保证安全，端菜的人在门外都先要脱光衣服，再换穿别的衣服膝行而入，被卫兵用短剑夹着，把菜送给上座的人。

公子光早有准备，他在殿堂下的窟室里埋伏了甲士。酒喝到痛快之时，公子光假装因为脚痛而到地下室包脚，就派专诸把鱼肠剑放置在烤鱼中献给吴王僚。靠近吴王时，专诸突然抽出短剑向吴王僚刺去，站着的侍卫立刻用长戟刺中了专诸的胸膛，专诸的胸骨断了，胸膛破开了，但短剑还是像原来那样直透吴王僚的铠甲。吴王僚倒地而死，其手下的人乱成一团。公子光趁机指挥甲士冲出，与伍子胥里应外合，尽杀吴王僚在都城的同党。

接下来，公子光自立为君，这就是吴王阖闾。阖闾封专诸的儿子为上卿，以表彰其父的功劳，又命伍子胥为"行人"以参与国事。

对于既成的事实，季札出使回国后，也只能到吴王僚的墓前大哭一场，以尽臣子之礼，然后又回到原来的职位上，等候阖闾的命令。

公子掩余、烛庸二人，本来就因为伐楚而被包围在楚国，听说了公子光杀死僚自立为君，就率领军队投降了楚国。

庆忌回国途中闻变，则弃车逃去。

至此，吴王僚的党徒彻底瓦解，公子光的夺取王位的计划，在伍子胥、专诸等人的帮助与努力下，终于得以实现。

四

伍子胥推荐勇士专诸刺杀了吴王僚，帮助公子光登上了吴国的王位，实现了他对公子光的最初承诺。

现在，伍子胥要求阖闾也兑现当初答应他的诺言。就是帮助伍子胥讨伐楚国、报其父兄之仇。

但是，吴王阖闾已不是当初那个只是个将军身份、一心想夺取王位的公子光了。他现在是吴国一国之主，考虑问题的角度当然要从国家的利益出发，怎么可能被利用作为别人复仇的棋子呢？何况，当初为了阻止伍子胥接近吴王僚，他不是也以"伐楚者，非为吴也，但欲自复私雠耳"这一冠冕堂皇的理由劝说吴王僚别去答应伍子胥的请求吗？虽说这个理由当初是想让伍子胥远离吴王僚，但谁又能说公子光内心里不真的是这样想的呢？

因此，当公子光除掉对手，坐稳王位后，伍子胥再要求其发兵攻打楚国时，他便以庆忌在外，形势不稳定；国力兵力不足；没有合适的将领为由，不肯出兵伐楚。

反过来，阖闾反问伍子胥如何做才是强国的办法。

伍子胥对于阖闾要滑使刁不以为然。

据《吴越春秋·阖闾内传》记载：

伍子胥回答吴王阖闾："凡欲安君治民、兴霸成王、从近制远者，必先立城郭，设守备，实仓廪，治兵库。斯则其术也。"

伍子胥的回答正中阖闾的下怀。他不提伐楚复仇之事，反要求伍子胥先帮他兑现自己提出的强国计策。

事情至此，伍子胥也看到，不帮助阖闾定霸，自己的家恨父仇是无法消解的。于是，伍子胥只好暂时收起报仇之心，一心一意地帮助阖闾富国强兵。

1. 修建城郭，囤粮满仓。伍子胥派人观察土地，探测水文，仿照上天，效法大地，为吴王阖闾在姑苏山附近修建了一座新的都城，并让吴国君臣迁居于此。

2. 训练士卒，锻造兵器。城郭已经筑成，仓库已经储备，阖闾又让伍子胥为他操练吴国的军队，锻造精良的兵器。

伍子胥向吴王阖闾推荐造剑名家干将，让他为吴王造剑。

阖闾时期，吴地多产名剑。

阖闾既得到莫邪名剑，又命令国内的名匠打造"吴钩"。

作为兵器的吴钩，形似剑而弯曲。相传，吴王阖闾号令国中以百金征求金钩。有人献两柄金钩请百金之赏。

"献钩的人很多，你的钩有何特异之处值得夸耀而得赏呢？"阖闾问这位献钩者。

"实不相瞒。"献钩者满面凄惨。

"我为贪图君王您的重赏，杀掉了两个儿子，把他们的血涂在金上，才造成了这两柄吴钩。"

这个人所献的钩和许多钩混在一起，形体类似，不知何为其献。

"哪两柄是您的呢？"阖闾问道。

"吴鸿——，扈稽——，我在这里！"献钩者泪流潸潸地呼唤着他的两个儿子的名字。

喊声未绝于口，只见两柄金钩同时飞出，附着在献钩者的胸膛上，似孩儿恋父之状。

阖闾感慨万千，遂赏百金，将这两柄金钩时常佩戴于身。

3. 刺杀庆忌，解除心中之患。在吴王阖闾的心上，始终有一件事堵着，让他安心不下来。

这件事就是庆忌逃奔卫国后不停地在招纳死士，结连邻国，时刻打算着找机会兴兵报仇。

阖闾对伍子胥说："从前专诸的事情，多靠您出力才成。现在听说公子庆忌在和诸侯们商量伐吴报仇的事情，我食不甘味、寝不安席。您要想办法，替寡人把这件事办成办好。"

伍子胥于是就为吴王阖闾又举荐了勇士要离。

伍子胥对阖闾简单讲述了要离折辱壮士椒丘䜣的故事：

椒丘䜣是东海边上的人。他为齐王出使吴国。在淮河渡口，水神吞噬了他的马匹。椒丘䜣十分愤怒，便手握宝剑，跳进水中一连与水神大战了几天，弄瞎了一只眼睛才败出阵来。他来到吴国后，正碰上朋友的丧事，椒丘䜣仗着自己敢于与水神决斗的勇气，在筵席上大吹特侃，对人们轻视傲慢，在场的人们，都敢怒而不敢言。只有要离，一个瘦瘦的小个子的年轻人站了出来，当众用言语挫辱了椒丘䜣。椒丘䜣自然十分的愤怒，便决定天黑时去攻打要离。要离回家后，一道门不关，二道门不上闩，毫不做准备地躺着睡大觉。椒丘䜣乘夜黑登堂入室，抓住要离便要刺杀，但又被要离用言语大大地挫辱了他一番。于是，椒丘䜣扔剑叹息，自认失败，最后甘败要离的下风。

阖闾听罢，高兴地说："愿承宴而待焉。"

伍子胥就去找到要离，与他一起去见吴王阖闾。

要离自告奋勇，承诺帮忙杀死庆忌。

于是，阖闾便和要离一起定下一件残害自己全家的苦肉计。

阖闾捏造罪名，把要离投入监狱，并且砍下了他的右手。要离假装出逃，阖闾就抓来他的妻子儿女，在闹市上把他们当众烧死，并将她们的尸体暴露在街头示众。

要离一口气逃到了卫国，投奔庆忌，卧底成为庆忌的心腹亲信。

三个月后，庆忌帅水军向吴国进发，要报杀妻之仇。庆忌与要离同船，行至中游，突然一阵大风从江心刮起，要离站在上风，使出全身的劲，把长矛朝庆忌刺去，借助风力，矛透全身。庆忌死前，叹赏要离是条好汉，让随从不要杀他。但要离见已完成使命，自感自己虽为吴王尽忠，但毕竟愧对妻子儿女，便用剑自刎而死。

4．举荐孙武，西破强楚。在帮助吴王阖闾建立新都，锻造兵器及除掉心腹大患庆忌后，阖闾还是迟迟不肯发兵伐楚。

伍子胥心想，阖闾所以迟迟不发兵伐楚，主要还是顾忌吴国兵弱将单，害怕讨楚不胜反有害于自己的利益。为了坚定吴王阖闾的伐楚决心，伍子胥在吴国寻访出一位军事天才——孙武，并将他推荐给了阖闾。

阖闾召见孙武，询问他关于用兵的方法。孙武便将自己的多年心血结晶——兵法十三篇进献阖闾。

吴王阖闾读毕，心服口服，在伍子胥的催促下，他拜孙武为上将军，开始研究伐楚的事情。

公元前512年，吴王阖闾拉开了伐楚争霸的帷幕。

孙武建议：

> 大凡行兵之法，先除内患，然后方可外征。吴王僚的二个弟弟掩余、烛庸，一个在徐，一个在钟吾，二人俱怀报怨之心，出兵伐楚，宜先除去二患，才可言进军。

对于这个意见，阖闾与伍子胥深表赞同。

在时机成熟的情况下，公元前506年冬，吴王阖闾拜孙武为大将，伍子胥为副将，联合蔡、唐两国力量大举伐楚。一路五战五胜，直逼郢都城下。这年十一月底，楚昭王仓皇间只带了妹妹出逃，吴军进入郢都。西破强楚，是吴国在春秋末年所取得的一个重大胜利。吴王阖闾的事业达到了颠峰。

五

打败楚国以后的八九年间，阖闾踌躇满志，好不春风得意。

据《越绝书·吴地传》记载：

阖闾之时，大霸，筑吴越城，城中有小城二，徒治胥山。

阖闾所建吴国都城周围 47 里，有八座陆地城门和八座水上城门，雄伟壮观。从楚国回来，阖闾就不再积极进取，而是满足于现状，过起了太平王的日子。

也许，阖闾感觉到韶华催老，需要及时行乐。也许，兄弟夫概叛乱称王，太子波青春病逝的残酷事实，都给阖闾以很大的打击，使他从此壮志不再。不管怎么说，伐楚归来后的吴王变了，变得不再对霸业像往日那样的执着；变得贪图享受，满足于厮混岁月。

然而，乐极生悲、胜极则衰。吴王阖闾没有意识到，在他享受的七八年间，卧榻之旁的越国正在崛起，敌人楚国也在迅速地复兴；他没有意识到，他的困顿竭蹶的时期就要来到了。

阖闾为了爱女滕玉之死，就大兴土木，修建陵墓并让万余名吴国百姓为她殉葬。这无道的举动，引起了国内外人们的非议与愤怒。

在阖闾的晚年，糊涂的他在两件事情上犯下大错，并因此导致吴国与他本人命运的迅速转折。

一件事是立太子。

立嗣之事关系到国脉。历史的经验早已经表明，接班人的好坏与能否胜任，这是关系到一个国家、团体甚至家族生死存亡的大问题。

吴国的太子波死后，阖闾迟迟没有再立太子。

不立太子，是因为他没有想好继承人的人选。

太子波虽死，但他有一个名叫夫差的儿子。夫差虽然已经 26 岁，正富青春，更兼生得器宇轩昂，一表人才，但阖闾并不看好这位嫡孙。

但是，阖闾心里也很矛盾，如果立自己其他的儿子，这就又犯了当初吴王僚所犯的错误，难保在他的身后不会有一场如他早年争位时那样的刀光剑影，出现血流成河的惨状。但如果立嫡孙夫差，这位颇为老道的吴王却又实在放不下心。

关键时刻，伍子胥的谏言起了决定性的作用。

原来，急欲承嗣、颇有心计的夫差走了伍子胥的后门。

《吴越春秋·阖闾内传》中说：

> 是时，太子亦病而死。阖闾谋择诸公子可立者，未有定计。波太子夫差日夜告于子胥曰："王欲立太子，非我而谁当立？此计在君耳。"伍子胥曰："太子未有定，我入则决矣。"
>
> 阖闾有顷召子胥，谋立太子。子胥曰："臣闻：祀废于绝后，兴于有嗣。今太子不禄，早失侍御。今王欲立太子者，莫大乎波秦之子夫差。"阖闾曰："夫愚而不仁，恐不能奉统于吴国。"子胥曰："夫差信以爱人，端于守节，敦于礼仪。父死子代，经之明文。"阖闾曰："寡人从子。"

根据这则史料，夫差是吴王阖闾的嫡孙当无异义。同时也说明，夫差所以能够承嗣吴王，一则是由于他父亲波秦早逝的缘故，更重要的是由于伍子胥向吴王阖闾力荐的结果。

显然，对于伍子胥的眼光与见识，老阖闾是敬服与信任的。伍子胥来吴后先后向阖闾举荐的专诸、要离、孙武，不是都没辱使命，没有走眼吗？既然伍子胥认为夫差才可承嗣，阖闾自己还能有什么意见呢？可是，凭借以往经验处理接班人问题的阖闾，这次却因为信任伍子胥而犯了一个天大的错误。他明明知夫差头脑简单，考虑问题急躁，处理事情粗暴，却丧失原则听从了伍子胥的意见，把这个不符合人君才德的夫差，推上了继承人的位置。这个在关键时刻没能把持着原则的吴王阖闾，得到的惩罚便是吴国在他的接班人的手中灰飞烟灭、宗庙毁灭。

另一件事是在没有把握的情况下出兵伐越。

公元前 496 年，越王允常去世，勾践继位。阖闾不听伍子胥的谏阻，兴兵乘丧伐越。双方在檇李（今浙江省嘉兴县南）对阵。勾践见吴军队伍整齐、戈甲精锐，便施用计谋，把罪犯 300 人排成三列，列在阵前。这些罪犯皆把剑放在脖子上对吴军支持致词说:"吾主越王,不自量力,得罪上国,致辱招讨。我们不敢爱死,愿以死代赎越王之罪。"言毕,便都大喊一声,自刎身亡。前排倒地,后排继上。吴军将士看着这一幕,个个目瞪口呆,正不知什么原因时,勾践突然下令发动攻击,吴兵猝不及防,队伍大乱。越国大夫灵姑浮用刀猛砍,斩断了阖闾右脚脚趾,阖闾的一只鞋也掉在了地上。吴兵急忙撤退,在距离槜李7公里的陉这个小地方,阖闾伤痛而死。

阖闾之死,是吴国由强盛走向衰落的一个重要转折点。

这是一个不祥的预兆。

中国有句名言:"千里之行,始于足下。"既然吴主的"脚趾"已被越国斩断,那么吴国纵横驰骋的霸业还能走多远呢?

夫差与勾践

　　夫差与勾践，是春秋末年一对天生的冤家。在春秋末期，他们一个是强国吴国的大王；一个是后起之秀越国的君主。吴国与越国，本是唇齿相依，互为雄长。站在利害的角度，二者是互为卧榻之旁的凶虎，你不吃我，我便食你。在他们之前，老越王允常就曾趁阖闾倾国伐楚之机入侵吴国，想打吴军于一个猝不及防；吴王阖闾也乘越王允常死丧之际，企图乘虚而入，直捣越都。当然，他们都没有讨得什么太大的便宜，却把仇恨与贪欲的种子留传给了下一代。夫差是一只愚蠢的猛虎，正因为这个"猛"字，在他当上了吴王后，很快就把越国打得大败，将越王勾践按在自己的利爪下；又因为他"愚蠢"，让已经到手的这只肥腾腾的猎物又从他的裤裆之下钻了出去，逃之夭夭，留下了心腹大患。相比之下，勾践则既有狐狸般的狡猾，又有恶狼般的凶残。这只集狐狸与猛虎之长于一身的南方凶狼，在不利己的情况下，对夫差大叩其头，恨不得将整个越国所有上好宝物、美女全给吴国献了出去；而当其羽翼丰满、稳操胜券时，便毫不犹豫地张开巨口，一下就吃掉了夫差这只呆虎，而不让他再有任何咸鱼翻身的机会。两国之争，翻手为云，覆手为雨。

一

夫差本来是有机会灭掉越国，吃掉勾践的。

早年的夫差，也曾经意气风发、斗志昂扬过那么一阵子。他继阖闾之位以后，也曾经决意报仇雪恨。

他曾经派专人站在庭院中，每日定点在自己出入宫殿时高喊："夫差，你忘掉是越王杀死你祖父的事情了吗？"夫差即应声回答："不敢忘！"

那个时候，夫差积极上进、开拓进取。他命令伍子胥、伯嚭统兵习战，日夜练水兵于太湖，又立射棚在灵岩山，习练弓箭射杀，念念不忘图谋伐越。

上帝总是公平地回报曾经付出过努力的人。

公元前 494 年，夫差在做好充分准备的情况下，率军在夫椒（今浙江绍兴县北）打败前来伐吴的越军，并且攻入越国。勾践只剩下 5000 名甲士，被围在会稽山。只要再前进一步，"宜将胜勇追穷寇"，越国就会从此成为吴国的版图，勾践也会成为夫差这只凶恶猛虎口中味道鲜美的食物。

但是，就在这个决定吴越命运的重大关键时刻，夫差本性中的愚蠢却膨胀到障碍他的理性思考的地步。

他的目的是败越报仇，并不在乎是否应该灭亡吃掉这个身边的心腹大患。

在夫差的身上，我们可以看到导致他悲剧的更深层面的原因。

夫差虽然天性急躁固执，考虑问题有简单之嫌，但他毕竟还是一个正常的能够认真思考自己利益得失的吴主。

造成夫差悲剧的原因，我们更应该到当时的传统观念和当时的社会舆论中去寻找。

在春秋时代，霸主们多标榜"尊王攘夷"，以取得众多诸侯的拥戴为最高荣誉。霸主们实际上是那个时代的"国际警察"。尽管他们自己往往干一些吞并小国，欺凌一般中等国家的勾当。但在口头上，他们却总是冠冕堂皇，以中小国家的保卫者自居。霸主攻入敌国之后，往往是只要对方国君负荆请罪就可以化干戈为玉帛。

《论语·尧曰》篇说：

> 兴灭国，继绝世，举逸民，天下之民归心焉。

齐桓公首创的春秋霸业，便是在这一方针指导下完成的。其后的春秋霸主们能够得到诸侯的拥戴，除了拥有强大的军队、国力外，一个更重要的原因就是他们做的是"兴灭继绝"，而不是攻城略地，以灭亡敌国为荣。这个霸主"标准"，不可能不对夫差产生深刻的影响。

据《吴越春秋·阖闾内传》中记载，夫差在继位以前就以"信以爱人，端于守节，敦于礼义"著称。

《国语·吴语》中一段话很能表达夫差的心思。

他在败越之后曾对吴国大夫们说过这样一段话：

> 孤将有大志于齐。吾将许越成，而无拂吾虑。若越既改，吾又何求？若其不改，反行，吾振旅焉。

可见，在夫差看来，楚国已是吴的手下败将，越只要臣服于吴，也就足够了。他继位之后虽不忘报祖父之仇，但其主要目的却是称霸诸侯。为了实现这个春秋霸主之梦，夫差为自己制定的战略目标是：臣越、破楚、弱齐，最后与当时的中原霸主晋国争夺霸业，最终成为一名春秋赫赫霸主。

夫差心中既然装着这种打算，他不趁机灭掉已经到手的越国就不再是一件奇怪的事情了。也许，夫差的眼中，身边这个小小的越国，根本不值得让他付出违背争霸战略的政治筹码，让他在还没有开始争霸事业，就因为灭亡越国而给各国诸侯以借口。只要霸主在手，不愁越国不服。也许，他很可能还故意放虎归山，让越国保存一定的力量，以激发他凶残好斗的天性，用此使他永远保持旺盛的斗志。

但是，不管怎么说，夫差的这一好大喜功的争霸战略，是造成他最后悲剧的根本原因。

天作孽，犹可违；自作孽，不可活。

夫差既然违背天意，有意丢失时机，不去对勾践穷追猛打，而是幻想跃马中原，建立霸业，勾践这只暂时屈服的雄狼，喘过气来后还能饶过夫差吗？

二

与夫差相比，勾践则是一个绝对聪明的主儿。

自从夫椒之战，越国败给吴国后，勾践立刻收起了他那狂妄的狼王本色，马上摇身一变又成为了一只匍匐在夫差身旁摇尾乞怜的巴儿狗。

为了自存，他答应了夫差列出的一系列苛刻的条件。

据《国语·越语上》记载，勾践为了求得夫差的原谅，不惜舍弃一切名誉利益，"请勾践女女于王，大夫女女于大夫，士女女于士。越国之宝器毕从，寡君帅越国之众，以从君之师徒，唯君左右之"。

为了他自己，也为了他的社稷生存着想，他甚至不惜低下了高傲的头颅，与妻子来到吴国夫差的宫室，做起了只有奴隶角色才去做的事情。

在吴三年，勾践集中表现出了一个"忍"字。

其实，勾践并不是一个心胸大气的人物。

当他不得不离开越国前往吴国为奴仆时，对于诸臣们主张把国政交给文种一人去主持的建议，并不放心。因此，他在离开之前托付国事时，力排众议，把国事按职责分成条条块块，让众臣们一起去打理，而不让权柄集中于能臣文种一人之手。

在去吴国的路上，在与祖国生离死别之时，他的夫人据船而哭：

抬头看见飞鸟啊是那乌鸢，

高高地在空中啊轻快地回旋。

停留在小州上啊恣意悠闲，

啄食小虾展翅啊直冲云间。

贱妾没有罪过啊没有辜负大地，

又有什么罪过啊被上天遭贬？

突然离开我国啊前往勾吴，

又谁知道回国啊要在哪年？

心中凄凄惨惨啊像用刀割，

眼泪汪汪直淌啊挂在颊两边。

听着夫人这怨恨、悲哀、痛苦到极点的哭吟，勾践心中的痛苦也沸腾到了极点，他对夫差的痛恨已经无以复加，但他却还得平复心绪，用"忍"字暂时化去心恨而强装笑脸，打起精神去与夫差上下周旋。

在吴三年，勾践夫妻，恭恭敬敬，黎明即起，洒扫庭尘，铡草养马，任劳任怨，一副可怜与彻底认输的面目，终于让夫差动了恻隐之心。

勾践会装，为了彻底打消夫差的顾虑，他毅然接受了随臣范蠡的建议，在夫差得病时，像儿子一样，不，比儿子还孝，床前屋后，衣不解带地尽心服侍。他甚至品尝夫差的粪便，以判断夫差病情的状况，为此，他产生了心理障碍，终生得上了口臭的毛病。

妇人心肠的夫差，在勾践百般殷勤的面前，彻底忘记了吴越两国你死我活的利害关系，他决定放勾践夫妻归越，让勾践这匹貌似驯服了的狼王归山。

为了将"装"进行到底，在无力灭吴之前，勾践回国后又源源不断地为夫差贡送美女、珠宝、财物，让夫差对自己彻底放下了戒心。

暗地里，他却卧薪尝胆，调整政策，积聚力量，"十年生聚，十年教训"，励精图治，富国强兵，磨刀霍霍，以求雪洗往日的非人之耻。

在一只老道狡猾的狼王面前，夫差这只呆虎的命运已经是前景叵测。

三

对待忠直大臣的不同态度，从某种程度上也决定到了夫差与勾践的胜负角逐。

夫差的身边，伍子胥就是一位刚直不阿的忠勇大臣。

当初，夫差破越，在是否与越议和的问题上，伍子胥就不怕拂逆夫差的意思，坚决主张乘胜进军，一举灭越。但是，吴王夫差拒绝了伍子胥的忠言劝告，白白地失去了这一灭越的大好时机。

在越王勾践服役吴国期间，伍子胥又多次劝告夫差乘机除掉勾践，但结果与前面劝谏一样，没有结果。伍子胥对夫差说道："我听说称王天下的人攻打敌国，如果战胜了他们，就加以杀戮，所以到后来也就没有被报复的忧虑，也最终免除了子孙的祸患。现在越王服役于大王，应该及早设法除掉他；如果不趁早把他杀了，他以后一定会成为吴国的祸水。"

可惜，夫差还是听不进去。

当夫差释放勾践回国，又大举全国之兵北上伐齐争霸时，伍子胥又语重心长地苦谏说：

"我听说发动上十万民众去供奉军队于千里之外，百姓的费用，国家的支出，每天要几万两黄金。不顾念战士们的死亡，却去争夺一时的胜利，我以为这是一种使国家危险、使自己灭亡的极端做法。况且和强盗住在一起，却不知道他会造成的祸患，又在外招致怨恨，到其他国家去碰运气，这就好像治病时只救疥疮却不顾心腹部位的致命之病，等病情发作一定死去。疥疮，不过是皮肤上的小毛病，不值得担忧。现在齐国衰落于千里之外，还要经过楚国、鲁国的边界才能到达我国，所以，齐国如果成为我们的祸患，那不过是疥疮罢了。越国如果成为我们的祸患，那才是心腹上的不治之症呵！它就是不发作，我们也会受伤害，如果一发作，那是要灭亡的啊。希望大王先去灭越，然后再伐齐。"

也许，在夫差看来，伍子胥一次劝他吞越杀掉勾践，还不失为一个直臣所言；二次劝他吞越杀掉勾践，就多少让人有点聒噪多余的感觉；三次在他耳边聒噪此事，简直已令他烦不胜烦，终于，伍子胥犟驴般的劝谏让夫差忍无可忍，他给了伍子胥一把名叫属镂的宝剑，让他自杀了事，以永远闭起这位老臣絮絮叨叨的嘴巴。

公孙圣，是吴国的另一位忠直之人。他也看到了夫差北上穷兵黩武的危害。他劝说夫差按兵不动，不要去攻打齐国而损耗国力，而要推行德政，否则，越国必然灭掉吴国。夫差不但听不进去，反而大怒，让人用铁锤砸死了他。

两个忠介之人先后惨遭杀身之祸，从此，吴国上下噤若寒蝉。自以为得计的夫差，不顾国内"连年不熟，民多怨恨"的现状，北上与齐晋争雄，他还怕群臣再谏，通令全国：

寡人伐齐，有敢谏者死。

事情到了这个地步，夫差已经给勾践露出了可以攻击的破绽。

对待大臣们的直言，虽然忠言逆耳，勾践却采取了与夫差相反的态度。

首先，在吴军破越、勾践被困会稽山时，他采用了范蠡、文种的劝告，没有去与夫差鱼死网破，而是想方设法与之议和，从而争取到让越国获得喘息的机会。

其次，议和之后，他听从了范蠡的劝告，夫妻百般忍耐，入吴去为夫差服役，用委屈自己的方法骗取了夫差的同情与信任，从而争取了被释放归国、以图后起的机会。

再次，他遵从范蠡、文种的意见，与民休养生息，"十年生聚"。并且在范蠡的劝告下，一忍再忍报仇的急切之心，以等待进攻吴国最佳时机的到来。

勾践明白："非吴有越，越必有吴"这个道理。他礼贤下士，虚心纳谏的结果，是越国君民团结一心，共同奋力于富国强兵，以志在早日实现"吞吴"的目标。

据《吴越春秋·勾践阴谋外传》中记载：

> 越王勾践十年二月，越王深念远思侵辱于吴，蒙天祉福，得越国。群臣教诲，各画一策，辞合意同，勾践敬从，其国已富。

这个史料还记载，越王勾践从吴国返回五年了，还没有听说过有为自己舍身卖命的人，他很不理解，也很伤心。于是，他召集群臣，试图打听个明白。

这时，一个大臣站了出来，向他道出了这个中的秘密："不是越国没有忠贞之士，而是大王没有能力使用他们啊！"

勾践不明其理。

这位大臣接着分析道："那官位、财物以及黄金的奖赏，是君主应看轻的东西；手握锋利的兵器，脚踩锐利的刀口，杀身效死，是士人们应当看重的事情。现在大王老是在盘算财物这种应该看轻的东西，却要求士人们去干那些他们看重的事情，这多么危险啊！"

这番谈话显然击中了勾践的要害，他面有愧色，闷闷不乐。终于，他恍然大悟，明白了问题的症结所在。

于是，勾践找到文种，推心置腹地向他讨教败吴之策。

勾践谦恭地对文种说道："我过去接受了先生的意见，才使自己没有陷入困厄的境地。现在我再想恭敬地接受您那才华横溢的计策，用它来消除我的宿仇旧恨，请先生为我谋划一下，怎样做才能成功呢？"

文种回答："高飞之鸟，死于美食；深川之鱼，死于芳饵。大王如欲伐吴，必前求其所好，参其所愿，然后能得其实。"

于是，他向勾践献上了自己的灭吴九策：

1. 尊敬上天、侍奉鬼神以求得他们的福佑；

2. 加重财物礼品去贿赂吴国的君臣；

3. 以昂贵的价格买入粮草来挖空吴国，诱使吴主纵欲胡为而让他的民众疲劳不堪；

4. 赠送美女以惑其心而扰乱吴主的计谋；

5. 送给吴王能工巧匠和优质木材，让他建造宫殿房舍来耗尽吴国的国库财政；

6. 送给吴王阿谀奉承的奸臣，使他轻易地对别国发动战争；

7. 想出办法，让其谏臣被杀；

8. 致力富国，为决战做好准备；

9. 训练好自己的军队，趁吴国疲惫困乏时攻打。

文种自信地说：

凡此九术，君王闭口无传，守之以神，取天下不难，而况于吴乎？

一边是杀谏臣，文过饰非；一边是听从贤臣意见，积极准备报仇。吴、越两位君主的台下较量，高低胜负应该再是明显不过了。

四

提到夫差与勾践，不能不谈到一个中国历史上十分有名的大美人，因为，这个美人在夫差与勾践双方力量的消长过程中，确实起到了一定的作用。

这个美人，就是西施。

相传，西施姓施，名夷光，因居西村，故被称为西施。她有着沉鱼之美，姝妍冠世之貌。

据《越绝书》记载，西施是越王勾践对吴王夫差实施美人计过程中的一个道具，是为消沉夫差的意志，损耗他的精力与勇气而实施的一枚用奸的棋子。

《越绝内经九术》中记载：

越王勾践将美女西施、郑旦打扮整齐后，派大夫文种献给吴王，说："从前，越王勾践得到了两个绝世美女，不敢享用，特派下臣文种将她们献给大王。"吴王十分高兴，伍子胥进谏说："五色令人目不明，五音令人耳不聪。大王接受这两个绝世美人，后必有殃。我听说越王勾践现在昼书不倦，晦诵竟旦，聚敢死将士数万，图谋报仇，此人不死，必得其愿。我又听说，贤人是国家的财宝；美女，是国家的祸根。夏因妹喜，殷因妲己，周因褒姒，其皆灭亡。前事不远，大王当鉴。"夫差不但不听，反而以不忠之罪杀掉了伍子胥。

这段史料说明，伍子胥之死与西施入吴存在着一定的联系。伍子胥是吴国的忠忱大臣，是吴国的支柱，如果伍子胥之死与西施在吴王夫差面前的诋毁有着一定的关系的话，这就说明，西施是越王勾践派往吴王身边实施破坏计策的事情不虚。

不过，这样一来，西施岂不就成了一条美女蛇，一个十分老练阴险的卧底在吴王夫差床榻之上的"政治特务"？

无可否认，勾践、范蠡最初拟订美人计要将西施献给吴王夫差时，确实是想要让夫差从此朝歌夜舞，怀抱美人，沉湎欲乐，终极目的是要让夫差迷上女色，荒废朝政，对越失去警惕性而最终丧国丧身。

《吴越春秋·勾践阴谋外传》中记载：

公元前485年，越王对大夫文种说："我听说吴王淫而好色，惑乱沉湎，不理政事。凭借这一点去图谋吴国，可以吗？文种回答：'可以利用这一点去攻破吴国。吴王纵欲放荡又贪婪美色，太宰嚭巧言谄媚又深获吴王的心思，进献美女，他们一定会接受的。希望大王挑选两个美女献给他们。"越王说："好。"于是就派相面的人到国内寻找，在苎萝山上找到了卖柴女西施、郑旦。

如果我们将这个资料与上一条资料比较，就可以看出一个共同的问题：这就是，西施确实是越王勾践实施美人计中的一个工具，目的是以之消沉夫差的志气，为灭吴做好必要的铺垫工作。

同时，这则史料点出：西施是吴国苎萝山中一户卖柴人家的姑娘。

但是，多年来，在人们的心目中，美西施是一个浣纱女出身。从西施之美、之柔、之风情推断，西施应当是一个水边长大的女孩子呀！山中打柴大人家怎么可能生出这样一个标致可人、善解风情的美人呢？这就有了西施的出生地，是山中、水边的千年争论。

初唐诗人宋之问在《浣纱篇·赠陆上人》中写道：

> 越女颜如花，越王闻浣纱。国微不自宠，献作吴宫娃。
> 山薮半潜匿，苎萝更蒙遮。一行霸勾践，再笑倾夫差。
> 艳色夺人目，馺疊亦相夸。一朝还旧都，靓妆寻若耶。
> 鸟惊入松萝，鱼沉畏荷花。始觉冶容妄，方悟群心邪。

这首诗点出，西施既在江边浣过纱；也在苎萝山中生活过。她的作用是"一行霸勾践，再笑倾夫差"。

盛唐诗人王维笔下的西施，则是一个越溪出身的光彩溢人的浣纱美人：

> 艳色天下重，西施宁久微。朝为越溪女，暮作吴宫妃。
> 贱日岂殊众，贵来方悟稀。邀人傅脂粉，不自著罗衣。
> 君宠益娇态，君怜无是非。当时浣纱伴，莫得同车归。
> 持谢邻家子，效颦安可希。

诗仙李白笔下的《西施》，更是别有寄托：

> 西施越溪女，出自苎萝山。秀色掩今古，荷花羞玉颜。
> 浣纱弄碧水，自与清波闲。皓齿信难开，沉吟碧云间。
> 勾践徵绝艳，扬蛾入吴关。提携馆娃宫，杳渺讵可攀。

一破夫差国，千秋竟不还。

他的《口号吴王舞人半醉》，更是写尽了西施的风情：

风动荷花水殿香，姑苏台上宴吴王。
西施醉舞娇无力，笑倚东窗白玉床。

这说明，在唐代人们的眼中，西施是"出自苎萝山"，"浣纱弄碧水"，"秀色掩古今"的天然雕刻而成的一个大美人。她曾与吴王夫差在姑苏台上冶宴，在白玉床上作乐，是一个君王怜爱、舍不得丢手的可人精。

看来，西施是在苎萝山长大大有可能。越国是一个多水之国，谁又能保证苎萝山旁就没有一条溪、一条河呢？谁又能说西施没有在这条溪水边浣过纱呢？不管怎么说，历史的事实是：越国的山水都钟灵在这位姑娘的身上。她到吴国后20年来恃宠不衰，就足以表明了她不仅模样长得俊美，人品、心计上估计也是上乘的。

根据《墨子》一书的说法，西施的人生结局是越王勾践破吴后将她沉水而死。

《吴越春秋》逸篇中也说：

吴亡后，越浮西施于江，令随鸱夷以终。

西施殁后两千年，杨慎解释：

随地鸱夷者，子胥之谮死，西施有力焉。胥死，盛以鸱夷。今沉西施，所以报子胥之忠，故云随鸱夷以终。

不管怎么说，西施终究是被越王勾践派人将其沉到幽幽江底了。

这里又出现了一个问题，既然西施是越王勾践美人计中的一环，她的所作所为都是为了越国吞吴，那么，事后勾践为什么要将她沉到江底呢？

以越王勾践的心性，卸磨杀驴、过河拆桥的事，他是做得出来的。大臣文种不就是在灭吴后便被他赐剑自杀的吗？范蠡也不是被他逼走的吗？

可是，我们在这里不要忘记，无论文种还是范蠡，个个都是身怀绝技的人物，勾践自忖才能比不过他们，为了自己能睡个安稳觉，除掉这两位心腹大患还是必要的。千年政治上演的还不都是"狡兔死，走狗烹；飞鸟尽，良弓藏"的重复戏吗？

但西施与文种、范蠡却不一样，她只是一个弱女子，一个亡国的宫妃，一个大概也已经快40岁了的迟暮美人。她不可能对勾践的统治构成什么重大的威胁。那么，勾践为什么还不放过这位为了他雪仇报恨有过重大功劳的女子呢？

事情的解释只能是：

西施虽是勾践向吴王夫差施用美人计中的一环，但主观上西施并不知情这一使命。历史上，大凡"美人计"里的美女，只能选幼稚天真者承当。钓钩上的香饵，何曾知晓自身肩负的深远使命？

在这里，我们不能过低地估计了夫差的智能。作为君王，他的身上虽然有着种种的缺点，但是，他毕竟破越败齐，争做诸侯霸主的事业。如果西施是一位被越国训练过的专职美女蛇，即使她再狡猾，20多年的日日夜夜中，夫差是不可能不嗅到一点异常的味道的。

合理的解释也许是，美丽、单纯的西施姑娘来到吴国前，并没有得到越王的"面授机宜"，她只是身不由己地被越国作为贡品献给吴王的。也许，在她的心中，很可能还因此而深深地怨恨勾践与范蠡。但是，到了夫差身边以后，这位往日的浣纱女，以她的慧丽、温柔、善解人意而让夫差由衷地爱上了她。夫差因贪爱西施，耽误政事，导致伍子胥的担心与劝谏，也是可能的事情。西施知道伍子胥的态度后，为了固宠而找机会向夫差说伍子胥的坏话也不是不可能的事情。大家要知道，西施就是再聪明识大体，也不过是来自越国的一个乡间的女子，她除了讨吴王的欢心，以求得自己的荣华富贵外，还有什么别的出路吗？但说伍子胥之死，责任全在西施方面，这是高看了西施、低估了夫差与伍子胥的智慧了。

何况，吴国因水土之故并不缺乏美女，豆蔻年华的西施倘若不够纯情，或者纯情的不到位，夫差会对之如此溺爱珍惜吗？ 20 年的春宵之乐，耳鬓厮磨，足可以让西施不由自主地爱上夫差并愿为他做一切事情了。倘若西施不是真爱，只是演戏，她怎么可能"占得姑苏台上春"，而且占得那么长久？要知道，吴王夫差可不是一个大傻瓜。

但是，西施与夫差的爱情，客观上确实分散了夫差的精力，让他对越国更加放下戒心，倒是一件真实的事情。历史的真相应当是，西施并没有有意去误夫差，但夫差却因为贪恋西施而荒废了国事。

写到这里，勾践杀掉西施的原因就清晰明了起来。

西施这个时候的身份，已经不是昔日那个单纯可爱的越国的浣纱女，她已经蜕变成为一个心中只有吴王夫差的吴宫娇娃了。因此，对于这个当日勾践别有用心献给吴王的"重礼"，今朝抓获时神色茫然、眼中有恨的吴国女俘，沉江应该是其最合理的一种结局了。

两千多年后的清代，出现了一位大文豪曹雪芹，他在《红楼梦》中，以一个通晓事实的智者，以林黛玉的身份对西施这位千古佳丽的一生，发了这样的感慨：

一代倾城逐浪花，吴宫空自忆儿家。

效颦莫笑东村女，头白溪头尚浣纱。

五

说到夫差与勾践，还有一个佞臣也不能不在这里提及一下。

这位佞臣，就是吴国的太宰伯嚭。

伯嚭是楚国大夫伯州犁的孙子，楚平王听信佞臣费无忌之言，杀害了伯州犁父子，伯嚭逃命来到吴国，被伍子胥推荐给了吴王阖闾。

当初，伍子胥有一个至交的朋友被离，他很善于相面观人。

他问伍子胥，"为什么你一见面就信任伯嚭？"

"因为我的怨恨与伯嚭相同。"伍子胥回答。

被离提醒他："你所说的只是着眼于外部的因素，你是否还有根据其内在的思想来判断是非呢？我观察伯嚭德性，他像老鹰似地看人，像老虎般地走路，完全是一副一心追求功利而任凭己意杀人的本性，不可以和他亲近啊！"

伍子胥不以为然，继续让吴王重用伯嚭。

阖闾死后，伯嚭看到夫差好大喜功，贪婪好色，便日夜揣摩着夫差的心思，竭力阿谀奉承，很得夫差的欢心，因而成为了能够左右夫差主张的佞臣，在很多关系到吴国生死存亡的大事上，夫差对伯嚭始终言听计从。

《吴越春秋·夫差内传》中说："子胥忠而不用，太宰嚭佞而专政。"

当初，吴国打败越王勾践，越国处在生死存亡之际，越国大夫文种就根据"吴有太宰伯嚭者，其人贪财好色，忌功嫉能，与子胥同朝，而志趣不合。吴王畏事子胥，而昵于嚭"的分析，用美女财宝重贿伯嚭，让他劝说吴王夫差同意越国的议和，因而使吴国错过了灭越的最佳时机。

吴越议和后，根据议和条件，勾践入吴为奴，也是因为太宰嚭多次向夫差进言，使夫差最终动了妇人之心，让越王勾践三年即被释归国。

伯嚭怂恿夫差犯了放虎归山之罪。

越王勾践与群臣搜集了国内330名妙龄美女，用300人送夫差，30人送伯嚭，夫差将国家大政交付给伯嚭，自己日夜欢宴淫乐。伯嚭观察到夫差急于争做霸主的心思，就又怂恿夫差北上中原伐齐讨鲁。佞臣终归是佞臣，他们眼中看到的只是眼前的利益与荣华富贵。太宰嚭的卑劣行径，当然遭到了伍子胥为首的忠直大臣的激烈抵抗。伯嚭为了保全自己的富贵利益，就劝说夫差杀害了伍子胥。

司马迁在《史记·伍子胥列传》中说：

吴太宰嚭既与子胥有隙，因谗曰："子胥为人刚暴，少恩，猜贼，其怨望恐为深祸也。前日王欲伐齐，子胥以为不可，王卒伐之而有大功。子胥耻其计谋不用，乃反怨望。而今王又复伐齐，子胥专愎强谏，沮毁用事，徒幸吴之败以自胜其计谋耳。今王自行，悉国中武力以伐齐，而子胥谏不用，因辍谢，佯病不行。王不可不备，此起祸不难。且嚭使人微伺之，其使于齐也，乃属其子于齐之鲍氏。夫为人臣，今不见用，常鞅鞅怨望。愿望早图之。"吴王曰："微子之言，吾亦疑之。"乃使使赐伍子胥属镂之剑，曰："子以此死。"伍子胥仰天叹曰："嗟乎！谗臣嚭为乱矣，王乃反诛我。我令若父霸。自若未立时，诸公子争立，我以死争之于先王，几不得立。若既得立，欲分吴国予我，我顾不敢望也。然今若听谀臣言以杀长者。"

看来，伍子胥之被夫差所杀，太宰嚭的谗言是起了很大作用的。

伍子胥之死，是吴国走向灭亡的开始。

目光短浅的伯嚭没有认识到，没有了伍子胥，吴国就会保不住。皮之不存，毛将焉附？吴国的灭亡之日，岂不就是他太宰嚭的荣华富贵享尽之时。

吴王夫差，内有西施伴他夜夜销魂，外有伯嚭图其所好。他舍近求远，进兵中原，连年穷兵黩武，使吴国民生凋敝，国家空虚，他们的好日子，已经快要到头了。

《左传·哀公元年》有这样一个故事：

吴国军队驻在陈国，楚大夫皆惧，说："吴王阖闾善于动员吴国军民作战，所以在柏举战役中打败了我国。现在听说他的继承人夫差更是厉害。我们对他可怎么办？"子西说："从前阖闾食不二味，居不重席，室不崇坛，器不彤镂，宫室不观，舟车不饰，衣服财用，从不奢侈。勤恤其民而与之劳逸，是以战无不胜。现在听说夫差有台榭陂池之乐，每夜必让美女伴宿，一日之行，所欲必成，视民如仇，这样做只会让自己先败而已，怎么能战败我国呢？"

楚国子西将阖闾与夫差比较后得出结论：夫差表面上气势汹汹，实质上根本没法与阖闾相比。阖闾关心民众的利益要求，而夫差却只关心自己的纵欲享乐与好大喜功。夫差把吴国人民当作仇敌，驱使人民去作战方兴未已，这样做的结果，只能加速自己的灭亡

看来，子西看问题是看到了点子上。

与吴王夫差正好相反，越王勾践从吴返越后，远离声色犬马，积极与民休息，小心翼翼，出入不敢奢侈与放纵自己。

根据《吴越春秋·勾践归国外传》中的记载，越王想报吴国之仇已不是一朝一夕的事了。他内修其德，外布其道，夜以继日地工作。"冬常抱冰，夏还握火。愁心苦志，悬胆于户，出入尝之不绝于口。中夜潜泣，泣而复啸。"

常言道，事物是发展变化的。吴国经夫差诛谏臣，用佞臣，不恤民力，数年来已经国力大减；越国虽小而且在吴越战争中损失惨重，但经越国君臣民上下一心的共同努力，国力却在一天天强大起来。两国实力相较已经发生了实质性的变化。然而，吴王夫差却没有认识到这种形势的变化，他还抱着自大无敌的姿态，不把越国放在眼里。他一意孤行，北上多次用兵，为了一个空头的霸主头衔而把自己国家搞得国穷民疲，人心涣散。夫差不知道，他自己与伯嚭，已经为自己掘好了灭亡的坟墓。

六

当吴王夫差决意北上争霸的时候，太子友用"螳螂在前，黄雀在后"的故事，含蓄委婉地去劝说夫差不要北上，但夫差一意孤行，没听从太子的劝告。

公元前482年，夫差在黄池（今河南省封丘县南）与诸侯会盟，争得了盟主之位。

黄池之会是夫差霸业的顶峰。

然而，这个"顶峰"却处在阴霾密布的气氛当中。

越王勾践这只"黄雀"，果然乘吴王夫差倾全力北上"捕蝉"之机，兵分两路，攻入吴国的都城，俘杀了吴国的太子友，焚烧了姑胥台，吴国败落的国势顿然暴露于众诸侯的面前。

夫差本打算再好好地摆一摆他的霸主的威风，但自家后院被劫，不容他久在中原鏖兵，当他以疲惫之师快速返归后，已经没有力气再像20多年前那样，拿出勇气与越王决一雌雄了，他只好携带重礼向越求和，勾践自度不能马上灭吴，遂暂时答应了吴王媾和的请求。

公元前475年，越王勾践在充分准备的情况下，再次讨伐吴国，在围攻3年后，终于攻进吴国都城，夫差等数人逃往姑苏台上，派遣使者向勾践卑辞求和。

越王勾践一口回绝。他仰天大笑：

昔天以越赐吴，吴不肯受，是天所反。勾践敬天而功，既得返国。今上天报越之功，敬而受之，不敢忘也。

夫差无奈，愧恨交加。"我活着也惭愧，死了也惭愧啊。假如死人有知觉的话，我没有脸在地下去见先君，也没有颜面去见忠臣伍子胥及公孙圣啊！假如死人没有知觉的话，我也对不起自己这一生啊。我死了，你们一定要用丝带来罩住我的眼睛，使活着的人不显现在我的眼前，死了的人也不能见到我的形状。我还能怎么样呢？"

夫差自缢身亡以后，勾践把他埋葬在太湖岸边，令越军士卒每人一抔土为其堆坟，以表示对这位风云人物的哀悼。

越王灭吴，诛太宰嚭。

勾践灭吴，时已近战国之世。

夫差"犹存仁义"，破越而不灭其社稷，这是为春秋唱赞歌的季世霸主。

勾践则毫不留情，"宜将胜勇追穷寇"，必置夫差于死地而后快，在他的身上明显地打上了战国时期不容异己者并存的兼并色彩，他是开创战国风气的雄主。

吞并吴国以后，越国的势力大增。勾践一面派出使臣分别向周王和齐晋两大国报捷，并向周王致送贡物；一面挥师北上，积极参加与中原各国的事务。他率师渡过淮河，到徐州召开诸侯盟会，齐、晋、宋、鲁等国诸侯都赶往参加。周元王姬仁派使臣送给勾践一块祭肉，策命他为伯。于是，勾践遂成为春秋最后一位霸主。此后，勾践迁都琅邪（山东诸城县），拓地至山东，将疆域拓展与邾鲁齐为邻。他为了显示霸主的雄姿气度，将淮上地区划归楚，将吴所侵的宋地归还于宋，将泗水东边、方圆百里赠送鲁国。

《史记·越王勾践世家》中说：

> 当是时，越兵横行于江、淮、东，诸侯毕贺，号称霸王。

至此，勾践声势与威望远远超过了吴王夫差。

七

对于越王勾践而言，他虽然创造下了卧薪尝胆、复兴越国这样的千古事迹与卓著业绩，但从一个霸主的角度而言，他的气量还是狭小了一些。他缺乏齐桓公、晋文公那样的恢宏大度，他对驾驭能臣没有绝对自信心，也没有打算与他的旧臣共打天下，同享太平。

《越绝书·越绝外传枕中》说：

> 越王既已胜吴三日，反邦未至，息，自雄，问大夫种曰："夫圣人之术，何以加于此乎？"

这则史料说明，越王刚刚战胜吴国的第三天，还没有来得及返回到自己的国家，正在半路休息时，他就自傲自大起来了。

他问身边的大臣文种："圣人治理天下的本领，还有什么可以超过我的？"

文种听了，神情严肃地回答说："不应当这样讲，大王您器重、采纳了范蠡的计策，所以天地的符端应验在我们越国，以此来收藏圣人之心。不过，范蠡有很多的主意，还并没有给大王您全部贡献出来呢？"

勾践闻言，愀然变色，一下子就惶恐不安起来。

他这是对范蠡不放心。

对于范蠡的能力，多年来，勾践是深有感触的。这样的人还有很多奇思妙计没有施展出来，那么，他待在自己身边，万一有朝一日像别国大夫那样作起乱来，自己还能保得住命吗？

实际上，这是越王勾践早就抑郁在胸的一块心病。

据《吴越春秋·勾践伐吴外传》中记载：

在返回越国的路上，勾践向范蠡征询称王称霸的意见。范蠡劝告越王，不可称王称霸。

范蠡像往常那样说道："昔吴之称王，僭天子之号，天变于上，日为阴蚀。今君遂僭号不归，恐天变复见。"

但范蠡这次直言的结果却异于往常，"越王不听"。

勾践怎么会听呢？吴国是春秋末年的一个诸侯大国，它的国主曾经破楚败越，会盟诸侯，坐上了春秋霸主的宝座，但就是这样不可一世的国家，最终还不是灭亡在了自己的手中？

在此时此刻，勾践称王称霸的欲念早已填满心壑，他怎么还能像往日在困厄中那样，对范蠡言听计从呢？

当时的情形是，勾践不但听不进范蠡的意见，恐怕已经开始对这位多次让他在危难中化险为夷的功臣起了杀心。

聪明的范蠡，从勾践胜利后的异常举动中已经明白了一切。他想起了杀死夫差后，群臣在吴国文台上大摆庆功宴时的情景。

那日，越国群臣兴高采烈，但越王却"面无喜色"。范蠡知道，这是因为勾践已经谋成国定，开始对功臣起了杀心的缘故。

前后想清楚以后，对于越王勾践为人了然于胸的范蠡，知道自己到了该隐退的时候了。

他担心老友文种，先去告诉他："你该走啦！越王一定会杀害你的。"

但是，文种不信。

于是，在越军灭吴后返归途经太湖时，范蠡便向勾践辞别。

"请君王您好自为之，臣就不返越了。"

"你这是什么意思？"勾践装聋作哑。

"今日越国已雪会稽之耻，该是臣辞别大王的时候了。"范蠡寻找借口回答说。

"你一定要听我的话，回到越国后，我将与你分国共之。不然的话，我不仅要杀掉你，而且还要诛戮你的妻儿老小！"勾践假情假意道。

"臣知道大王的美意了。但自古以来，君可专制，臣也能选择个人的志向。"

范蠡没有听从勾践的拦阻，他知道，这一切都是必要的演技。

在一个苍茫大雾的夜晚，范蠡与几个亲信随从扁舟于五湖，从此不知去向。

对于范蠡的不辞而别，勾践心里是高兴的。对于这样一位举足轻重的功臣，封又不想封，杀又杀不得，不辞而别，对于双方来说，没有比这更佳的解决办法了。

勾践决定将"装"进行到底。

据《国语·越语》记载，回国后，勾践命令工匠铸造了范蠡的铜像，让越国大夫和朝臣每隔十日向范蠡铜像朝拜一次。为了表示对范蠡的敬重，他还把环绕会稽三百里的土地划为范蠡的封地，并且立下誓言："后世子孙，有敢侵蠡之地者，使无终没于越国，皇天后土、四乡地主正之。"

实际上，这正是勾践玩弄政治手段成熟的一个标志。一尊偶像是不会对勾践构成任何威胁的，相反，勾践正是通过这种沽名钓誉的手段，一方面提醒他的功臣们不要争赏，该赏时我会赏的；另一方面，也有让越国臣民们以范蠡的淡泊行为为师范的意思。

对于没有离越而去却又重权在握的相国文种，勾践就是另一种态度了。

范蠡走后，仍然担心着挚友文种的安危。他曾派人送信给文种，劝他早做打算。信中说：

> 天有四时，春生冬伐；人有盛衰，泰终必否。知进退存亡而不失其正，惟贤人乎！蠡虽不才，明知进退。高鸟已散，良弓将藏；狡兔已尽，良犬就烹。夫越王为人，长颈鸟喙，鹰视狼步，可与共患难，而不可共处乐；可与履危，不可与安。子若不去，将害于子。

但文种为功名富贵所吸引，见信后，将信将疑，没有立即像范蠡那样果断地离开越国，而是称病不朝以试探越王。

于是，便有人揣摩着勾践的心事，诬陷文种欲造反作乱。勾践就派人对文种说："你过去教寡人伐吴七策，我用三策就灭掉了吴国，还有四策在你那里。请你到越国先王那里去试用这四策吧！"

到了这个时候，文种才感慨万千，他悔不听范蠡劝言，最终落得个伏剑自尽的下场。

事实上，多疑的越王勾践，在灭吴之后，如担心范蠡一样，也一直担心着文种作乱。

当时，鲁哀公正因鲁国大夫专权而逃到越国搬兵相救。这个事实，也许加重了越王对文种的担心。

这样说来，有人告密文种谋反，极有可能是勾践为除掉文种这个心腹大患而有意布下的一个局。

从文种献伐吴七策，到帮助勾践完成霸业的情况看，他的才能不在范蠡之下，但由于他对越王勾践寄托着自己的幻想，还舍不得已经到手的荣华富贵，在关键时刻，优柔寡断，不能及早地急流勇退，才导致了自己人生的悲剧结局。

勾践在位 32 年，于公元前 465 年去世。这时，距韩、赵、魏三家分晋，战国时期开始，仅有十多年的时间了。

相传，公元前 470 年的冬天，勾践卧病不起。去世前，他对太子交代说："我自大禹之后，秉承无常之德，蒙天灵之佑，神祇之福，以一个贫穷的越国之地，结交与凭借了楚国这个锋锐，摧毁了强大吴国的军事力量，跨过了长江，渡过了淮河，在晋国、齐国的土地上横冲直撞，功德巍巍。自从达到了这个地步，难道可以不警戒吗？霸者之后，难以久立，你一定要谨慎小心啊！"

从这个临终的告诫来看，勾践既为自己取得的吞吴、称霸的辉煌事业而意得志满，也为他的后世能否将他的事业发挥广大而充满了忧虑。

勾践吞吴，夫差遭诛，标志着一个以"兴灭继绝"为主导观念的春秋时代的结束，也显示着一个以兼并统一为主导观念的新时代——战国时代的到来。

春秋霸主们在前台纷纷谢幕告别，战国雄主们正在台后匆忙点妆。一个新时代马上就要拉开帷幕，新的主角们马上就要粉墨登场了。

管仲与鲍叔牙

  管仲说："我当初贫困的时候，曾经和鲍叔一起经商，分财利时自己常常多拿一些，但鲍叔并不认为我贪财，知道我是由于生活贫困的缘故。我曾经为鲍叔办事，结果使他更加穷困，但鲍叔并不认为我愚笨，知道这是由于时机有利与不利。我曾经三次做官，三次都被君主免职，但鲍叔并不认为我没有才干，知道我是由于没有遇到好的时机。我曾三次作战，三次都战败逃跑，但鲍叔并不认为我胆小，知道这是由于我家中还有老母的缘故。公子纠失败，召忽为他而死，我被囚禁起来遭受屈辱而不死，但鲍叔并不认为我不知羞耻，知道我是不拘泥于小节，而以功名不显扬于天下为羞耻。生我者父母，知我者鲍叔啊！"

管仲和鲍叔牙都是春秋时期的齐国人。

历史上，管仲的作为或许比鲍叔牙显著一点。但是，在识人、容人、交人与交友方面，鲍叔牙则要明显高出管仲一筹。

北宋苏洵说过："功业的完成，不是成功于完成之日，必然由一定的因素而引起；祸乱的发生，不是发作于作乱之时，也必有其根源而预兆。因此，齐国的安定强盛，我不说是由于管仲，而说是由于鲍叔。至于齐国的祸乱，我不说是由于竖刁、易牙、开方，而说是由于管仲。"

这是苏洵在《管仲论》中对管鲍的评价与定性。

管仲，名夷吾，颍上人。他年轻时曾与鲍叔牙交游，在交往的过程中，鲍叔牙渐渐了解到管仲是一个富有志向和才华的人。管仲出身贫贱，生活困苦，常常占鲍叔牙的便宜，但鲍叔牙始终宽宏大量，不以为怀，没有怨言。后来，鲍叔牙追随齐国的公子小白，管仲追随公子纠。等到小白立为齐桓公，公子纠被桓公杀死，鲍叔牙就向齐桓公推荐了管仲。管仲被齐桓公任命为齐国国相后，辅佐齐桓公执掌齐国的政事，齐国的霸业因此得以迅速的成功。

鲍叔牙推荐管仲辅佐齐桓公之后，甘愿身居管仲之下。鲍叔的子孙世代都在齐国享受俸禄，十几代人都得到了封地，往往都成为有名的大夫。所以天下人不称赞管仲的贤能，却称颂鲍叔牙能够识别人才。

管仲在齐国执政任相，使地处海滨的小小齐国流通货物，积聚财帛，富国强兵，办事能够与百姓同好恶。所以他说："仓库充实了，人才知道礼仪节操；衣食富足了，人才懂得荣誉和耻辱。君主如能带头遵守法度，那么，父母兄弟妻子之间便会亲密无间。礼义廉耻得不到伸张，国家就要灭亡。国家颁布的政令像流水的源泉一样畅通无阻，是因为它能顺应民心。"管仲治国，因为方法浅显，实践性强，齐国很快就富强了起来。

管仲为政，善于转祸为福，把失败变为成功。他重视控制物价，谨慎地处理好财政税收。

齐桓公由于怨恨少姬，南下袭击蔡国，管仲就借这个机会，联合中原诸侯，责备楚国不向周天子进贡包茅。齐桓公实际上是北伐山戎，但管仲却借这个机会，命令燕国恢复召公的政令。齐桓公在柯地与鲁国会盟，后来又想违背同曹沫订的盟约，但管仲借助这个盟约使齐桓公在诸侯国间建立了信义，因此诸侯都来归附齐国。

司马迁在总结管仲治国的业绩时，认为齐桓公之所以能够"九合诸侯，一匡天下"，其法宝就在于"懂得给予就是索取的道理，这是治理国政的不二法宝"。

管仲的财富足以和公室相比，他有三归高台，又有反坫，妻妾成群，但齐国人并不认为他奢侈。管仲死后，齐国仍然遵循他制定的政令法规，因此齐国常比各国诸侯都要强大一些。

世有伯乐，然后有千里马，但千里马常有，而伯乐不常有。有鲍叔牙，然后所以有管仲；有管仲，所以才有齐桓公的春秋第一霸。

管仲临终前，齐桓公问管仲，鲍叔牙可以不可以接替他的相位，管仲说不行。他认为鲍叔牙性格太过耿直，善恶太过分明，不能包容坏的一面。如果把政权交给他，既害了齐桓公，又害了他自己。鲍叔牙知道这件事后，不但没有因为管仲不推荐自己接替相位而不满，相反很是高兴，因为他知道，只有管仲最了解他，也最替他着想。

朋友相交，贵在知心。

管鲍之交成就了中国历史上的一段千古佳话。

今日在中国，人们常常用"管鲍之交"，来形容自己与好朋友之间亲密无间、彼此信任的关系。

关于管鲍之交，唐朝大诗人杜甫曾有《贫交行》一首：

> 翻手为云覆手雨，
> 纷纷轻薄何须数。
> 君不见管鲍贫时交，
> 此道今人弃如土。

今人也有诗为证：

> 谁人能解管仲心，
>
> 兵败贪财有知音，
>
> 不计得失唯社稷，
>
> 两情相照为国门。

看来，管鲍之交，足以为后世人鉴。

赵盾小议

　　最近，年末贺岁大片《赵氏孤儿》在全国各地影院开播，引来一阵轰动。人们为赵氏家族惨遭灭门之祸而感到叹息，为屠岸贾残杀忠良之后的行为而愤愤不平。但是，很多人都不知道，赵氏家族的灭门之祸，表面上看，是屠岸贾所为，但追根溯源，祸根却是出在赵盾的"不忠"与"不才"。表面上看，赵盾是一个既才又忠的人，实际上，他所充当的，正是一个既不才又不忠的平庸、狭隘、自私的形象。对于晋国的衰亡与赵氏家族的灭顶之祸，他应当承担主要的责任。

　　赵盾，谥为宣孟，春秋时期晋国人。其父赵衰，曾随公子重耳在外流浪十九年，重耳回国即位后，他又辅佐晋文公成为春秋时期的一代霸主。

　　据《史记·晋世家》中的记载，晋襄公六年，赵盾代其父赵衰执政，至晋成公五年左右赵盾死，前后共历襄公、灵公、成公三君，执掌晋国朝政达二十一年之久。在这期间，赵盾曾对内，制定章程，修正法令，清理诉讼，督察逃犯，使用契约，刷新政治，恢复等级秩序，重加废弃的官职，拔擢基层的良吏；对外，统帅晋军在令狐打败秦军，在扈会盟诸侯，继续了晋文公、晋襄公的霸业，并为以后晋国久霸诸侯奠定了良好的基础。由此可见，赵盾似乎不但是春秋时期一位颇有才干的政治家，还是一位体现了中国士大夫阶层最为传统也最为重要的美德——"忠"的典范。

事实果真如此吗？

我们不妨通过对《左传》中有关赵盾的描写分析，来展现赵盾这一神秘复杂的形象，或者说发掘史料中赵盾的真实内涵。

治理国家最重要的品质是德才兼备，赵盾的德能勤绩决定了历史对作为晋国执政的他的整体评价。

《左传》中最早出现赵盾的名字是在僖公二十三年和僖公二十四年，在这两年传文的叙述中大致交代了赵盾早年的情况：赵盾是赵衰早年追随公子重耳流亡在狄地时，与狄人部落一个女子生的孩子。重耳回国即位后，又以其女（赵姬）妻赵衰，赵姬又为赵衰生原同、屏括、楼婴三子，为此，赵衰有些"得宠而忘旧"，赵姬却执意要赵衰把发妻和赵盾从狄地迎取回来，并"以盾为才，固请于公，以为嫡子，而使其三子下之"。在这里，赵盾的"才"得到了最初步的表露和称赞，似乎已经为赵盾的整个形象奠定了一个基调。但是，我们要特别注意的是，左丘明在这里写的主要不是赵盾的德才，而是力图描绘赵姬的贤良。让赵衰为嫡子，与其说是对赵盾才能的肯定，不如说是赵姬贤良形象的一个重要体现。因为，按照当时的宗法制度，不管赵衰的发妻是否贤德，因其先于赵姬嫁给赵衰，赵姬便要"下之"，也必须"下之才合乎礼节"。同样的道理，不论赵盾是否有德有才，因为赵盾是赵衰的长子，以赵姬的贤良也就势必要立赵盾为嫡子。而赵盾之"德"、之"才"，便只是赵姬立其为嫡子的一个托词而已。

如果说到这里，左丘明的叙述还比较隐晦，分析起来不免让人有将信将疑之感，那在这以后的叙述中，他就开始通过一系列事件使这种隐性的意思表达得渐趋明显。

　　鲁文公六年，赵盾成为中军统帅，并开始执掌国政，这是赵盾显赫政治生涯的开始。赵盾所以能由中军佐取代原来的中军统帅狐射姑执掌国政，原来是由于太傅阳处父的举荐之功。原来，鲁文公六年的春天，晋国在夷地阅兵，撤销两个军。晋襄公已经让狐射姑任中军统帅，以赵盾辅之。阳处父原是赵衰的下属，所以偏向赵盾。他认为赵盾有才，就特意前来谏国君让赵盾取代狐射姑任中军统帅，这是赵盾掌握军国国家权力的开始。由此可见，赵盾之"能"，实际上是阳处父为报答赵衰的知遇之恩、企图结党营私的代名词。如果说，这一史料还不能说明赵盾无能的话，那么，《左传·文公八年》中的一件事情便可以完全说明清楚这一点。原来，晋襄公本来想提升箕郑父、先都，而让士穀、梁益耳统帅中军，先克进言："狐、赵之勋，不可废也。"可见，在阳处父、先克二人的帮助下，赵盾才保住了中军统帅这个重要的位置。纵观以上两件事情，应该可以看出，晋襄公一开始并没有看好赵盾的才干。赵盾所以能够坐上、坐稳中军统帅的宝座，原来凭的是其父亲赵衰功劳的余荫及其党徒的援引，与他是否具备执政的才具，实际上并没有多少关系。

　　但至此，这还只是《左传》作者对赵盾才能稍有微词而已。赵盾的德能才具到底如何，从赵盾执政后所做的一系列糊涂事情中完全可以找到蛛丝马迹。

　　首先，在立晋国新君这一问题上，赵盾暴露出了他的庸劣的才具和反复无常的性格。

　　公元前 621 年，晋襄公立其子夷皋为太子。

　　这年八月，晋襄公病逝。临终时，他托孤赵盾等大臣："寡人承父业，破狄伐秦，未尝挫锐气于外国。今不幸命之不长，将与诸卿长别。太子夷皋年幼，卿等宜尽心辅佐，和好邻国，不失盟主之业可也。"可是，晋襄公尸骨未寒，赵盾便违背晋襄公的遗命，以国家多难，秦、狄为仇，不可以立幼主为由，拒绝群臣的"夫人、太子在，而欲迎君于他国，恐事之不成，将有他变"的明智意见，固执地要迎取公子雍回国为君。在已经派出使者到秦报丧，并且迎立公子雍后，赵盾又因为穆嬴"日抱大子以啼于朝"并指责他违背晋襄公遗言之故，便又会集群臣，改立太子夷皋即位。赵盾这种先违背先君遗命，后屈服于妇人淫威的做法，不仅是他日后并不能得到新君的谅解，而且还得罪了西邻大国秦国。这种反复无常，不从晋国国家长远利益考虑的性格与眼光，只能说明赵盾是一个懦弱与平庸的人，并不是什么器堪大用之辈。

其次，在晋国君位交替，内乱不断、局势动荡多变的情况下，赵盾并未显示出什么特殊的应变才具，相反，倒显露出了他嫉贤妒能、心胸狭窄的本性。

赵盾执政后，阳处父、狐鞫、狐射姑、先蔑、先克、士会、箕郑父、先都、土榖、梁益耳、蒯得等晋襄公时的大臣或死或逃。这其中，既有阳处父这样举足轻重的人物，又有狐射姑、士会这样的才俊之士，尤有讽刺意味的是阳处父和先克都是赵盾的举荐恩人，赵盾都无法保全，遑论他哉！朝中稍具竞争力量的大臣，赵盾都不能以国家利益为重加以相容，或杀或驱赶出国，从中可见他并不是一个忠臣英雄之辈。

尤其具有讽刺意味的是，在狐射姑派狐鞫刺杀阳处父，事情败露后，狐射姑逃到了狄地。阳处父是晋国的栋梁，又和赵氏家族相善并且对赵盾有举荐之恩，于公于私，赵盾都可以把狐射姑的一家老小杀掉，为阳处父报仇才对。可是，对于这种正大光明可以为自己脸上贴金的做法，赵盾却熟视无睹，他非但没有杀狐射姑的家小，还派人把狐射姑的家人给身处狄地的狐射姑送去。这样的做法，表面上是想让人对他谋国之忠及其气量之大发出由衷的钦佩。但微妙的是赵盾派的恰是和狐射姑有仇的臾骈。倒是臾骈不以私害公，将狐射姑家人安全送达狄地。

按道理来说，赵盾没有一定要把狐射姑家小送去的必要，事情做得太过了，反倒让人起疑。而赵盾也不会不知道臾骈与狐射姑有仇，可他派的不是别人，恰是臾骈。可见，赵盾玩的正是借刀杀人之计。据《左传·文公十二年》中记载："赵氏新出其属曰臾骈。"这说明，臾骈是赵盾的手下，"欲尽杀贾氏（狐射姑）以报焉"出自赵盾的授意当无可疑，而这报仇也就有了明是替臾骈雪恨，暗里是替赵盾为阳处父报仇的一石二鸟之意。如这样看，臾骈不乘机落井下石，杀死狐射姑一家的理由就更值得玩味了。从这件事情中可以看出，臾骈也是一个富有头脑的了不起的人。

再次，对当政者来说，为国尽忠最重要的莫过于避亲属、进贤才、远小人。

乍看来赵盾在这方面做得也不错。

可是，认真考据史料就会发现，赵盾的所作所为正好相反。

在晋秦河曲之战中，臾骈已经由赵盾的家臣提拔做了晋上军佐之职，并在战前提出了"深沟高垒，固守勿战"、避其锐气，击其惰归的正确的战略战术方针，为赵盾所采纳。但同时军中还有一人，他就是赵穿。赵穿是赵盾的从弟，晋君之婿，有宠而弱，不谙军事，好勇而狂，对于臾骈的军中副帅的位置觊觎尤甚。在战斗的关键时刻，他不满臾骈坚守不出的正确战法，私自出去迎战。而在究竟是应以国家利益为重而坚守营盘，还是以个人私情为重出外救迎赵穿的关键时刻，为了营救赵穿，赵盾选择了后者。当臾骈判断秦军准备退兵要求进军时，赵穿又挡住军门不让军队出去，身为主帅的赵盾竟听之任之，以致贻误军情，错失了打败敌人的大好机会。在此事中，臾骈富有谋略，堪称将才，而赵穿确如士会所说"不在军事，好勇而狂"，如果赵盾德才兼备、以忠报国，就应当授臾骈以大任而绌赵穿于无用。可事实是，赵穿并没有因为贻误军国大事而被问罪，赵盾只是把当时与赵穿一同拒不用命的大夫胥甲父放逐了事。非但如此，其后，赵穿屡获重用；相反，臾骈自此战之后就在晋国的政坛上销声匿迹了。由此可见赵盾亲小人远贤臣之一斑。

最后，在处理君臣关系问题上的不智，最终导致了赵盾弑君。

纵观历史经验，才能并非做忠臣的必要条件，如果赵盾忠心耿耿，便是才能稍逊却也无大妨。但细细勘察春秋末期晋国的历史，事实又非如此，表面上光华照人的赵盾形象的背后实际上隐藏着更大的暗影。

晋灵公夷皋为赵盾所立，本应该与赵盾和衷共济。但由于赵盾违背先主遗命在先，在立嗣问题上犹疑不决在后，只是在晋襄公夫人穆嬴的一再坚持下最后才立了夷皋，因此，晋灵公即位后并不领情，相反，倒对赵盾更加警戒。晋灵公即位后，赵盾又打着"主少国疑"的旗号，拒绝穆嬴、少主的忠告，排斥、擅杀异己大臣，造成晋国朝堂之上老臣凋谢，能臣虚位的局面。面对赵盾专国的局面，没有羽翼的晋灵公只能以酒色消遣，作为全身之计。但是，就是对这种枝强干弱的局面，赵盾依然表现得不依不饶，飞扬跋扈到不断对晋灵公疾言厉色。君臣矛盾激化的结果，就是双方均起了杀心。双方博弈的结局，是拥有军权的赵盾授意赵穿在桃园用兵变的方式杀害了年轻的晋灵公。此后，赵盾又挟专制之威，令赵穿到东周迎立公子黑臀回国即位，是为晋成公。由此看来，给赵盾冠以忠臣之名，实在有失春秋史笔。

需要注意的是，在春秋时朝，卿大夫既要对自己的国家负责，也要对自己的家族负责，这在某种程度上也可以说是一种"忠"的表现。成公即位后，赵盾迫使他把原来属于国君一族才能有的公族授予了卿族，请其弟赵括为公族大夫，终于使得赵氏家族日益在晋国强盛起来，势力之大压过了晋国其他强宗大族，直逼统治晋国的国君的姬氏家族。从这点上看，赵盾无愧于自己的家族，但对于晋国而言，称之为忠臣则万万不可。以权谋私者还要为自己立忠贞牌坊，天下事还有道理乎？

老子说过："物壮则老，不道早已。"

事情的发展也是赵盾始料不及的，由于赵氏一族大盛，引起了晋国国君的深深戒备，引起了其他家族的嫉妒和仇视，在赵盾死后十八年、"晋讨赵同、赵括"，并族灭之。赵盾替赵氏家族的苦心经营并没有换来家族的兴盛；反之，差一点使其彻底覆灭，这又可算是对赵盾忠心的绝妙反讽。可以说，赵氏家族几乎遭受灭门之祸，究其源头，其肇祸者正是赵盾其人。

综上所述，我们终于可以看清赵盾的真实形象了。表面上看，他是一个既才又忠的人，实际上，他所充当的，正是一个既不才又不忠的平庸、狭隘、自私的形象。对于晋国的衰亡与赵氏家族的灭顶之祸，他应当负起主要的责任。我们只有遵循认识运动的总规律，由此及彼、由表及里地对春秋晋国的历史进行仔细的阅读，找到事与事之间的潜在联系，才能拨开文本历史的重重的迷雾，还赵盾形象以本来的面目，从而使我们对历史一些问题的认识，从模糊到清晰，升华到一个更高的层面。

大哉晏子

　　晏子的座右铭是:"独立不惭于影,独寝不惭于魂。"他的一生,完全是按这个座右铭行事的。他以其特有的美德善行和人格魅力,获得了当时乃至后世人们的敬仰与爱戴。一部《晏子春秋》,永远将他的光辉的身影留在了人间。同时代的孔子、墨子对他都极尊崇。孔子称他:"救民之生而不夸,行补三君而不有,虽事惰君,能使垂衣裳朝诸侯。"墨子称他:"为人者重,自为者轻,先民而后身,薄身而厚民。"司马迁也极尊敬晏子,他说:"假令晏子而在,余虽为之执鞭,所忻慕焉。"《晏子春秋》一书更是对他推崇备至,认为"晏子相景公,其论人也,见贤而进之,不同君所欲;见不善而废之,不辟君所爱;行己而无私,直言而无讳。"晏子立朝,诸侯畏惧他的威名,高、国服从他的治理,燕、鲁两国向齐国纳贡,其他的小国不时来朝。

晏子名婴,字平仲,东莱(今山东高密县)人,是春秋时期著名的政治家、外交家。

春秋时期，诸侯并起，风云变幻，非明主不足以立国，非能臣不能立世。晏子头脑机敏，能言善辩，挥洒自如，勇义笃礼。他内辅国政，屡谏齐王，竭心尽力拯救内忧外患的齐国；在对外斗争中，他既富有灵活性，又坚持原则性，出使不受辱，捍卫了齐国的国格和国威。

晏子的父亲晏桓子，是齐顷公、齐灵公时的著名大夫，从《左传》的记载来看，他颇受齐国国君重视，常常受命参与国家的外交盟会活动，是一个十分忠于国君的人物。

晏子曾是齐国灵公、庄公、景公时期的三朝元老。

齐灵公二十六年（公元前556年），晏桓子去世。已经居大夫之职的晏婴，身穿粗布丧服、腰系麻带，脚着草鞋，极尽孝子之礼，表明了他的孝顺厚重。这是晏子在《左传》一书中的第一次露面。自此而后，《左传》陆续记叙了他在春秋时期齐国历史舞台上长达四十年之久的政治活动与生平事迹。

春秋晚期，晏子与郑子产、晋叔向齐名，都是当时著名的政治活动家。但晏子的处境却与子产、叔向有着很大的不同。一是他是齐大夫晏桓子之子，出身并非显族；二是齐国当时贵族势力强大、公室衰微不振。处在这种局面下的晏子，既不能像了产那样，执掌一国的内政外交大权，像子产那样去实行大刀阔斧的改革图强；也不能像晋叔向那样因循守旧、反对新生事物和新的变革。他只能在齐国历史给予他的有限的现实空间中，充分运用自己的聪明才智，去为他的国家尽一份力，操一份心。

齐庄公时，晏子开始受到重用。但是后来，晏子看透了齐庄公那种"强而无礼，好勇而恶贤，祸必及其身"的危险处境，就辞了职，退还了封邑。他叹息："哀吾君不免于难。"果然不久，齐庄公就被权臣崔杼所杀。

晏子听到齐庄公的凶讯，立刻来到崔杼的门口。崔杼问他为什么还不去死？晏子道："祸始吾不在，祸终吾不知也，吾何为死？"遂把庄公的尸体放在自己的腿上放声大哭。一般人都以为崔杼一定会杀他，崔杼却说道：

"民之望也，舍之得民。"不过崔杼还是要人服从，不服从的就当场杀死。连续杀了七人之后，又威胁晏子。晏子神色不变，终未屈服。后来史家称他："不可以胁以邪，白刃虽交胸，终不受崔杼之劫。"

齐景公即位，开始也只让晏子去治理东阿一地，三年来说他坏话的人很多，齐景公要罢他的官。晏子请让他再治东阿三年，齐景公同意了，结果赞誉交至。齐景公要赏赐他，他拒不受。齐景公问他为什么？他说治东阿的前三年，他认真治理了，得罪了不少人，所以他们来告状；后三年他放松了，说坏话的就少了。当初应当赏赐而没赏赐，如今应当受处罚反而要赏赐，"是故不敢受"。齐景公知晏子贤，任以国政，"三年而齐大兴"。

齐景公之时，有年淫雨不止，晏子请求发粮赈济民众。齐景公不听，照样在那里饮酒作乐。晏子很恼火，他先把自家的粮食分给灾民，然后去见齐景公说："使民饥饿穷约而无告，使上淫酒失本而不恤，婴之罪大矣。"说罢就走，齐景公忙追到晏子家，看到晏子家里的粮食已全部分给了灾民，装载粮食的器具抛在路旁，已经离家出走了。齐景公又一路追去，追上了晏子。景公下车跟在晏子后边对晏子说："寡人有罪，先生抛弃不再辅佐，我罪有应得，难道先生就不考虑社稷百姓吗？"晏子这才回来。齐景公于是"损肉撤酒"，及时给民众发救济粮财物。

齐景公爱槐，下令："犯槐者刑，伤槐者死。"有一人不知此令而犯槐，齐景公便要判这个人的刑，此人的儿子将妹妹送给晏子做侍妾，希望晏子能够谏言齐景公宽恕他的父亲。晏子笑道："我是个贪淫好色的人吗？虽若此说，一定有她的原因。"便命人将女子带进询问。女子便诉说原委，他当下将女子送回，去见齐景公说："婴闻之，穷民财力，以供嗜欲者谓之暴；崇好玩物，使它威严的近乎国君者谓之逆；刑杀不称者谓之贼。此三者，守国之大殃也。""现在君王享有国家，德行还没有显现给百姓，而三种邪僻却充斥齐国，我恐怕您不能再执掌国政治理百姓了。"齐景公听了说："不是大夫教诲，寡人差一点铸成大错。"立命罢守槐之役，释放犯槐之囚。

　　齐景公在位的时候，大雪下了三天而不停，景公披着白色的狐皮裘衣，坐在殿堂侧边的台阶上。晏子进宫拜见景公，站了一会儿，景公说："怪啊！大雪下了三天而天气竟然不寒冷。"晏子回答说："天气果真不寒冷吗？"景公笑了笑。晏子说："我听说古代的贤德君王，吃饱的时候能知道有人在挨饿，穿暖的时候知道有人在受寒，安逸的时候知道有人在辛苦。现在君王不知道民间的疾苦啊！"景公说："说得对！我听从您的教诲了。"于是就下令拿出衣物和粮食，发放给饥寒交迫的人。命令凡看见路上有饥寒的人，不问他是哪个乡，看见在里闾有饥寒的人，不问他是哪一家，巡行全国统计发放数字，不必报他们的姓名。已任职的发给两月救济粮，生病的发给两年救济粮。孔子听到这件事后说："晏子能够明白自己应做的事，景公能做他所高兴做的事。"

　　有几次，齐景公问晏子盛君之行和谋事必成之道。晏子答道："薄于身而厚于民，约于身而广于世"，"谋度于义者必得，事因于民者必成"，"民，事之本也，故反义而谋，倍民而动，未闻存者也"。又一次齐景公问晏子："贤君之治国若何？"晏子答道："其政任贤，其行爱民"，八个字即概括了治国之道。又一次，齐景公问晏子，今后什么人能把齐国治好？晏子答道："服牛死，夫妇哭，非骨肉之亲也，为其利之大也，欲知把齐国者，则其利之者耶。"就是说凡事都要看它是否有利于齐民。接着他又批评了齐景公"厚藉敛于百姓"，物资藏朽了都不给饥民，因而老百姓离心离德。齐景公无言以对。正因为晏子惜民力民财，所以"百姓得以附亲"，齐国因而大治。

　　晏子居相国之位，却尽量把俸禄散给亲戚朋友，"待其禄而衣食者五百余家，门客赖以举火者亦甚众"。他告诉为官者："廉者，政之本也。"

　　有一次齐景公随从到晏子家，看到晏子正在吃中饭，肉很少，回来向齐景公回报。齐景公即赐晏子一块封地，晏子辞而不受。他说："富而不骄者，未尝闻之，贫者不恨者婴是也，所以贫而不恨者，以若为师也。"安贫，是晏婴的生活原则。

　　又一次，齐景公派使者到晏子家，他正在吃饭，立即分一份请使者吃。

使者没能吃饱,回来向齐景公汇报。齐景公惊叹道:"唉!晏子的家真的像(你说的)这样穷!我不了解,这是我的过错。"于是,派公差送去千金与税款,请他用千金与市租供养宾客。晏子没有接受。多次相送,最终,晏子拜而辞谢道:"婴之家不贫穷,由于您的赏赐,恩泽遍及父族、母族、妻族,延伸到朋友,并以此救济百姓,您的赏赐够丰厚了,我的家不贫穷啊。我听人这样说,从君主那里拿来厚赏然后散发给百姓,这就是臣子代替君主统治人民,忠臣是不这样做的;从君主那里拿了厚赏却不散发给百姓,这是用筐篚收藏财物归为己有,仁义之人是不这样做的;在朝中,得到君主的厚赏,在朝外,取得君主赏赐不能与士人共享而得罪他们,死后财物转为别人所有,这是为家臣蓄积财物,聪明的人是不会这样做的。有衣穿,有饭吃,心里满足就可以免于忧患。我有丝服穿,有一碗饭吃,就足够了。再辞不受。"

不久,齐景公又要赐晏子封邑,晏子说:"臣闻之,有德益禄,无德退禄。"又辞不受。像这样辞封还有好几次,不仅辞封邑,就连其他赏赐他也很少接受。晏子住的房子在市中心,吵闹不说,还又潮又窄。齐景公要他换房子,他不肯。他说:"近市可知民情。"齐景公笑道:"子近市,识贵贱乎?"晏子立即回答:"踊贵而履贱。"踊足者之履。从踊贵可以得知齐当时刑罚多而重。齐景公于是"愀然改容",下令"省于刑"。

后来,晏子出使鲁国,齐景公趁他不在,把他邻居的房子拆了,让晏子住得好一些。晏子听了回来不进家,派人传话:"为他盖房子而损害邻居利益,晏子不干。"齐景公不理,他又派人去说,不答应他就不进家。齐景公没法,只好让步,恢复了邻居的房子。

又一次,齐景公至晏子家饮酒,见到晏子的妻子,齐景公道:"嘻,又老又丑啊!寡人有个女儿,年轻貌美,不如嫁给你吧。"晏子辞道:"我与她已是老夫老妻了,她也有过年轻姣好的时候,她年轻时把全部托付给我,我已接受了,现在怎能抛弃她呢?"

晏子敢于力谏。齐庄公时,他就力谏庄公不可以勇力临天下。他对勇力作了这样的解释："轻死以行礼谓之勇，诛暴不避强谓之力，今上无仁义之礼，下无替罪诛暴之行，而徒以勇力立于世，则诸侯行之以国危。"庄公不听谏，果然后来不得善终。

到齐景公时，晏子的进谏就更多了。

有一次，齐景公赏赐了无功之臣，遭到掌管财务的人三次拒绝，齐景公生气，下令罢免掌财务的人。晏子谏道："君正臣从谓之顺，君辟（错误）臣从谓之逆。今君赏谗谈之臣，而令吏必从，则是使君失其道，臣失其守也。"这番话说得齐景公幡然醒悟，于是罢赏。

又有一次，齐景公喜欢射鸟，使用烛邹掌管那些鸟，但鸟跑掉了。景公大怒，诏告官吏杀掉他。晏子说："烛邹的罪有三条，我请求列出他的罪过再杀掉他。"景公说："可以"。于是召来烛邹并在景公面前列出这些罪过。晏子说："烛邹，你为国君掌管鸟而丢失了，是第一条罪；使我们的国君因为丢鸟的事情而杀人，是第二条罪；使诸侯们知道这件事了，以为我们的国君重视鸟而轻视士人，是第三条罪。"把烛邹的罪状列完了，晏子请示杀了烛邹。景公说："不要杀了，我明白你的指教了。"

翟国的王子送齐景公 16 匹好马，齐景公本来不感兴趣，但他的爱妾婴子很感兴趣，一定要齐景公陪她去观看骑马。齐景公对她说：等晏子不在时再去。恰好这时晏子病了，齐景公忙带了婴子去观看。婴子很高兴，要齐景公重赏马夫。晏子听了，抱病去见齐景公说："现在正是荒年，饿死的人很多，而君不以此忧虑，只图耳目之乐，不继承先君的功业，却热衷于欣赏骑马技术，这样不顾老百姓的死活，能不亡国吗？"齐景公立即把马送回，从此疏远了婴子。

齐景公有一次出游，登高望齐，忽然泣下，说："要是死了岂不是丢下这美好的河山。"从行的梁丘据等人见状皆"从而泣"。晏子"独笑于旁"，齐景公很不高兴，问他为什么笑？晏子说："倘若古人不死，姜太公这些人将有齐国，桓、襄、文、武都是宰相了。今天的你，将头戴斗笠，手执农具，蹲在田里锄草，没有闲心想到生死问题了。"

齐景公见到彗星，认为不祥之兆，马上召人攘祭，除邪消灾。晏子认为这样做毫无益处，他说："近谗好优，恶文而疏圣贤，虽去彗而无用。"

有一年冬天，雨雪三日不停，齐景公身穿白狐裘对晏子说道："怪哉，雨雪三日而天不寒。"晏子说："婴闻古之贤君，饱而知人之饥，温而知人之寒，逸而知人之劳，今君不知也。"齐景公说："你讲得很对，听你的。"于是脱去裘衣，开仓救济饥民。有一次齐景公问晏子："我想穿圣王的衣服，住圣王的宫殿，这样诸侯可以来朝吗？"晏子不以为然，说："应在节俭上起带头作用，不能以服饰来号召诸侯。爱护老百姓，多做善事，天下就会被你的德行所感动，并从而取得信义。你专门在服饰、宫殿上讲究，用力甚多，用财甚费，与民为仇，恐国家危险了。这样还想取得诸侯的信任，太难太难了。"齐景公听了，无言以对。

齐景公叫鲁工做了一双鞋子，镶了金银珠玉，足有一尺多长，齐景公穿着上朝。晏子上朝，齐景公起来迎接，因鞋子太重，仅能勉强抬脚。晏子见此情景，对齐景公历数鲁工的罪行：鞋子太重又不合脚，不能起到应起的作用，鲁工不知寒温之节、轻重之宜，其罪一也；穿这样的怪鞋，招致诸侯耻笑，其罪二也；花了钱还不适用，招致老百姓埋怨，其罪三也。应捉起来问罪。齐景公说："鲁工生活也很苦，放了算了。"于是，齐景公换了鞋子，把鲁工送出境。

齐景公幸臣梁丘据死了，齐景公要厚葬他，晏子不同意，说："臣子只忠于君个人，就是不忠，儿子只孝于父亲个人，就是不孝。君臣之间应有正常关系，要给老百姓以实惠，要对诸侯讲信用，这才叫忠。现在四封（全国境内）都是你的臣下，而唯有梁丘据爱君，爱你的人为什么这样少啊！四封之内的财富皆君所有，而只有梁丘据以他私财忠于君，忠你的人又何其少啊。梁丘据隔断了你和群臣的关系，太可怕了。"齐景公听了，觉得有理，遂废厚葬之仪。

齐国天旱已经很长时间，齐景公召集群臣并询问："已经很久没下雨了，庄稼干死老百姓都在饿肚子。我命令卜了卦，作祟的鬼怪藏在高山和水里。我准备用些钱，祭祀山神，你们看可以吗？"众臣没有人回答。晏子站出来说："我认为不能这么做。祭祀山神没有益处。山神以石为身，以草木为发，天久不下雨，发将要焦黄，身体也会暑热难当，他就不想下雨吗？他自身尚且难保，祭他又有何用？"景公又说："这样不行，我们就祭祀河神，可以吗？"晏子回答："也不好。河神以水为国，以鱼鳖为臣民，天久不下雨，泉水将断流，河川也就干涸，这时他的国家将消亡，鱼鳖臣民也会干死，他就不想要雨水吗？祭他又有什么用呢？"

　　齐景公久病不愈，让太史固与太祝佗两人去巡山川祭宗庙，病仍然不见好转。齐景公对晏子说，他想杀这两人以"取悦于上帝"。问："这样做行吗？"晏子默然不答。齐景公又问他一次，晏子反问道："你以为这样做对你有益吗？"齐景公说对。晏子说："如果认为祝告与人有益，那么，诅咒就是与人有害了。众口铄金，积毁销骨。现在君王您疏远忠正股肱大臣，百姓怨恨君王的过失。一国人在诅咒，只有两个人在为您祝福，即使是善于祈福的人也未必能够胜任。况且，为您祝福的人如果直言真情，就会指责他们的君王；隐瞒真情，又会欺骗上帝。上帝如果神灵，就不会接受欺骗；上帝没有神灵，祈福也无用处。望君王三思。不然，杀死无罪的人，夏商前鉴就不会遥远。"齐景公曰："先生善于解开我的迷惑。"于是下令不杀两人。

　　除了勤政爱民、在政治上颇有作为外，晏子还是一个善于辞令的著名外交家。

　　晏子出使楚国。楚人知道晏子身材矮小，在大门的旁边开一个小门请晏子进去。晏子不进去，说："出使到狗国的人从狗洞进去，现在我出使到楚国来，不应该从这个洞进去。"迎接宾客的人带晏子改从大门进去。晏子拜见楚灵王。楚灵王说："齐国难道没有人了吗？怎么派你来呢。"晏子严肃地回答说："齐国的都城临淄有七千五百户人家，人们一起张开袖子，天就阴暗下来；一起挥洒汗水，就会汇成大雨；街上行人肩膀靠着肩膀，脚尖碰脚后跟，怎么能说没有人呢？"楚灵王说："既然这样，那么为什么会打发你来呢？"晏子回答说："齐国派遣使臣，要根据不同的对象，贤能的人被派遣出使到贤能的国王那里去，不贤能的人被派遣出使到不贤能的国王那里去。我晏婴是最没有才能的人，所以当然出使到楚国来了。"

又有一次，晏子将要出使楚国。楚灵王听到这消息，便对手下的人说："晏婴，是齐国善于辞令的人，现在将要来，我想羞辱他，用什么办法呢？"手下的人回答说："在他来到的时候，请允许我们捆绑一个人，从大王面前走过。大王就问：'这人是干什么的？'我们就回答说：'是齐国人。'大王又问：'犯了什么罪？'我们就回答说：'犯了偷窃的罪。'"晏子到了，楚灵王赏赐晏子酒。当酒喝得正高兴的时候，两个官吏绑着一个人到楚灵王面前。楚灵王说："被绑着的人是干什么的？"官吏回答说："他齐国人，犯了偷窃罪。"楚灵王瞟着晏子说："齐国人本来就善于偷窃吗？"晏子离开座位，郑重地回答说："我听说这样的事，橘子生长在淮南就叫它橘，生长在淮北就叫它枳，它们只是叶子的形状相似，它们的果实的味道却不同。这样的原因是什么呢？是水土不同。现在百姓生活在齐国不偷窃，来到楚国就偷窃，莫非楚国的水土会使百姓善于偷窃吗？"楚灵王笑着说："圣人是不能同他开玩笑的，我反而自讨没趣了。"

又一年，晏婴奉命出使吴国。一天清晨，晏婴来到宫中等候谒见吴王。不一会儿，侍从传下令来："天子召见。"晏婴一怔，吴王什么时候变成天子了？当时周天子虽已名存实亡，但诸侯各国仍称周王为天子，这是他独享的称号。晏婴马上反应了过来，这是吴王在向他炫耀国威呀。于是，他见机行事，装作没听见。侍卫又高声重复，晏婴仍不予理睬。侍卫没有办法，径直走到他跟前，一字一顿地说："天子请见。"晏婴故意装作惊诧的样子，问道："臣受齐国国君之命，出使吴国。谁知晏婴愚笨昏聩，竟然搞错了方向，走到天子的朝廷上来了。实在抱歉。请问何处可以找到吴王？"吴王听门人禀报后，无可奈何，只得传令："吴王请见。"晏婴听罢，立刻昂首挺胸走上前拜见吴王，并向他行了谒见诸侯时当行的礼仪。

晏子逝世时，齐景公正出游在外，听到凶讯兼程赶回，景公自认为马跑得太慢，就下车自己跑，但还是没有车子跑得快，就又上了车，先后四次下车急跑。最后是边走边哭，进了晏子家，然后伏在晏子的尸体上放声大哭，说："先生不分白天黑夜地规劝我，细小的过失也不放过，我还是纵欲放荡而不知收敛。灾祸没落在我的头上，却落在先生的身上，齐国危险了，百姓将向谁去诉说啊！"

晏子逝世后十几年，齐景公对他还怀念不已，叹息道："呜呼！昔者从夫子而游公阜，夫子一日而三责我，今谁责寡人哉？"

贤哉，晏子！

除了后世的魏征，谁能与他伯仲比肩？

子产治郑

 　　子产懂得宽猛相济的道理。在临终遗嘱中，他总结了自己一生的治国经验。他说："唯有德者，能以宽服民，其次莫如猛。夫火烈，民望而畏之，故鲜死矣。水懦弱，民狎而玩之，则多死焉，故宽难。"子产治国正是用了这种以宽为主，宽猛相济的统治策略。对待公族权门，他一方面以宽厚的态度加以笼络，另一方面又想方设法限制其权力，必要时则动用刑罚，如放逐子南，诛杀子晳。对待民众，他一方面制定法律，使"民望而畏之"，另一方面则不轻易动用刑罚。他"为相一年，竖子不戏狎，斑白不提挈，僮子不犁畔。二年，市不豫贾。三年，门不夜关，道不拾遗。四年，田器不归。五年，士无尺籍，丧期不令而治"。据说，子产"相郑十八年，刑三人，杀二人，桃李之垂于行者莫之援也，锥刀之类之遗于道者莫之举也"。

春秋时代，王室衰落，诸侯大国陆续兴起。

在各诸侯国中，公室衰弱，强宗大族干涉国政的现象频频出现。

经过连年兼并战争，许多小国被兼并，宗法等级的政治结构层层崩溃，奴隶制日益冰雪瓦解，封建制的因素在不断地潜滋暗长。

时势造英雄。

在这样历史巨变的大潮中，涌现出了一批有才略、有作为的历史人物。他们顺应时代，改革旧制，从而促进了社会的进步与发展。春秋后期的郑国子产，就是这样一类传奇式的人物。在《左传》中，作者以较多笔墨生动地记载了他的政绩，先秦诸子也常常提到他，有的把他看得比孔子还重要。汉以后，孔子声誉大增，而子产的名气却日见衰微。清末梁启超曾打算为子产作传，但终未实现。实际上，他的治国方略对后世颇具影响。

子产，又名公孙侨，出生于春秋时期郑国的一个贵族家庭。祖父名兰，即郑穆公；父亲子国曾担任过郑国的大司马。由于家庭的熏陶，子产从小就注重国事，养成了敏锐的政治眼光。

早在鲁襄公八年（公元前 565 年），子产初出茅庐就显得出类拔萃。那一年的 4 月，郑国为了求媚于晋国，派子产的父亲子国同子耳一道率军侵略蔡国，俘虏了蔡国司马公子燮。郑国人都很高兴，唯独子产不随众从俗。他忧心忡忡地说："小国无文德，却有武功，没有比这再大的祸患了。楚军如来讨伐，能不顺从吗？如果顺从楚国，晋师必至。晋楚两强接连伐郑，从此以后，郑国在四五年内，恐怕无安宁之日了。"子产的大胆预言，惹得其父子国大怒说："你知道什么？小孩子家少胡说八道！"一个小小的孩子，居然在长辈面前毫无顾忌地发表独到的政见，确实胆识不凡，然而，由于年少资历浅，子产遭到父亲子国的严厉喝斥，这并不奇怪。不过，后来的事实证明，子产的分析和主张是正确的。这一年冬天，楚国果然派兵伐郑。子国、子耳的轻举妄动，终于给郑国招来了战祸。

子产所处的时代是一个动乱的时代。

据统计，春秋 242 年中，共发生战争 483 次。介于晋楚两大国之间的郑国，每每成为晋楚两大国争霸的牺牲品，饱受了战争所带来的各种祸害。

郑国一个特点是"国小而逼"，夹在晋楚之间，如处幽谷，南北受敌。从晋则楚来讨，从楚则晋必伐。自襄公八年楚国伐郑，郑国卿大夫就在从晋从楚的问题上，争论不休，举棋不定。直至襄公十一年萧鱼之会，郑国才决意从晋。但是，楚国依然虎视眈眈，不时侵袭郑地。

郑国另一个特点是"族大宠多"，导致国内内乱频繁，君臣不断易人。自子产的祖父郑穆公以后，每隔一段时间，就发生一次内乱。据统计，在这些内乱中，仅穆公的子孙被杀者，就达20余人。看来，整顿和振兴郑国，实在不是一件容易的事情。安定国内局势，增强国家实力，以抵御入侵者，就成为郑国当务之急。襄公三十年，亚卿子产由于正卿子皮让贤而接任执政，这无疑是他实现自己抱负的大好时机。

当元老子皮主动将权力交给子产时，子产对治理好郑国最初的反应是信心不足。他说："不可为也。"但在子皮等元老重臣强有力的支持下，子产终于鼓起勇气，毅然担当起治理郑国的重任。

子产执政后面临的首要问题是：能否争取到统治阶级的支柱——公族势力的支持。当时的形势是：政"七穆"良、游、国、驷、印、丰、罕等强宗大族并与国政，政局很不稳定。任何改革倘若得不到公族的支持，则将一事无成，甚至招来杀身之祸。就当时的国内外政治局势而言，子产相郑可以说是受命于动乱之际，接任于危难之中，面对他的是一个难以收拾的烂摊子。子产眼前的道路，显然是荆棘丛丛，困难重重。

然而，子产不怕困难，敢于迎难而上。

他上台执政后的第一件大事，就是用城邑赠送给郑大夫伯石。

他总结前人的统治经验，认为安定国家的首要任务是先要安定国家的大族。子产对待伯石与公孙段的态度颇能说明子产在处理公族问题上手法的高明。子产尽管很讨厌伯石的贪婪和虚伪，但他对于伯石这样少有越礼然而对国政有助的公族，仍是从大局着眼，从团结的愿望出发，采取"非相违也，而相从也"的安抚政策。其办法就是给他们以封邑和高官。子产让伯石官位仅次于自己的职位，满足他的奢望，以避免郑国再度陷入内讧之中。

但是，对公族的笼络并不等于对他们的任意放纵。在维护郑国的国家制度上，子产就坚持原则，决不容许违背礼仪、犯上作乱之类的事情发生。当郑大夫丰卷为了祭祀要求田猎时，子产就坚决不答应，他说："只有国君在祭祀时才动用新杀动物，一般人只要祭品齐备就行了。"对丰卷这种违背君臣之礼的要求给予了坚决的回绝。子产对待公族的基本态度是："大人之忠俭者，从而与之，泰侈者，因而毙之。"子产正是用这种"宽猛相济""刚柔互用"的统治术缓和了公族内部的矛盾，求得了统治集团内部的安定，为他进一步实行改革奠定了基础。

治理一个饱受创伤、内乱不已的郑国，用宽和的文德之治，还是用严酷的专制之治，显得十分的重要。子产的前任子孔一味推行严酷的专制统治，终于在鲁襄公十九年被子展、子西率国人杀死并被分了家室。子孔的结局说明：治理郑国，专制之治是行不通的。鉴于前车之鉴，子产采取了比较进步、开明的治国之策。

子产能够择贤任能，知人善任，用其所长。

《左传·襄公三十一年》上说：

子产之从政也，择能而使之。冯简子能断大事。子大叔美秀而文。公孙挥能知四国之为，而辨于其大夫之族姓、班位、贵贱、能否，而又善为辞令，裨谌能谋，谋于野，则获，谋于邑，则否。郑国将有诸侯之事，子产乃问四国之为于子羽（公孙挥），且使多为辞令，与裨谌乘以适野，使谋可否，而告冯简子，使断之。事成，乃授子大叔使行之，以应对宾客。是以鲜有败事。

子产能够广开言路，善于听取不同意见。

子产不毁乡校，已成为千古的美谈。

郑国的贵族们在乡校（当时贵族子弟的大学）议论执政者的得失。有一个叫然明的人出于好心，唯恐这样的议论有损子产的威望，劝子产取缔乡校。子产答道："为什么？人们议论我施政的好坏，这是我的老师。大家认为应该推行的，我就坚持它；大家厌恶的，我就改正它。为什么要去取缔它呢？"子产对待不同意见的态度是，有则改之，无则加勉，以恶言为药，以批评者为师。而不像他的前任子孔那样唯恐"众为政"而自行专断，更不像周厉王那样靠杀人，靠特务统治来止谤。孔子听到了这番话，感慨地说："以是观之，有人说子产不仁，我可不相信啊。"

子产是法家学派的创始人。

作为一个成熟的政治家，子产敢作敢为，表现出了敢为天下先的政治实践家的气魄。

昭公四年，他"作丘赋"，向贵族增收军赋，令服兵役。

昭公六年，他首创刑鼎，向民众公布法律，使贵族与庶民同罪同刑。

"铸刑书"是子产的首创。

"铸刑书"这件事发生在鲁昭公六年（前345年）。子产命人把法律条文刻铸在铁鼎上，以此作为国家的长法。刑书的具体内容因史无记载而不可尽考。子产以前，尚无一部成文法，遇事总是凭着统治者的好恶临时决断，临时制刑，这无疑使统治者和公族可以任意滥用生杀予夺的大权。子产"铸刑书"第一次公布了刑律，使平民们有了与贵族争讼的依据，同时在一定程度上限制了公族的权力。

孔子高度赞扬子产的这种治国方法，他说："善哉！政宽则民慢，漫则纠之以猛，猛则民残，残则施之以宽。宽以济猛，猛以济宽，政是以和。"又赞扬子产"其养民也惠，其使民也义"。子产死后，子大叔执政，不忍猛而宽，其结果很快"盗贼"日多，不得已，只好出兵围剿，杀人甚众。可见，子产的治国术是卓有成效的。司马迁在《史记》中说：

子产"为相一年，竖子不戏押，斑白不提挈，僮子不犁畔。二年，市不豫贾。三年，门不夜关，道不拾遗。四年，田器不归。五年，士无尺籍，丧期不令而治"。

由此可见子产的治郑成绩。

子产谋划政事，思虑精密，行为谨慎。襄公二十五年，郑卿子大叔向子产询问为政之道，子产讲了这样一段话："政如农功，日夜思之，思其始而成其终，朝夕而行之。行无越思，如农之有畔，其过鲜矣。"33字，精练如格言，深刻透辟，警策动人。这段被人们称道的名言，可以用四个字来概括它，即精思慎行。这是子产的经验之谈，是他对自己为政之道所作的高度总结。从《左传》所记载的事迹来看，子产从年轻时候起，就以这种精思慎行的态度去处理事情。襄公十年，郑大夫尉止等五族作乱，杀死当国子驷、司马子国、司空子耳，企图劫持郑简公，在这危急关头，子驷的儿子子西，不做好戒备就去收其父尸，归来后器用多丧，没有能力不能出兵了；而子国的儿子子产，则做好一切守备，组成队列而后出兵，先收其父尸体，而后攻击作乱者。两人的做法和结果，形成鲜明对照，《左传》作者以子西的粗疏衬托出子产的精细。

子产还是一名出色的外交家。他的外交才干，使郑国避免了大国的凌辱，保护了国家的尊严，受到了人们一致的赞赏。

春秋时代，大国争霸，小国处境维艰，郑国夹在晋楚两霸之间，处境尤为艰难。因此，妥善处理同大国的关系，是子产面临的一个重要问题。子产接替子皮为政时，子皮介绍经验，"国无小，小能事大，国乃宽"。这是一条不讲原则只讲事奉的屈从路线。子产对此没有表态。他执行的是一条独立自主的外交路线。当大国诛求无时，提出不合理的要求，表现出傲慢无礼的时候，子产从不俯首听命，百依百顺，而是进行有理有利有节的斗争。同大国周旋中，子产有胆有识，精明机敏，巧于辞令，善于说理斗争，所以每一次都迫使大国在理屈辞穷的情况下不得不认错退步。

郑国于襄公十一年和晋国结盟后，一直成为晋国的势力范围，遭受霸主晋国的剥削和压迫。但是晋国欲壑难填，总想对郑国收取重赋。子产在执政之前，便对此进行抗争。还在他担任亚卿的时候，面对晋国征朝的使者，他就敢于指责晋国"政令之无常"。他向晋国统治者提出警告："如果不体恤郑国的困难，反而把它作为借口以要挟，那只怕郑国就会不堪为贵国所驱使，从而翻脸成为仇雠。"言辞虽然委婉含蓄，态度却是强硬的，把晋国征朝的使者顶了回去。子产对晋国给诸侯规定的繁重贡赋，也敢于直陈己见，无所畏惧。他给晋国执政范宣子写信说："你治理晋国，四邻诸侯不闻你的德声，只听到你在不停地要求贡品，我对此感到困惑。我听说善于治理国家者，不担心财货的聚敛，怕的是自己没有留下好的名声。以阁下眼下之行为，我为阁下担忧啊。"终于说服范宣子减少了贡品。

子产执政以后，同晋国交往是有条件的，即遵守盟约，履行义务，按时朝聘，交纳贡品。对晋国"贡献无极"的掠夺行为，则进行坚决的抗争。昭公十三年，晋国为了向诸侯显示武力，施加压力，召集诸侯到卫国的平丘会盟。在这次盟会上，子产对晋国加给郑国超等位的贡赋，以"周制"为依据进行了抗争。从"日中以争，至于昏"，终于迫使晋国答应了请求。孔子对此事作了这样的评论："子产于是行也，足以为国基矣。"的确不算过誉。

提防大国入侵，保障国家安全，是子产始终坚持的原则。昭公元年春，楚令尹公子围到郑国聘问，同时还要到公孙段家里娶亲。公子围要求进城住在宾馆里，子产不准许。公子围遭到拒绝后，又要求率领军队进城迎亲。子产深知公子围的为人，担心他会趁机侵郑，便派行人子羽前去谢绝，说："小国无罪，恃实其罪。将恃大国之安靖已，而无乃包藏祸心以图之。"公子围贪婪成性，野心勃勃，确有侵郑的企图，但他得知郑国已有戒备，只好请求"垂櫜而入"。由此可见，子产对国家安全是何等的重视！对大国野心家是何等的警惕！而指出大国是"包藏祸心"来图谋小国，又是何等的尖锐。又如，昭公十八年，郑国发生火灾，"子产辞晋公子、公孙于东门，使司寇出新客，禁旧客勿出于宫"。又向士兵颁发武器，使之登城防守。郑卿子大叔担心这样做会招致晋国讨伐，子产指出："小国忘守则危，况有灾乎，国之不可小，有备故也。"子产的确是一位对付大国的能手。

春秋时期，不仅大国常常指责小国，大国卿大夫也企图干预小国的内部事务。昭公十九年，晋国大夫派使者询问郑国驷氏嗣立宗主一事，引起驷氏全族慌惧不安。子产为了维护国家主权，便破格地亲自出面向晋大夫使者指出："如果郑国的大臣有人去世，晋国便要干涉他们的继承人选，这是晋国把郑国当作他们的边城了，郑国还算什么国家？"在这里，子产提醒晋大夫不要忘记这样一个基本事实，郑国是个独立国家，不是晋国边境上的县城，郑国的事只能由郑国人自己来解决，晋国人无权过问。理直气壮地维护了郑国的尊严。

子产不仅敢于斥责晋国大夫的霸道行径，对晋国执政者的无理要求，也敢于据理驳回。晋国执政韩宣子有一只成双的玉环，其中一只在郑国商人手里，他趁出使郑国的机会，请求郑定公把那只玉环赐给他。子产不给，这引起了郑国卿大夫们的争论。子大叔、子羽怕得罪韩宣子，会招致晋国讨伐，劝子产"求而与之"。子产仍不同意。韩宣子不甘心，便直接向商人购买。价钱谈妥之后，商人请他把这件事告诉给子产。子产答复："如果大国的人随便向小国发号施令，都能满足他们的要求；那么，他们就会贪得无厌，最终只会让郑国民穷财尽。"无奈之下，韩宣子被迫辞退玉环。一只玉环是件小事，但处理不当则事关重大。韩宣子如果一开始就直接向商人购买玉环，则属于正常买卖，子产自然不去过问。但韩宣子则是索取不得才去购买的，这显然是对郑国不尊重，是无礼之举。尤为重要的是，玉环虽非国宝，却关系到郑国的前途问题。晋国如果得到玉环，胃口就会越来越大，而郑国就得没完没了地供给，这就丧失了国家自主地位。这是子产不给玉环的主要原因。处理一只小小玉环，充分表现出了子产那种刚正不阿的性格和维护国家利益的高尚品质，也显示出了子产在处理内政外交问题上的远见卓识和英明果断。

子产的经验证明，只要敢于斗争，又善于斗争，不卑不亢，有理有节，就能折服大国，从而抗霸御侮。子产的经验饱含着斗争智慧，闪烁着理性的火花。子产这些不卑不亢的外交政策，提高了郑国在诸侯中的地位，赢得了郑国安定的局面。

子产一生以"救世"为己任，始终以国家的利益为重，治郑 21 年，功绩卓著，为民敬仰。据《史记·郑世家》记载，昭公二十年（前 522 年），子产病逝，郑国人民如同死了亲人一样，无不失声痛哭。当子产去世的消息传到鲁国，孔子也忍不住泪飞如雨，高度评价他为"古之遗爱"。子产之得人心，于此可见一斑。

直臣叔向

作为一个敏感智慧的政治家，对于自己家族及其本人的命运，叔向是早有预感的。他是否善终而死，史无记载。但羊舌氏一族在他死后不久即被灭亡，则是一个不争的事实。这是时代发展的必然。社会潮流，浩浩荡荡，顺之者昌，逆之者亡。叔向想要为晋国公室争取权力，企图加强君权，他采取的强干弱枝的政策必然会得罪当时颇有政治、军事实力的强宗大族，这样，他与其家族的悲剧性的结局就自然无法避免。

叔向是春秋晚期晋国著名的贤大夫，大致与郑国子产、齐国晏婴同时代。

他是晋国公室羊舌氏的后代，父亲羊舌职，是晋景公、晋厉公时的卿大夫。到叔向这一代，羊舌氏家族更是一度兴旺。叔向与其兄羊舌赤、其弟羊舌鲋、羊舌虎兄弟四人，同朝为官，被称为"羊舌四族"，是当时晋国举足轻重的势力之一，声名远播。

叔向自晋悼公时开始参与晋国政事，历仕悼公、平公、昭公三朝。他刚强好直、博闻强记、能言善对、娴熟历史典章，深得当时晋国君臣的敬重。

叔向参政期间，晋国政权已经逐渐旁落韩、赵、魏、智、中行、范氏六个强宗大族的手中，公室则一蹶不振，最高政权面临着动荡与分裂的危险。在以公室自认的叔向看来，这是一个令人感伤的末代季世。

晋平公十九年（公元前 539 年），齐国晏婴奉命出使晋国，叔向曾与他交换过对于时局的基本看法：

叔向问："齐国局势前景如何？"

晏婴回答："到了末世了！国君抛弃他的百姓，使他们归附陈氏大族，齐国恐为陈氏所有了。"

叔向默然："晋国的公室，现在也是末世了。"

叔向接着分析道："公室奢侈，饿殍遍地，民怨沸腾，政事旁落，如此下去，前景不堪设想。"

晏婴问道："那您准备怎么办？"

叔向叹息："晋国公室算是完了。覆巢之下，安有完卵？作为公族之一，能够善终就已经万幸了，难道还敢有别的奢望吗？"

放眼未来，两位政治家都默然神伤，心情沉重。

他们得出了一个相同的结论："此季世也！"

面对春秋晚期礼崩乐坏、世风日下的局面，他们均感到日之将夕，悲风剧至，但又回天无力，感伤情怀，无可奈何。

作为一个有着济世情怀的政治家，叔向想以"周礼"来挽救晋国的颓势。例如，对于郑国子产铸刑书一事，叔向坚决表示反对。他为此写信给郑国子产说：

"从前我对您满怀希望，现在则绝望之至。从前，先王治国不制定刑法，是害怕老百姓有争夺之心。对于犯罪的行为，用道义来防范，用政令来矫正，用礼仪来履行，用信用来保持，用仁爱来奉养，用忠诚来教诲，用榜样来激励。现在您却制定法律，不仅放弃了先王之教，而且足以启百姓争端之心。《诗经》上说：'效法文王，万邦信赖。'希望您能够加以改正。"

子产回信："我所以铸刑书，正是为了救世。您的意见，恕不采纳。"

叔向在政治上持保守态度，在文化传统上也十分相信"礼仪""先王""旧制"的力量。作为一个政治家，在新旧社会转型过程中，他敏锐地观察清楚了社会发展的潮流，但却表现出了顽固迂腐的态度，从这个意义上讲，他只能算是一个操守很好、忠诚公室的政治家，却不是时代的弄潮儿。

在曾经编印的中学语文六册课文里，有一篇选录于《国语》中的课文《叔向贺贫》。这是一篇记言之作，身为晋国卿大夫的韩宣子，自认为有卿之名而无其实，和那些同等官僚相比感到寒伧，不免忧贫，而叔向却向他道贺，用晋国先朝栾氏大族的兴亡事实进行劝诫，提出关键问题不在于贫富，而在于有没有德行。相反，越富有，越容易招致祸害；而有了德行，则可能转祸为福。人要忧德不忧贫。一席话，使韩宣子的忧虑烟消云散，心情舒畅起来。

同时，叔向也是一位在当时国际舞台上与晏婴、子产并驾齐驱的著名外交家。在重大外交场合，叔向常常代表晋国发言，处理相关外交事务。他的折冲樽俎的外交才华，折服了当时的楚国令尹子木。子木曾对楚康王说："宜晋之伯也！有叔向以佐其卿，楚无以当之，不可与争。"

叔向不仅以其杰出的政治、外交才能闻名于列国诸大夫之间，而且还以耿直为当时社会人士所称道。他的耿直的性格，不可避免地为他带来了许多不必要的灾祸。

据《左传》记载：

晋国的董叔想娶范宣子的女儿范祁为妻。

叔向说："范家富有，还是不娶为好。"

董叔说："成婚后可以作为联系的纽带和援引的阶梯。"

有一天，范祁向范宣子告状，说董叔不尊重她。范宣子抓住了董叔，把他吊在了庭院的大槐树上。恰巧叔向从那儿经过，董叔要叔向求请宽恕。

叔向回答说："你求'系'，已经系上了；求'引'，已经引长了。想得到的已经得到了，还求请什么？"

襄公二十一年秋季（公元前552年），晋国的范氏、栾氏两大家族发生了争夺权力的斗争。范宣子大开杀戒，杀了栾盈的同党箕遗、羊舌虎等人，因为叔向是羊舌虎的哥哥而无辜受到牵连。叔向在晋国素有智者的名声。身陷囹圄中，有人讥刺他："您受这样的大罪，恐怕是不聪明吧！"叔向回答："同那些已经死了和逃亡的人相比，我已经很是幸运了。《诗经》上说：'悠闲逍遥啊，姑且这样度岁月。'这正是聪明啊。"大夫乐王鲋其时正得到晋平公的宠幸，平日慕叔向之贤，意欲交纳而不得。叔向遭难之后，大夫乐王鲋主动来看他，并说："不用担心，我帮你去向国君请求赦免"。面对如此盛情，叔向竟然嘿然不应。叔向的家人怪他。叔向却说："死生命也。若天意降佑，此事一定要得祁奚大夫解决才行，祁大夫举荐人才是外举不辟仇，内举不辟亲。难道独独会丢下我不管吗？祁大夫是正直的人，乐王鲋是顺从国君的人，他怎么能够做到直言相告呢？"果然，以荐贤得名的祁奚大夫，听说叔向受到株连，不顾年老体弱，乘车连夜入都，找到范宣子说："参与谋划而少有过失，能关怀训导别人而不知疲倦，这两者叔向都具备，我们的国家依靠叔向这样的人才能得到巩固。即使他们十世之后的子孙犯罪也要宽宥，这是为了鼓励有才能的人为国效力。现在叔向却因羊舌虎的牵连，将要无辜被杀，弃绝国家栋梁，岂不可惜？"经过一番晓理动情，范宣子心悦诚服，于是，二人并车入朝，劝说晋平公赦免了叔向。事毕，祁奚不见叔向就回去了；叔向也去不向祁奚感谢他的救命之恩，反而坦然认为："彼为社稷，非为我也，何谢焉？"

吴国贤公子季札到晋国出访时，曾叮嘱叔向要在复杂的环境中学会如何保全自己。他对叔向说："您好直话直说，一定要注意使自己免于祸难。"后来，孔子也说叔向是"古之遗直"，称赞他"可谓直矣"！

叹哉！叔向。

伍子胥的家国梦

　　长久以来，伍子胥的形象在人们心目中是几近完美的，但正如申包胥一样，很多人对他"掘墓鞭尸"的行为也是不理解的，认为这是他人生中洗不去的一大污点。有人认为当他面对申包胥的诘问时，以"吾日暮途远，故倒行而逆施之"来搪塞，反映出当时他内心的不安和疯狂。其实不然，伍子胥一直是很理智的。在父仇高于对君主忠诚的时代，伍子胥显然没有选择的余地。因为父兄被害，伍子胥的人生被彻底改变了，故国抛弃了他，他只能逼迫自己凭借一个人的力量来对付他曾经热爱过的国家。哪里是他的家？何处是他的国？他只能在黑暗中独行，在孤独中走向窒息，或许，这就是他无法改变的宿命。

　　"一轮明月照窗前，仇人心中似箭穿。实指望到吴国借兵回转，谁知昭关有阻拦……"

　　《文昭关》是京剧中流传最久的戏目之一。唱的爱唱，听的爱听。因为，这是一个有关伍子胥逃亡路上的传奇故事。

伍子胥究竟是怎样的一个神秘的人物？

他的魅力究竟在什么地方？何以会在两千五百年后的中国文化生活中还存有着一席之地？

就让我们弹去历史的尘埃，去追寻他的足迹吧。

伍子胥，名员，春秋时期楚国人。

伍子胥的祖父伍举，侍奉楚庄王时曾以直言诤谏著称。

从伍举开始，伍家三代都是忠臣，也是楚国的名门望族。

伍子奇的父亲叫伍奢，哥哥名伍尚。伍奢在楚平王时被任命为太子建的太傅，费无忌为少傅。

可是，费无忌是个谗臣，伍家的悲剧就是他一手制造而成。

平王派费无忌到秦国为太子建娶妻，费无忌见秦女貌美，便向平王进言说："那秦国女子天下无双，大王何不自己娶来享用？可以为太子另娶。"楚平王是个好色之徒，贪婪之下，真的娶了这个秦国女子，并且非常宠爱她，后来还生了儿子轸。

平王为太子建另娶了齐国女子为妻，费无忌也得以离开太子而去侍奉平王。做了亏心事的人总是心虚。费无忌担心有朝一日平王去世、太子继位，自己的脑袋就会难保，于是不断地在平王面前诽谤太子。平王听信谗言，便疏远太子建，将他打发到楚国边疆一个叫城父的远远的地方。

但是，费无忌还是放不下心来，日夜在平王面前谗毁太子，诬蔑太子怨恨平王，在外与诸侯勾结准备造反。

平王召来伍奢查问，伍奢直谏说："大王怎能听信谗臣的话而疏远骨肉至亲呢？"费无忌知道后，便疾恨伍奢，起了杀机。他又向平王进言说："大王如果不加以制止，太子的谋反就要成功了，大王您将要死无葬身之地。"平王大怒，于是下令囚禁伍奢，并派人带兵去杀太子建。太子建闻风逃往宋国。

费无忌唯恐不能斩草除根，便向平王进谗言要伍奢将两个儿子召来一起杀掉。伍奢坦然道："我的大儿子伍尚，为人诚实仁厚，听到我召见一定会回来；小儿子伍员为人刚暴忍辱，能完成大事，且对事情有预见，一定不会来。"

知子莫若父。事情果如伍奢所料，兄弟二人见到平王的使者，伍员对伍尚说："楚王召我们兄弟，是为了斩草除根、不留后患。父子一同赴死，大仇不能得报，为什么要去呢？"伍尚说："父子情深，我只是想去见父亲一面。如果能保全父亲性命而不去，以后又不能雪耻，终会被天下人讥笑。你胸怀文韬武略，定能报父兄之仇，你逃走吧。"于是兄弟异途，子胥逃走，伍尚回去与伍奢一起被楚平王杀死了。

伍子胥听说太子建在宋国，便到宋国去。楚平王派的人追上了他，子胥张弓搭箭，使者不敢上前，子胥大叫着说："回报你的平王，楚国将成为废墟了！"使者回报平王，平王马上派出大批军队追赶子胥。伍奢听说子胥逃跑的消息后预言说："楚国今后无宁日了。"

伍子胥逃到宋国找到了太子建，时值宋国国内大乱，便又一起逃亡到郑国，郑国人很尊重他们。后来太子建又到了晋国，晋顷公想利用郑国对太子建的信任，让太子建做内应灭掉郑国，并许诺事成后把郑国封给建。建回到郑国，事情还没有实施，建的一名随从就向郑国告密，郑定公与大臣子产杀死了太子建。伍子胥便与太子建的儿子胜一起逃奔吴国。

据《吴越春秋》和《越绝书》记载，子胥与公子胜来到江边，发愁不能渡河，正巧看到一位渔翁撑船逆流而上，便请求渡河，渔翁看到有人在旁边窥探，便以唱歌的形式委婉地告诉子胥天黑再过河，子胥便在芦苇丛中躲到天黑。天黑后渔翁把他们渡到了极远的渡口，还取出食物给他们吃。子胥解下自己的佩剑说："这柄宝剑是我家祖传的，价值百金，送给您以谢救命之恩。"渔翁说："我听说楚王下令：抓住伍子胥的人赏票五万石，爵位拜上卿执圭。这些我都不想要，难道是为了这百金之剑吗？"子胥又问渔翁的姓名，老渔翁回答说："你是楚国的罪人，我是把楚国罪人渡过江的人。两个强盗的配合很默契，又何必问姓名呢？"

分手之前子胥叮嘱渔翁不要走漏了消息，等他离开后回头看那渔翁时，只见他已将船弄翻自沉江中，以此来表示决不会泄露消息。

子胥继续步行到吴国去，路过溧阳境内，看到一个女子在井边捣丝，便请求给他一点吃的东西。女子打开身边的饭篮，让子胥饱餐了一顿。

子胥重新上路之前叮嘱女子不要走漏了消息，等他走出五步远再回头看时，只见那女子已投井中自尽了，以此来表示决不会泄露此事。

子胥来到吴国，当时吴王僚执政，公子光做将领。子胥拜见了吴王僚，吴王僚很喜欢他，也了解到他想要吴国出兵为他报仇。但公子光另有图谋，担心子胥与吴王僚关系亲密妨碍了自己的计划，便劝吴王僚不要听从。子胥知道公子光想杀死吴王僚自立为君，自己借吴国报仇的机会还不成熟。便拒绝吴王僚的挽留，到民间暂时做了一个平民，韬光养晦，等待时机。

子胥在逃往吴国的路上曾遇到一个叫专诸的人，眼窝深陷，虎背熊腰。当时他正要与人殴斗，当逼近对手时，其势可敌万钧，但妻子一喊他便立刻回来了。子胥感到很奇怪，就与他攀谈询问缘故，专诸回答说："屈服于一人之下的人，必能舒展于万人之上。"子胥知道专诸是真正的勇士，便与他结交。这时候知道公子光谋划刺杀吴王僚，便将专诸推荐给他。

专诸对公子光说："要刺杀君王，首先要了解他最喜欢什么。"得知吴王僚最喜欢吃烤鱼，专诸便到太湖去了三个月，学习烤鱼的方法。

不久，楚平王去世，吴王僚趁此机会派遣自己的两个弟弟掩余和烛庸攻打楚国，楚国出兵截断了吴军的后路，吴军被围困。伍子胥见吴国国内空虚便劝说公子光趁机行刺。公子光设好埋伏宴请吴王僚，令专诸预先将鱼肠短剑放在烤鱼中，利用席间向吴王进献烤鱼的机会刺杀了吴王僚。专诸在行刺中也被吴王僚的侍卫杀死。这便是著名的"鱼肠剑"的故事。

吴王僚死后，公子光自立为君，这就是春秋史上有名的吴王阖闾。

阖闾做了国君之后，便召伍子胥入朝，与他商讨国家大事，并请他协助来治理国家。

至此，伍子胥向自己的复仇目标迈进了一大步。

吴王僚被阖闾杀死之后，他的儿子庆忌逃到相邻的卫国，招纳死士，准备报仇。心腹大患不除，阖闾因此寝食难安。

为了解决庆忌的问题，伍子胥又向吴王阖闾推荐了勇士要离。

伍子胥之所以举荐要离，是因为要离虽然瘦小枯干却曾做出过在大庭广众之下羞辱齐国壮士椒丘䜣的壮举。

椒丘䜣瞎了一只眼睛，据说是因为与河神决斗时所致。一天，他在吴国一个富豪之家的葬礼上吹嘘自己如何勇猛，要离对此很反感，当众羞辱他说："你与河神决斗失败，苟且偷生，明明贪生怕死，怎么还好意思自吹自擂呢？"椒丘䜣很是羞愤，晚上便去劫杀要离，谁知要离早有所料，一席话让椒丘䜣无地自容，甘心服输。

吴王听了要离的事迹后，同意起用要离。于是，要离假装获罪出逃，吴王依要离之计把他的妻儿全家杀死在闹市之中，要离跑到卫国去投奔庆忌，庆忌相信了他，答应和他一起出兵吴国，要离利用途中渡江的机会，趁庆忌不备一矛直透他的心窝。

吴王阖闾的又一个心腹之患被清除了，伍子胥也离自己复仇的目标又近了一步。

吴王阖闾三年，伍子胥、白喜等人请兵伐楚，吴王表示同意，但内心深处仍然犹豫不决。

伍子胥洞察秋毫，知道阖闾的心事，便又向吴王阖闾推荐了孙武。

孙武善于用兵，来吴后一直隐居在乡间偏僻之地，不为世人所知，但伍子胥却非常了解他，将他推荐给吴王阖闾。终于，吴王阖闾任命孙武为将军，开始攻打楚国。孙武带兵攻克了舒地，杀死了吴王僚的两个逃亡在外的弟弟，即掩余和烛庸。至此，吴王阖闾的心中大患已经一一被清除干净。

这次战役之后，楚国人对费无忌怨恨情绪达到了极点。因为伍子胥的父亲伍奢、白喜的父亲白州犁都是费无忌进谗言害死的，这才为楚国召来了战争。楚国令尹囊瓦听从大家的劝告和楚昭王一起谋划杀掉了费无忌，希望能够平定民愤。这个谗佞的小人，终于落得个"多行不义必自毙"的下场。

吴王阖闾九年，吴军在孙武、伍子胥、白喜的率领下攻打楚国，连战连胜，攻入郢都，几乎灭亡楚国。伍子胥报复楚国的愿望终于得以实现。

因为抓不到楚昭王，伍子胥就掘开了楚平王的坟墓，挖出楚平王的尸体，狠狠地鞭笞了三百下，以发泄多年来心中的满腔仇恨。

楚臣申包胥，是伍子胥当年的朋友，这时逃亡在山中，听说了伍子胥的所作所为，派人对子胥说："你这样报仇也太过分了吧！毕竟你过去是平王的臣子，今天竟至于掘墓鞭尸，这也太残暴无道了吧？"伍子胥请来人回复申包胥说："我复仇的时间不多了，这就像太阳马上就要下山，路途却还遥远，所以我只顾复仇管不了那么多了，只能倒行逆施，顾不上情理了。"

自从他得知父亲遭小人陷害之时起，就已心存复仇之志。引兵入郢之后，执意复仇的伍子胥，抛开伦理观念的束缚，倒行逆施，鞭尸三百，可谓矢志不渝，心意坚决至极。这种倒行逆施的复仇，诚如司马迁所言，可谓是"怨毒之于人甚矣哉"，但在这种残忍之极、怨毒之极的复仇行为中，我们不难感受到伍子胥多年心系大仇一朝得报、舍弃伦理小义终雪大耻的快意淋漓。

太史公司马迁对于伍子胥借吴国连年伐楚，"掘墓鞭尸"这件事情就很理解。他说："向令从奢俱死，何异蝼蚁？弃小义，雪大耻，名垂于后世。……故隐忍就功名，非烈丈夫孰能致此哉？"

其实伍子胥在受到申包胥诘问时，他一定也在受到自己内心的拷问，但他心中深沉似海的仇恨不是言语所能够表达清楚的。因为父兄被害，伍子胥的人生被彻底改变了，故国抛弃了他，他只能逼迫自己凭借一个人的力量来对付他曾经热爱过的国家。哪里是他的家？何处是他的国？他只能在黑暗中独行，在孤独中走向窒息，或许，这就是他无法改变的宿命。

伍子胥等人班师回吴国之后不久，吴国的太子波便病死了。吴王阖闾与子胥商量立太子的事，子胥对吴王说："夫差是最合适的人选。"但阖闾却认为夫差残暴而愚蠢，难当大任。经过伍子胥大力保举，吴王才打消了顾虑，听从了他的建议。

阖闾立夫差为吴国太子后，夫差攻占了楚国的番邑。楚王害怕吴军再次大举入侵，便远离郢都，迁都到别的地方。这一时期，吴国采用伍子胥、孙武的谋略，向西攻破强大的楚国，北面威胁齐国、晋国，南面降服越国，国势最盛，可谓称霸一时。

夫差继位之后，任用伯嚭为太宰，加紧操练士兵。两年后，吴国在夫椒大败越军。在即将国破家亡的情况下，越王勾践采纳文种的计策以重金美女贿赂吴国太宰伯嚭，请求谈和。伍子胥劝谏说："吴越两国相邻，不是吴国灭掉越国，就是越国灭掉吴国啊！现在上天把越国赐给吴国，吴国怎么可以违背天意呢？祛病除害，一定要断根绝源啊！"但是，吴王夫差没有采纳伍子胥的意见，而是听从了太宰伯嚭的建议，与越国谈和，从此养寇遗患，种下了亡国的祸根。

越王勾践为了表示对吴国的彻底屈服，亲自带领妻子和大臣范蠡来到吴国服役，侍奉吴王。伍子胥洞明世事，他始终认为越王勾践是能君，文种、范蠡是良臣，越国是吴国的心腹大患。因此，他一再劝谏吴王杀掉越王。吴王夫差却说："我听说诛杀已经降服归顺的人，会祸及三代。我是怕上天责怪，才想赦免他。"太宰伯嚭也在一旁替越王求情。吴王没有杀越王勾践，而是让他为自己驾车养马，住在石洞之中。

越王勾践在吴国服役了三年，小心谨慎，没有流露出一点怨恨之情，获得了吴王夫差完全信任，夫差便有意想赦免他，放他回越国去。伍子胥又劝谏吴王说："从前夏桀囚禁了商汤而不杀，商纣王囚禁了周文王而不杀，结果上天的意旨便反了过来，他们二人终至于亡国了。现在大王囚禁了越王而不杀，您要汲取他们的教训啊！越王勾践为人忍辱负重，这个人如果不死，一定会成为吴国的祸患。"见吴王有所犹豫，被越国金钱美女喂饱了的太宰伯嚭，就一味地为越王说好话。这时候，越王勾践听从跟随他在吴国服役的大夫范蠡的计策，趁吴王生病时前去探望，并请求品尝吴王的粪便来预测病情。吴王果然大为感动，决定赦免越王。伍子胥诤言力谏说："越王到吴国来做奴仆，是他深谋远虑；掏空了自己的金库而不怨恨，是在欺骗大王；尝大王的粪便，更是为了骗取信任，这是多么恶毒的手段啊！大王被蒙蔽了，喜欢听那些动听的言辞，而不考虑国家的存亡；抛弃忠诚的意见，而采纳小人的谗言，这多危险啊！我不敢因为怕死而辜负先王的重托，一旦国家成为一片废墟，后悔就来不及了！"吴王夫差听不进这些逆耳忠言，终于放虎归山，赦免了勾践。

勾践回国后韬光养晦，卧薪尝胆，等待机会东山再起。

很快，勾践采用文种的计策，向吴王进献优质的木材供吴国建造华美的宫殿，又进献美女西施和郑旦，以麻痹吴王的警戒之心。对此，伍子胥都曾疾言力谏，吴王都是置之不理；相反，对于越王的厚礼，他欣然接受，并且为之乐不可支。

后来，吴国两次起兵伐齐，伍子胥又忠心耿耿地劝诫说："越国对吴国来说，实在是一个致命的病灶，大王应当首先除去这个祸患。齐国好比沙漠荒地，即使夺取了也是毫无用处的。"吴王不听从伍子胥的劝告，反而派他出使齐国。伍子胥完成了使命，从齐国回来之前，对随他同行的儿子说："我已预见到吴国的灭亡了。你和吴国一起坐等灭亡，没有好处。"他把儿子托付给了齐国的大夫鲍牧，只身回到吴国。

于是，太宰伯嚭趁机在吴王面前谗毁伍子胥，他说："原先大王要讨伐齐国，伍子胥劝谏说不可以。大王还是出兵了，结果大获全胜。伍子胥对此感到羞耻，势必会感到失望和怨恨。他自认为是先王的谋臣，现在不被重用，便常常心中不快。伍子胥性格刚强暴戾且猜疑嫉妒，他的怨恨可能会给国家带来祸害呀！这一次大王要亲自带兵攻打齐国，伍子胥故意谗毁说不可出兵。我暗中观察他，他已经把儿子托付给齐国的鲍氏，恐怕要对吴国不利啊！"吴王听后大怒，便派人赐给伍子胥属镂剑，让他自杀。

伍子胥仰天长叹："我辅佐你父亲成为一代霸主，又拼命争取让你登上王位，今天你却听信奸臣的谗言要来杀我！"

两千五百年来，后人时时记起伍子胥临终之前那震撼人心的诅咒：

"在我的墓上种梓树，让它们长成后可以做棺材！挖出我的眼睛挂在东门上，让我亲眼看到越国怎样灭亡吴国！"

当时，吴王夫差为了解恨，命人割下伍子胥的头挂在城门上，用皮袋子装了他的尸体抛入江中。然而数年之后，伍子胥的诅咒真的应验了，越王勾践终于灭掉了吴国，杀死了吴王夫差。夫差临死之前以麻布遮面，只因为到九泉之下无颜面对他的忠臣伍子胥！

一个人的到来可以兴国，一个人的死去可以亡国，这，也许就是伍子胥的宿命。

后人痛怜伍子胥，在江边为他立祠，并将伍祠所在的山称为胥山。吴地至今仍留有关于伍子胥的多处遗迹。《吴越春秋》上说，伍子胥和被越王勾践杀死的忠臣文种二人死后，一起化作了钱塘江上的怒涛，这一典故无疑寄托了后人的同情与无尽哀思。

伍子胥在被迫自杀之前曾与吴国大夫被离有过这样的一段对话。

被离说："你继续劝谏吴王仍然不会被采纳，不如逃走吧。"

伍子胥说："如果要逃走，我能到哪里去呢？"

或许，这样一句不经意的话，正好道出了伍子胥一生中内心深处的隐痛。

何处是家？

何处是国？

忠而被谤，信而见疑，无处安身，无处可以寄托。先是楚，后是吴，家与国对于伍子胥来说，终究是一个遥远的梦，一个可追而不可及的梦。

然而，伍子胥终究是一个忠于理想的完美主义者，他坚守信念，始终如一，孜孜以求，哪怕换来的只是一世的孤独和留给后人的一个凄美的背影！

或许，悬首吴门正是他最灿烂的死法，一个完美的谢幕。

于是，历史就造就了这位具有悲剧色彩的英雄。

奇才子贡

    在人才济济的孔门众弟子中，子贡显然是人中龙凤。春秋晚期，他不仅以能言善辩、反应机敏、擅长经商致富著称。而且，他的外交作为改变了当时诸侯各国间的战略均衡，甚至间接促成了越王勾践的复仇、称霸大业。从留下的史料中，我们可以看到子贡有着非常惹人喜爱的性格。他博学强记，能言善辩，但又不是不通世故的书呆子；他对时局、情势把握异常清醒，待人接物也明白事理、准确到位；他极富经商头脑，他用赚来的钱财资助孔子及诸位同窗好友，因此，孔子才会对子贡有"瑚琏之器"这样高的评价。

《史记·仲尼弟子列传》中这样记载子贡：

端沐赐，卫人，字子贡。少孔子三十一岁。子贡利口巧辞，孔子常黜其辩。

在孔子的众弟子中，子贡以能言善辩、反应机敏、擅长经商致富著称。因为孔子非常讨厌"巧言令色"，所以在《论语》中可以经常看到这位夫子训斥子贡。子贡爱在背后评论别人。孔子听到非常不以为然，说："子贡，你很贤明吗？老师我就没有时间来做这些无聊的事情。"这是孔夫子在委婉地劝戒子贡，要他把精力用在提高学问道德上，而不是整天地对人评头论足。

实际上，孔子对子贡的批评更多的是担心他过逞口舌之能，是老师本能的关怀。其实，孔子在很多时候是十分喜欢和这个聪明伶俐的学生进行交流的，甚至常与他说些推心置腹的话语。

孔子曾经有过与子贡这样的一段谈话。

"你和颜回谁更聪明？"孔子问道。

子贡回答："我怎么敢和颜回相比呢！颜回由一可以推断出十来，而我只不过由一知二罢了。"

孔子听后开怀大笑，幽默地说："比不上他，比不上他，我和你都比不上他！"

抑此扬彼，并不是孔子教育学生时常用的思路，更不是他真的认为子贡不如颜回。孔子知道眼前的子贡是个聪明伶俐、最能明白自己心意的人，因而才会这样与他谈论到自己的另一个弟子。颜渊不善言语，人又有点迂拙，不是容易叫人心悦诚服的主儿。那么，只有说点过誉的话，推重起来才见得诚恳。难的是孔子与子贡师徒二人一般的一本正经，让千年之后的我们在读这一段时，都不禁会为老师、弟子间的心照不宣的谈吐莞尔一笑。

子贡曾经问孔子："老师觉得我怎么样？"孔子说："你就像个有用的器物。"子贡接着问："何器也？"孔子说："瑚琏也。"瑚琏，是春秋时宗庙里供奉祖先的宝器，由此可以看出孔子对子贡的期许是很高的，认为他有安邦定国之才。后人赞誉某人能够担当大任，常以"瑚琏之器"这个成语来比喻，究其根源，即是由此而来。

正是孔子深知子贡是可以担当大任的"瑚琏之器"，所以在公元前487

年，齐国的大夫陈常准备侵略鲁国的时候，子路、子张、子石等弟子都请命去到别国请救兵，孔子没有答应，却唯独让子贡去完成这项艰巨的使命。

当时的政治形势是，中国正处于由奴隶社会向封建社会转变的激烈动荡时期。晋国虽然很强大，但国君已经逐渐失去权力，政柄由六个强宗大室操纵控制。齐国的大夫陈常，把持齐国的朝政，陈氏想要杀掉齐简公，但又担心齐国其他几位有势力的大夫，像高氏、国氏、鲍氏和晏氏的反对，所以计划借起兵攻打鲁国来削弱其他贵族的势力。楚国，虽然经过吴国阖闾和伍子胥的沉重打击，国力已经大为衰减，但余威尚在，仍然威胁着中原诸国。南方的吴国因为征服强楚、败越而一跃成为春秋末年的一个强国。与此同时，越王勾践也在卧薪尝胆、励精图治，力图复仇。而后来统一天下的西方秦国此时也正在对中原的诸侯各国虎视眈眈，伺机东进。

就是在这样一个历史大背景下，子贡开始了他的传奇般的救鲁、弱齐、亡吴、强越的连环计般的外交历程。

子贡在接受老师孔子的任务后，先向北来到齐国，拜见了陈常，并对他说："那鲁国，是很难攻打的国家。您要去攻打它，那就错了。"

陈常不解地说："鲁国为什么难以攻打呢？"

子贡说："因为它的城墙又薄又低，它的护城河又狭又浅，它的国君愚昧而不仁慈，大臣不中用，士兵厌恶战争，所以您不应该和他们交战。您还不如去攻打吴国。那吴国，城墙又厚又高，护城河又宽又深，铠甲坚固、士兵精良、器物珍贵、弓弩强劲，又有满腔热情、贤明的大夫来守卫它。这是容易攻打的国家啊。"

陈常听完，勃然大怒："你认为困难的事情，是人家认为容易的；你认为容易的事情，是人家认为困难的。您用这些话来劝谏我，是什么意思呢？"

于是，子贡开始为陈常分析齐国的时局。

子贡说："我听说，如果危机潜伏在朝廷内，就去攻打强国；如果危机存在于民间，就去攻打弱国。而您三次受封但三次没有成功，这是因为大臣们在反对您。现在您又想攻下鲁国来扩展齐国的领土，消灭鲁国来增添自己的威势，但您想错了。这样做只会助长别人的势力，您的功劳根本显不出来。打下了鲁国，国君会更加自信，众位大臣也会更加放肆。那时候您再想去成就一番大事业，那就更难了。所以我说，您不如先去攻打吴国。"

子贡这番话是根据齐国当时的政治形势做出的一个正确的分析，他指出陈常刚刚控制齐国的权力，地位还不稳固，齐国仍有很多反对派的势力，现在如果攻打鲁国，虽然会胜利，但只能是让齐王及大臣们得利，对陈常个人并没有什么好处；如果去攻打吴国，肯定要消耗大量国力，但反对陈常的大臣们也会损失惨重，陈常反而会在齐国变相地加强实力，时机成熟时，专制齐政的就只有你陈常了。

陈常听毕，说："好！但尽管这样，我的军队已经兵临鲁国的城墙之下了。如果让齐军离开鲁国而开往吴国，大臣就会对我起疑心，对此我应该怎么办呢？"

子贡说："您只要按兵不动，请让我替您到南方去拜见吴王，我能够请他救援鲁国而攻打齐国，到时您就有机会率齐军去迎击吴军了。"陈常点头同意。

鲁国的生死存亡，就这样因为子贡的一席话顷刻间发生了由死到生的逆转变化。

很快，子贡又来到吴国拜见吴王夫差。

子贡知道，在打败了强大的楚国后，又镇伏了邻国越国，现在的吴国正处于强大的势头，吴王夫差心里念念不忘的就是如何能争霸中原。所以，见到吴王，子贡就开门见山地说："我听说，一个行王道的国君是不会让诸侯属国被人灭亡的。一个霸主也不会容许天下有另外的强敌出现。虽然天平的两端是千钧对峙，就算加上一个钱币也会破坏平衡。现在拥有万辆兵车的齐国要把小国鲁国据为己有，以此来和吴国竞争天下。我为您感到担忧。援救鲁国，可以赢得美名；讨伐齐国，有着极大的好处。名义上是保存了鲁国，实际上是折损了强暴的齐国又威慑了强大的晋国。现在是大王应该应该下决心的时候了。"

吴王夫差说："好。但尽管如此，我曾经和越国交战，迫使越王躲在会稽山上，并到吴国来当奴仆，我没有杀他。越王是贤能的君主，他刻苦耐劳，夜以继日，在国内整治政务，在国外交结诸侯，他一定会有报复我的念头。你等我打下了越国后再照你的话去做吧。"

子贡说："不行。越国势力不如鲁国强大，吴国强大也比不上齐国。如果大王按照自己的想法先去攻打越国，那么到时候齐国也就占领了鲁国。况且为了畏惧小小的越国而不敢和齐国作战，是不勇敢的表现；看到小小的好处而忘了重大的危害，是不明智的行为。如果您真的担心越国的话，请让我到东边去见越王，让他派军队随您一同行动。"

子贡于是星夜赶往越国。得到消息的越王勾践命人打扫郊外的道路，隆重迎接子贡，并亲自到宾馆会见子贡，说："此蛮夷之国，大夫怎么会屈尊光临这里呢？"子贡说："我劝说吴王伐齐救鲁，吴王已经动心，但是顾虑你越国，所以想打下越国后再出兵伐齐。"紧接着子贡告诫勾践，说："如果没有报仇之心而引起别人的疑心，是愚蠢的；如果有报仇之心而被对方警觉，则会给自己带来凶险；事情还没有启动就已经让人知晓，那就危险了。"越王听了磕头至地，拜了几拜说："我曾经不自量力，想和吴国决一死战，结果弄到了今天这般田地，这种痛苦真是痛入骨髓。我日夜不休地休养生聚，操劳国事，就是想和吴王拼个生死，这是我唯一的愿望。"勾践接着请子贡为自己出谋划策。子贡便指出："吴王为人猛暴，国家频繁征战，国力疲乏，士兵厌战，民怨沸腾，大臣离心。忠臣伍子胥因进谏被杀，现在国政由佞臣伯嚭治理，他只会讨好吴王来谋取他自己的私利，却是吴国的大害。如果你真能派兵去协助吴王，以刺激他的好战；用重金和宝物孝敬他，以满足他的贪欲；用恭敬的言语和礼仪尊崇他，以顺应他的虚荣；那么此次吴王一定会伐齐。吴国伐齐，无论胜败都会对越国有利。吴败则会大大削弱，胜则会威胁晋国，妄图称霸中原。这时我愿意出使晋国，让晋国配合越国攻打吴国。到时候，吴国的精锐已经在齐折损大半，主力又被晋国牵制在北方，大王就可以趁机去攻打吴国。那才是真正的决胜之机啊。"越王听后十分感谢，拿出大量的财物赠送给子贡，却被子贡谢绝了。

接着子贡又返回吴国，对吴王说越王十分恐慌，并一再表白感谢吴王的宽宏大量，保全了越国祖先的宗庙，勾践对吴王忠心耿耿，绝不会再与吴国开战。几天之后，越国的大夫文种就来到吴国，表示越王愿意亲自带领全国的精兵三千人，随同吴王一起征讨齐国。文种还随行带来了一些上好的兵器进献吴王。吴王夫差十分高兴，问子贡怎么办，子贡说，"不可。带走了人家的军队，耗空了人家的国力，再让人家的国君跟着出征，这绝非仁义之举。"子贡建议吴王只收下兵器、军队，不要让勾践随同。吴王听从了子贡的话。于是吴王夫差发动全国"九郡"的兵力去讨伐齐国。

至此，当时诸侯国的势力均衡状态已经被子贡天才的外交谋略彻底打破。

但是，子贡还要将形势引领到更深的层次。

子贡离开吴国后，又马不停蹄地赶往晋国，他要继续安排好下面的布局。拜见晋君后，子贡告诉晋君，如果吴国战胜齐国，必将威胁到晋国，让晋国做好与吴战争的准备。

吴、越联军伐齐，吴军和齐军在艾陵一战，齐军大败，俘获了齐国"七军"。随后吴王夫差果然野心膨胀，继续向晋国进逼，想要与晋国争霸中原。吴晋争霸的结果，吴王被晋国大败，越王勾践趁机突袭吴国，与吴王夫差进行决战，结局夫差战败被杀，越国灭亡吴国。

子贡的出使，不但解救了鲁国，还顺势打乱了春秋晚期大国间的战略格局，在历史的舞台上演出了一出极为精彩的外交传奇。子贡宛若是一名围棋的高手，只投了寥寥数子，便使天下这盘大棋局的攻守之势顿然间发生了戏剧性的变化，演化成有利于弱国鲁、越的一副新局面。

子贡的外交成果，除了保存了鲁国，春秋时重要的吴越争霸、田氏代齐等重大事件也在子贡的谋略推动下发生了重大变化。子贡一人居然用"嘴巴"加速甚至部分改变了春秋的历史进程，让后人不能不感叹他的敏锐的政治眼光与高超的外交才能。

司马迁在《史记》中对子贡的成就作了高度的评价。他说："子贡一出，存鲁，乱齐，破吴，强晋而霸越。子贡一使，使势相破，十年之中，五国各有变。"

《史记》一书，记述孔门弟子的《仲尼弟子列传》共 6000 多字，记录了孔子弟子中有事迹和名姓可考的 77 位，而其中子贡一人就占了 2000 多字、三分之一的篇幅，成为浓墨重彩大书特书的核心人物，太史公对子贡可谓是"青眼有加"。

子贡与老师孔子的感情非常深厚。子贡很早就在孔子门下学习，孔子一生中，前五十几年是在鲁国政坛角逐的时期，学术成就不是很大，也不太受后代注重。孔子真正成为大家的时期是他人生最后的将近 20 年，从 56 岁他在列国流浪开始。子贡经历了孔子这最重要时期的全部过程，并且始终跟随着孔子，不离不弃，是孔子最亲近的几个弟子之一。孔子流浪列国的历程，是漫长、充满艰辛而又伴随着一次次希望破灭的过程，孔子及其弟子们不但曾经"累累如丧家之犬"，还不止一次生命受到威胁、人格受到侮辱。子贡在这段颠沛流离的旅程中，也曾为老师的遭遇感到不解，在孔子"厄于陈蔡"时，就委婉地劝说老师："老师的道理伟大到了极点，所以天下人就不能接受老师。老师何不稍稍降低迁就些呢？"这自然遭到孔子的严厉批评："子贡，好农夫也不一定有好的收成，好工匠也不见得能随所有人的心意。君子能坚持他的思想，就像织网一样，要编织好主纲，让它条理清楚，而不一定就能够被容于当世。现在你不去探寻真理，却降格来苟合求容，子贡，你的志向不远大啊！"这段话并不说明子贡要背弃孔子，反而更像是他在心疼自己的老师。果然，不久子贡就到楚国求援，楚王派人来接孔子，使师徒脱离了困境。

子贡是孔子生命最后 20 年的最大安慰。

孔子晚年又回到鲁国定居，这时夫子早年的弟子们死的死、散的散，子贡成了少数几位能够最终给孔子送终的人。

孔子病，子贡请见。孔子方负仗逍遥于门，说："子贡，你怎么来的这样迟呢！"孔子因叹，歌曰："泰山其颓乎，梁木其坏乎，哲人其萎乎？"因以涕下，后七日卒。在老师死后，子贡为孔子守墓时间最长，长达6年之久，然后才依依不舍地离开。

子贡对于孔子非常尊崇，有人曾问他，孔子未必比你强，你为什么还要这样尊重孔子。子贡的回答是："夫子之不可及也，犹天之不可阶而升也。"当叔孙武叔诋毁孔子时，子贡毫不客气地说："仲尼是诋毁不了的。别的贤人，好比是个小山坡，还可以越过去；仲尼，却是太阳和月亮，谁也无法逾越过去。"

孔子死后，子贡成为儒家学派的重要领袖人物，与其他孔门弟子一道担负起了宣扬孔子学说的重任。由于子贡杰出的政治与外交才能，子贡"常相鲁卫"，客观上也为他宣扬儒家学说提供了良好的条件。孔子名声之所以能传扬天下，子贡等人颇得力焉。

孔子弟子多从事政治，出仕诸侯或公卿，如仲弓、子路、宰我、子游等；从事教育也不少，如子夏、台灭明等。而子贡是孔门弟子中少有的商人，而且是有名的富商。在太史公司马迁《史记》中专门记载富商的《货殖列传》里，就有子贡的名字。孔子晚年这样评价他的学生说："子张略嫌偏颇，曾参迟缓笃定，高柴憨厚耿直，子路直率勇猛。颜回经常在穷困之中，而子贡则不受命运的摆布而去经商，却总有收获。"子贡不听孔子正统教导，不做君子的正业而做商业买卖，却屡屡获利。

子贡没有像颜回那样一生受贫穷的困扰最后不幸早死，他反而去从事看似远离孔子教诲的经商货殖活动，给自己的人生打下了优厚的物质基础。从这一点看，子贡恐怕还是孔门弟子中最能为我们现代人接受、喜爱的一位。既有事业上的成功，又能修身养性、不放弃老师的学说，子贡的确称得上一位贤达之人。

子贡对春秋末年列国的政治影响是巨大的。他以一介平民子弟而跻身上层社会，富贵双归、名动天下，无疑会引起人们的羡慕和效法。子贡身后，从以卫国为中心的河洛一隅先后出现了商鞅、吴起、苏秦、张仪、吕不韦、韩非、李斯等游说名士，并不是偶然的。说子贡是他们的授业恩师或有悖事实，但说子贡是他们事业上的成功榜样，却是完全可以成立的。如果把《史记》中关于子贡游说齐、吴、越、晋的说辞与《战国策》中关于苏秦、张仪等纵横家的说辞，与商鞅、韩非等法家的说辞加以对比，其间思想脉络则明晰可辨。这些人皆有丰富的知识、过人的才能、雄辩的口才，不但善于揣摩人意，而且往往能切中时弊，他们是子贡的追随者和效法者。在他们的手中，一手开创出了战国时代的新格局。在商鞅、张仪、苏秦、吕不韦等人的身上，可以清晰地看到子贡身后的巨大影响力。

更为可贵的是，在几千年前，子贡就树立了一种坚持独立、追求自由的人格取向。子贡曾说："我不把自己的愿望强加给别人，也不愿意别人把他的愿望强加给我。"孔子赞赏："子贡，你的修养已经达到了一定的境界了啊。"既不愿意自己的生活被别人干涉，也不愿意去干涉别人的生活，如此人生态度、人格魅力，让困惑、厌倦于碌碌红尘、烦琐人情世故中的我们，都不由得对子贡表示出深深的羡慕与向往。

兵圣孙武

    孙子在东方被尊称为"兵圣",在西方军事家那里也同样备受推崇。著名的军事理论家利德尔·哈特,1963年为美国将军萨姆·格里菲思的《孙子》英译本作序中,写道:"《孙子兵法》是世界上最早的军事名著,其内容之博大,论述之精深,后世无出其右者。可以说,《孙子兵法》是战争指导智慧的结晶。历代古往今来的军事思想家,只有克劳塞维茨可与孙子媲美。然而克劳塞维茨的著作比孙子晚了两千年,其局限性也大,而且有一部分已经过时。相比之下,孙子的文章讲得更透、更深刻、更简洁,永远给人以新鲜感。"

    《孙子兵法》,被后世称为"兵学圣典",为历代军事家奉为圭臬。经翻译介绍到国外后,国际上也认为它是"世界古代第一兵书"。现在,《孙子兵法》不仅用于军事领域,而且在企业管理、商战、体育竞技等领域,都受到了广泛的关注和应用。

能够获得如此美誉，应用范围又是这般广泛，这到底是怎样的一部兵书？写作这部书的作家究竟是一个怎样优秀的人？

在我看来，书与人合一，用兵之道与古代战争的有机结合，作者在书中阐发出来的丰富的内涵和信息，应是孙武一生创造的最高成果。

在了解本书之前，让我们先来认识一下这本书的作者——孙武。

孙武，字长卿，有时又被人们尊称为孙武子或孙子。

孙武出生的时间，在我们现在掌握的史料上没有记载，但是可以大致根据其他方面的史料推算出来。《吴越春秋·阖闾内传》记载了孙子进见吴王时间是公元前512年，此时孙武已经完成了《孙子兵法》的写作工作。据此，有专家推算孙子出生时间约在公元前544年左右，比孔子晚一些。

司马迁在《史记》中说："孙子武者，齐人也，以兵法见于吴王阖闾。"可见，孙武是齐国人，出生在齐国，这是毫无疑问的了。但他出生在齐国的什么地方，学术界有过较多争论，后来经过中国孙子兵法研究会一些专家的考证，认定是现在的山东省惠民县。

据有关资料的记载和相关专家的分析，孙子的祖先最早是陈国人，名叫陈完，声名显赫。后来，陈国发生动乱，陈完逃到齐国，得到齐桓公的重用。陈完后来被叫做田完，有人说他在齐国改的姓，也有人说在古时候，"陈"与"田"音同义通。总之，田完的五世孙田书，也就是孙武的祖父，是一位非常出色的军事家，在攻打莒国时立下了战功。因此，齐景公把乐安封给了田书，并赐孙姓。田书的儿子孙凭，做了齐国的卿大夫，成为齐国君主以下的最高一级官员。孙凭就是孙武的父亲，是一个非常有学问的人。由此可见，孙武出生在一个军事世家，他从小就学到了大量的军事知识，并得到祖上的兵法真传。这种家学的熏陶使孙武从小就喜爱兵法，渴望探求战争制胜之道，以备将来登坛拜将，沙场点兵，在战争舞台上干出一番惊天动地的事业来。可惜，当时齐国内乱不止，几大家族争权夺利纷争不休。孙武无意卷入无谓的家族斗争中。于是，他便举家迁到了南方的吴国，躬耕隐居，潜心著作兵书，寻求新的发展机会。因此，《吴越春秋·阖闾内传》

就把孙武称为"吴人"。

当时，吴王阖闾刚刚夺得王位，一心想扩充军备，建立霸业，急需统兵征战的大将之才。孙武的好友、时任吴国大臣的伍子胥将他推荐给吴王阖闾，孙武把自己撰写的兵法 13 篇呈献给吴王，希望能得到吴王的重用。

吴王将这 13 篇兵法——看完，连声称善，便问孙武是否能将这些理论运用于实战。

武王问道："用兵的方法可以演练一下吗？"

孙武回答说："可以"。

吴王又问："可以用妇女来试吗？"

孙武答："可以。"

于是，吴王派出宫中美女 180 人，交由孙武操练。接着，就发生了大家所熟悉的孙武演兵斩美姬的故事。

孙武将吴宫 180 名美女分成两队，让最受吴王宠爱的两个妃子担任两队队长，并命令所有人都拿好戟，然后问她们道："你们都知道自己的前心、左右手和后背吗？"宫女们回答："知道。"孙武又解释说："向前，就是看前心所对的方向；向左，看左手方向；向右，看右手方向；向后，转朝背的方向。"宫女们回答："好。"孙武命人将执法用的斧钺竖立起来，反复重申军法，然后击鼓发令，"向左转"。然而，宫女们听见鼓声，觉得好玩极了，个个捧腹大笑，并不把孙武的命令当作一回事情。孙武见此说："是我规定不明确，你们军令军法不熟悉，错在将帅。"于是再次三令五申，重新击鼓发令，宫女们仍然大笑不止，不去执行命令。孙武沉下脸来："规定不明确，军令军法不熟悉，是将帅的错；既然已反复地讲明，仍不执行命令，那就是队长的错了。"接着下令将两位队长斩首。吴王见孙武要杀掉自己的爱妃，慌忙派人来传命说："我已经知道将军善于用兵了。没有这两个爱妃，我连饭也吃不下，请将军不要杀她们。"孙武断然回绝道："臣既然已受命为将，将在外，君命有所不受。"毅然下令开刀问斩。接着重新任命队长，重新击鼓发令，这次，宫女们都完全按照命令的要求做完了动作，达到了孙武的规定与要求。多次演练，亦复如是。于是，孙武派人报告吴王："队伍已经练好，请吴王检阅。这样的队伍，可以赴汤蹈火，也不会再有什么困难了。"由此，吴王看到了孙武确有领兵统帅的才能，于是他拜孙武为将军，令其日夜练兵，准备进攻楚国。

在孙武的治理下，吴国军事大有起色。

一天，吴王同孙武讨论起晋国的政事。吴王问道："晋国的大权掌握在范氏、中行氏、智氏和韩、魏、赵六家大夫手中，将军认为哪个家族能够强大起来呢？"

孙武回答说："范氏、中行氏两家最先灭亡。"

"为什么呢？"吴王不解。

"我是根据他们的亩制，收取租赋以及士卒多寡，官吏贪廉程度等做出判断的。以范氏、中行氏来说，他们以 160 平方步为一亩。六卿之中，这两家的田制最小，收取的租税最重，高达五分抽一。公家赋敛无度，人民转死沟壑；官吏众多而又骄奢，军队庞大而又屡屡兴兵。长此下去，必然众叛亲离，土崩瓦解！"

吴王见孙武的分析切中两家的要害，很有道理，就又接着问道："范氏、中行氏败亡之后，又该轮到哪家呢？"

孙武回答说："根据同样的道理推论，范氏、中行氏灭亡之后，就要轮到智氏了。智氏家族的亩制，只比范氏、中行氏的亩制稍大一点，以 180 平方步为一亩，租税却同样苛重，也是五分抽一。智氏与范氏、中行氏的病根几乎完全一样：亩小，税重，公家富有，人民穷困，吏众兵多，主骄臣奢，又好大喜功，结果只能是重蹈范氏、中行氏的覆辙。"

吴王继续追问："智氏家族灭亡之后，又该轮到谁呢？"

孙武说："那就该轮到韩、魏两家了。韩、魏两家以 200 平方步为一亩，税率还是五分抽一。他们两家仍是亩小，税重，公家聚敛，人民贫苦，官兵众多，急功数战。只是因为其亩制稍大，人民负担相对较轻，所以能多残喘几年，亡在三家之后。"

孙武不等吴王再开问，就接着说："至于赵氏家族的情况，和上述五家大不一样。六卿之中，赵氏的亩制最大，以240平方步为一亩。不仅如此，赵氏收取的租赋历来不重。亩大，税轻，公家取民有度，官兵寡少，在上者不致过分骄奢，在下者尚可温饱。苛政丧民，宽政得人。赵氏必然兴旺发达，晋国的政权最终要落到赵氏的手中。"

孙武论述晋国六卿兴亡的一番话，使吴王深受启发。吴王听了以后，高兴地说道："将军论说得很好。寡人明白了，君王治国的正道，就是要爱惜民力，不失人心。"

在孙武与伍子胥的共同努力下，吴国制定了以先破强楚为首务，继而南征越国，尔后进图中原的争霸方略；并实施分师扰楚、疲楚的作战方针，使吴取得与楚争雄的主动权。

公元前512年，吴军攻克了楚的属国钟吾国（今江苏宿迁东北）、舒城国（今安徽庐江县西）。孙武初战告捷，给吴王留下了深刻的印象。在孙武的建议下，吴王暂时放弃了伐楚的计划。伍子胥则提出疲楚的战略，建议把吴军分为三军，每次用一军去袭击楚国的边境，"彼出则归，彼归则出"，用这种"亟肆以疲之，多方以误之"的战法来疲惫楚军，消耗楚的实力。阖闾采纳了他们的意见，耐心袭扰楚国达六年之久，使楚军疲于奔命，为大举伐楚创造了条件。

接着，孙武和伍子胥根据楚与唐、蔡交恶，楚国令尹子常生性贪婪，因索贿得不到满足而拘留蔡、唐国君，蔡、唐两国对楚极其怨恨的情况，定下联合唐、蔡，共同袭楚之计。蔡、唐虽是小国，但居于楚的侧背，这就为吴军避开楚军正面，从其侧背作深远战略迂回提供了有利条件。

公元前506年，在伐楚的条件已经成熟的情况下，孙武与伍子胥辅佐吴王阖闾大举攻楚，直捣郢都（今湖北江陵西北）。孙武等人协助阖闾制定了一条出乎楚国意料的进军路线，即是从淮河逆流西上，然后在淮河（今河南潢川西北）舍舟登陆，再乘楚军北部边境守备薄弱的空隙，从著名的义阳三关，即武阳关、九里关、平靖关，直插汉水。吴军按照这一进军路线，顺利达到汉水，进抵楚国腹地。楚军在惊慌失措的情况下沿汉水组织防御，同吴军隔江对阵。由于楚军主帅令尹子常擅自改变预定的夹击吴军的作战计划，为了争功，单独率军渡过汉水进攻吴军，结果在柏举（今湖北汉川北）战败。吴军乘胜追击，五战五胜，占领了楚的国都郢城，几乎灭亡楚国。

孙武破楚，是春秋时期规模最大、时间最长的一次战争。在这次吴国西破强楚的战争中，孙武一举天下成名。

公元前494年，孙武再次显露出其杰出的军事才华，辅佐吴王夫差在夫椒一战大败越军，一战奠定了灭亡越国的基础。只是由于夫差不听伍子胥劝阻，同意了勾践的求和要求，这才埋下了日后吴国灭亡的祸根。

公元前484年，孙武又辅佐吴王夫差在艾陵一战中战胜齐国，从而使吴国国威大振，在两年后的黄池会盟中取代晋国一跃成为春秋晚期的霸主。

战国时期军事家尉缭子赞赏孙武说："有提十万之众，而天下莫当者谁？曰桓公也；有提七万之众，而天下莫当者谁？曰吴起也；有提三万之众，而天下莫当者谁？曰武子也。"对孙武用兵如神推崇备至。司马迁在《史记·孙子吴起列传》中也指出："（吴国）西破强楚，入郢；北威齐、晋，显名诸侯，孙子与有力焉！"

孙武的军事理论在他的一系列的军事实践中得到了充分的证明。下面，我们再来谈谈他的更加有名的军事理论著作——《孙子兵法》。

《孙子兵法》共分计、作战、谋攻、形、势、虚实、军争、九变、行军、地形、九地、火攻、用间十三篇，5900余字。它是按照战争进程顺序展开的一个完整的兵学体系，逻辑关系十分清楚，每一章的主题都十分的明确。

《始计》第一，论述怎样在开战之前和战争中进行谋划的问题，并论述谋划在战争中的重要意义。孙武认为，在开战之前，必须对敌我双方的基本条件作周密的研究和比较，认真地进行谋划，以便制订出正确的作战计划。

在战争进行过程中，也必须根据利害关系和不断变化的形势来进行研究和谋划，采取机动灵活的措施，进攻敌人要做到"攻其不备。出其不意"。

孙武认为，谋划周密就可能在战争中获胜，谋划不周则难于获胜，根本不进行谋划是一定要失败的。

在本篇中，孙武提出了"庙算"的思想以及决定战争胜负五项基本条件，即："道"（道义）、"天"（天时）、"地"（地利）、"将"（将帅）、"法"（法制）。孙武认为，对这些条件如果能做到了如指掌，真正落实，就能够决定战争的胜利。

《作战》第二，论述速战速胜与因粮于敌的重要性。因为出兵打仗要耗损国家大量的人力、物力、财力，拖久了就会使军队疲惫、锐气挫伤、财货枯竭，别的诸侯国会乘机进行进攻。从速胜的思想出发，孙武反对以当时简陋的作战武器去攻克坚固的城寨，也反对在国内一再征集兵员和调运军用物资，而主张在敌国就地解决粮草，主张用财货厚赏士兵，主张优待俘虏，主张用缴获的东西来补充壮大自己。他认为这样做，才能迅速战胜敌人。

在本篇中，孙武提出了"贵胜不贵久""因粮于敌"的著名观点。

《谋攻》第三，论述用计谋征服敌人的问题。孙武认为"不战而屈人之兵"是用兵的最高境界，"全国""全军""全旅""全卒""全伍"地让敌人屈服投降是最理想的作战方案，"破国""破军""破旅""破卒""破伍"地使用武力击破敌人则属于次一等的境界。

怎样才能做到"不战而屈人之兵"呢？孙武认为，上策是"伐谋"，其次是"代交"，再次是"伐兵"。要做到这一切，必须建立在了解敌我双方情况的基础之上。通过政治攻势、外交手段和武装力量等手段来打乱敌人的计划，最终达到不战而屈人之兵的目的。在和敌人作战时，如果敌强我弱，应该集中优势兵力战胜敌人，做到"十则围之，五则攻之，倍则分之，敌则能战之"，即有十倍于敌的兵力就包围敌人，有五倍于敌的兵力就进攻敌人，有一倍于敌的兵力就设法分散敌人，和敌人的兵力相等就要善于战胜敌人，比敌人的兵力少就要会善于退却，战斗力不如敌人就要避免与敌人作战，不能强拼硬打。

在本篇中 孙武提出了"知彼知己，百战不殆。不知彼而知己，一胜一负。不知彼不知己，每战必殆。"的著名思想。

《军形》第四，论述用兵作战要先为自己创造不被敌人战胜的条件，以等待敌人可以被我战胜的时机，使自己"立于不败之地"。孙武认为：战争的胜负决定于敌我双方力量的大小，要想战胜敌人，就必须在力量的对比上使自己处于绝对优势，造成一种迅猛不可抵挡的形势。除此之外，还要等待与创造敌人可以被我战胜的有利时机，善于抓住敌人的弱点，这样，就可以轻而易举地战胜敌人。孙武认为，要在作战中取胜，必须重视攻和守的问题。兵力不足就防守，兵力有余就进攻。防守时要十分严密地隐蔽自己，进攻时要打敌于措手不及。这样，就能达到"自保而全胜"的目的。

在本篇中，孙武提出了"胜兵先胜而后求战，败兵先战而后求胜"的著名观点。

《兵势》第五，论述用兵作战要造成一种可以压倒敌人的迅猛之势，并要善于利用这种迅猛之势。势是什么呢？孙武说，这种势就像可以漂起石头的激流，就像一触即发的拉满的弓弩，就像圆石从千仞高山上滚下，有一种不可抵挡的力量。用这种力量打击敌人，就能够以一当十，所向无敌。

怎样造成这种势呢？首先，要给自己创造条件，使自身具有战胜敌人的强大力量。其次，要选择熟知军事、知人善任的将帅，指挥士兵作战灵活自如，并且善于用假象来迷惑敌人，用小利来调动敌人，引诱敌人陷入圈套，然后再用伏兵狠狠地打击敌人。

在本篇中，孙武提出了"凡战者，以正合，以奇胜"的军事原则以及"善战者，求之于势，不责于人"的著名观点。

《虚实》第六，论述用兵作战须采用"避实击虚"的方针。怎样才能做到避实击虚呢？第一，要使我方处于主动地位，使敌方处于被动地位，把战争的主动权牢牢掌握在自己手中。第二，要出其不意，攻其不备，打击敌人兵力的空虚之处。第三，要集中自己的兵力，并设法分散敌人的兵力，造成战术上的我众敌寡。孙武指出，运用避实击虚的作战方针；要从分析敌情出发，要随着形势的变化，因为战争过程中的众寡、强弱、攻守、进退等等关系都处在急剧变化之中。

在本篇中，孙武提出了"兵无常势，水无常形，能因敌变化而取胜者，谓之神"的著名观点。

《军争》第七，论述如何争夺制胜的有利条件，使自己掌握作战主动权的问题。孙武认为：首先，军争之难者，乃是"以迂为直"和"以患为利"两大问题。为此，必须了解各诸侯国的政治动向，必须熟悉地形，必须使用向导，做到情况明了。其次，必须行动统一，步调一致，做到"其疾如风，其徐如林，侵掠如火，不动如山，难知如阴，动如雷震"。"勇者不得独进，怯者不得独退"。最后，要求指挥正确，机动灵活。做到以上几点，才能在战争中处于有利的位置。

在本篇中，孙武提出了"避其锐气，击其惰归"这一著名的军事原则。

《九变》第八，论述将帅指挥作战应根据各种具体情况灵活机动地处置问题，不要机械呆板而招致失败。孙武强调，将帅处置问题时必须做到：首先，考虑问题要兼顾有利和有害两方面。在有利的情况下要想到不利的因素，在不利的情况下要想有利的因素。其次，要根据不同的斗争目标，采取不同的斗争手段。再次，要立足在充分进行准备、使敌人不可攻破的基础上，不能存侥幸心理。最后，要克服偏激的性情，全面、慎重、冷静地考虑问题。只有做到了以上这些，才能"得地之利""得人之用"。

在本篇中，孙武认为，将帅要从实际出发处置问题才能战胜敌人，所以对于国君的违背实际的命令可以不去执行，因此，他大胆地提出了在实际情况中，将帅要敢于做到"军有所不击，城有所不攻，地有所不争，君命有所不受"的著名观点。

《行军》第九，论述行军作战中怎样安置军队和判断敌情问题，还论述了军队在山地、江河、盐碱沼泽地、平原四种地形上的不同处置办法，还论述了军队遇到绝涧、天井、天牢、天罗、天陷、天隙等特殊地形的处置办法。孙武提出了31种观察、判断敌情的方法，通过这些方法，把看到的、听到的和侦察到的各种现象加以分析研究，掌握真实的敌情，才能制订出正确的作战方案，最终获得胜利。

在本篇中孙武提出了"令之以文，齐之以武"的文武兼用的治军原则，即要用道义来教育士兵，用法纪来统一步调，这样的军队打起仗来一定能取得胜利。

《地形》第十，论述用兵作战怎样正确利用不同的地形的问题。在本篇中，孙武强调为将者不仅要做到"知彼知己"，更要做到"知天知地"。将帅必须深刻认识到自己的责任，在军队管理上要做到爱兵如子，在战争中一切要以获胜为目的，要从国家最高利益出发，要有"进不求名，退不避罪"的情怀。

《九地》第十一，孙武将作战地区划分为九类，并相应地提出了各自的用兵要则。孙武分析了九种战地的特点和士兵处在这些地区的心理状态，相应地提出了在这些地区用兵的不同措施，认为深入敌国，等于把士兵投置在危地。陷入死地，他们会迫不得已拼死作战，发挥更大的战斗力，而且，深入敌国，还可就地补充军粮，还可因离家太远而不会逃散，服从指挥，一心一意作战，夺得战争胜利。

在本篇中，孙武提出了"投之亡地然后存，陷之死地然后生"的著名观点。

《火攻》第十二，论述在战争中使用火攻的办法、条件和原则等问题。孙武认为，火攻有火人、火积、火辎、火库、火队五种，即焚烧敌军的营寨、积聚、辎重、府库和运输设施这五种。着眼点在于摧毁敌人的人力、物力和运输线。这五种火攻方法必须变化运用，我军可以掌握，敌军也可以掌握，应该注意防备。火攻必须具备条件。除了发火的器材必须平时有准备之外，纵火时还要选择天时，要在天气干燥和刮风的日子放火。实施火攻也必须和士兵的进攻互相配合，这样才能发挥火攻的作用，达到夺取胜利的目的。

在本篇中，孙武还提出了"主不可以怒而兴师，将不可以愠而致战"

的慎战思想。

《用间》第十三，论述使用间谍侦察敌情在作战中的重要意义，并论述了间谍的种类和使用间谍的方法。孙武十分重视间谍的作用，认为它是作战取胜的一个关键，军队应依靠间谍提供的情报而采取行动。孙武把间谍分为五种：因间、内间、反间、死间、生间。所谓因间，就是利用故国乡里的普通人为间谍；所谓内间，就是利用敌国的官吏为间谍；所谓反间，就是利用敌方的间谍来为我所用；所谓死间，就是故意对外散布虚假的情况，让我方间谍知道，然后传给敌方；所谓生间，就是派往敌方侦察敌情以后能亲自回来报告的间谍。这五种间谍，前三种是利用敌方人员，后两种是我方潜入敌人内部的。这五种间谍都使用起来，情报的来源就十分广泛，打起仗来使敌人茫茫然不知怎样应付，确实是神妙莫测。从反间得来的情报最重要，因此，要特别重视反间，对待反间的待遇应该特别优厚。

在本篇中，孙武提出了"故三军之事，亲莫亲于间，赏莫厚于间，事莫密于间"的著名观点。

今天看来，《孙子兵法》堪称当之无愧的"兵学圣典"，也是举世公认的"百世兵家之师""世界古代第一兵书"，其思想精华不知滋哺了多少古往今来的杰出的军事家。孙武被称为"兵圣"，确实是当之无愧。

1991年2月5日，日本记者黑田彻则在日本《每日新闻》上以"从《孙子兵法》看海湾战争"为题评论说："自古以来，战争就有各种各样的战略战术。《孙子兵法》是最古老的兵法，但它同时也具有非常出色的现代性。用《孙子兵法》来分析海湾战争中多国部队和伊拉克军队的作战方法，我们便能发现有许多令人吃惊之处。"

现如今，在这个全球商战的年代里，《孙子兵法》更多被广泛应用于企业的管理与商战当中。

日本学者村山孚说，日本企业的生存与发展是靠两大支柱：一个是美国的现代官吏制度，一个是《孙子兵法》中的战略和策略。据说，在美国的哈佛大学和哥伦比亚大学商学院如今都开设了《孙子兵法》课程，并要求学生熟背《孙子兵法》。

除了对企业的影响，近些年，体育竞技活动领域也在积极从《孙子兵法》一书中开发丰富的谋略思想。日本著名的《孙子》译注家北村佳逸说，孙子在军事领域之外看透的东西范围广、深度大，只要把握了孙子的精髓，不但能在战场上有必胜希望，而且在棒球进退、行市输赢、选举运动以致夫妇争执之中也能稳操胜券。

孙武的思想，看来真是可以与日月争辉，"不废江河万古流"。

千古老子

　　老子是春秋时代最著名的思想家之一，后来他又被奉为道教的始祖，也就是几乎为全中国人所熟悉的太上老君。可是，后人对老子的认识却犹如云山雾罩一般，除了《史记》留下的有限的一点史料外，老子究竟是一个什么样的人，始终是一个难解之谜。就是两千年前的《史记》作者司马迁，对此也是一头雾水，无法准确撰写出有关老子事迹的传记。虽然，后人对老子及他的著作赞赏有加。但在当时，对周王朝失去了信心的老子却最终选择了离去。据说他是骑了一头青牛，头也不回，西出函谷关，在萧瑟的秋风中，飘然向西不知何处而去了，似乎是很默然、寂静、欢喜。他离我们远去，天地间留下一个剪影——一个永远神秘的背影。这个背影在夕阳之下，依稀幻化为八个大字：无为自化，清净自正。

说起道家的第一代表人物，自然非老子莫属。

早在公元前 6 世纪中叶，在中国的中部，也就是司马迁所说的楚苦县厉乡曲仁里这个地方，出现了一位具有深刻思想的智者，这就是《道德经》一书的作者——老子。

像耶稣一样，关于老子的诞生，中国民间也一直流传着这样一个神诡奇异的传说。

相传，春秋时期某年某月某日，在楚苦县厉乡曲仁里的流星园，一个少女忽见红光闪闪、流星奔突，但见一颗流星砸在前面的李子树上，顷刻间化为鲜红的李子。这个少女忍不住眼前鲜艳欲滴的果实，遂吃了一个下肚，这样，她就怀上了孩子。这个孩子，就是后来一直为中国人引为自豪的老子。据说，老子出生时，"天上万鹤翔空，九龙吐火，以浴圣姿"。

老子在中国文化史上也颇具神秘色彩，他留给后人的，似乎只是一个飘忽的背影。称他为"老"，是因为有人说他一生下来就是一副老相。《神仙传》中就说："生而皓首，故称老子。"我想，老子所以为老，大约是因他的思想被人们所认识的时候，他已是一位德高望重的长者的缘故吧。这样看来，"老子"，是否有点今天我们常言的"老先生"的意思呢？

老子姓李，名耳，字聃．人们也叫他老聃。"聃"就是人耳朵的意思，大约这位老先生长了两只硕大的耳朵——这在中国传统的相面术中乃是天资聪颖、富有智慧、加上有福相之人才会具有的一种外部特征。有人言之凿凿，说他"耳长七寸"，故而又有人称他为"大耳朵的哲学家"。

在人们的心目中，老子的形象就像神龙一样"见首不见尾"，神秘异常。我们只是从《老子》和其他与此相关的历史资料中知道，老子学问渊博，造诣极高，是一个真正达到了天人合一境界的智者。

按照司马迁在《史记》中的说法，老聃是楚国人，他曾担任过的一个社会职位是周王朝的"守藏室之史"，大约相当于现今国家图书馆或博物馆的馆长。这个职位一般要学识渊博的人才可担任，老子学问的博雅丰富也可由此得到一点佐证。老子的祖先世代为周室史官。他自己曾做过周守藏室之史，是东周王朝掌管典籍图书的史官。这个守藏室，相当于现代的图书馆、档案馆、博物馆、珍宝馆的综合。守藏室不但收藏了周朝和武王前周人的书籍、史官记载、珍宝物品，还有一百多大小诸侯国的历史文字、上古遗书，各国的供奉，记载了早期华夏各氏族的渊源。另外，夏商遗民遗物，大禹所制的九鼎，也都存放在这里。老子在这里，有机会接触到大量当时和上古的书籍，从而为他后来形成道家思想打下了坚实的基础。

《史记》还记载了老聃与后来成为中国人"至圣先师"的孔丘的一次对话。孔丘向老聃请教关于周礼的问题，老聃并没有正面回答，而是给了他一番忠告：

> 子所言者，其人与骨皆已朽矣，独其言在耳。且君子得其时则驾，不得其时则蓬累而行。吾闻之，良贾深藏若虚，君子盛德，容貌若愚。去子之骄气与多欲，态色与淫志，是皆无益于子之身。吾所以告子，若是而已。

老聃是觉得孔丘的用世之心太切，所以不客气地批评了他。而在孔子的感受中，老聃则属于那种世俗尘网所不能拘束得住的人，是那种能"乘风云而上天"的人中之龙。孔丘虽表示自己不能理解老子，但仍表现出对他由衷地钦佩。

孔子回去后，对他的弟子曾经大发感慨："鸟，我知道它能飞；鱼，我知道它能游；兽，我知道它能跑；习惯奔跑的可以用网来捕捉；习惯在水中游的可以用鱼竿来钓；习惯在天上飞的可以用箭来射。至于龙，它没有习惯性要求，因此事先我根本无法知道它会怎么动作。它只是根据形势而动，当出现适合它行动的风暴来临时，它就会顺势形成龙卷风而直上青天。我今天所见到的老子，就像神龙一样，是一个见首不见尾的神秘人物啊。"

至于《道德经》的产生，《史记》中有这样的记载：

> 老子修道德，其学以自隐无名为务。居周久之，见周之衰，乃遂去。至关，关令尹喜曰："子将隐矣，强为我著书。"于是老子乃著书上下篇，言道德

之意五千言而去，莫知其所终。

司马迁的这段话，简要地披露了老子的身世和学问，并记录了老子著书的个中原委。

对于这本书的产生，民间也一直流传着这样一个美丽的传说。

据说，周朝有一位大夫叫尹喜，字公文，自幼聪颖好学，善观天象，曾在陕西终南山结庐隐修。一天，尹喜看见天空中有一股紫气东来，如蚊龙腾舞，形状奇异。他掩不住心头的兴奋，连声赞道："妙哉，妙哉！此乃祥瑞之气，真人将至矣！我当于函谷关去迎接。"于是便上书朝廷愿为函谷关令。到关以后，尹喜就命令守关的门卫，如有一个乘青牛的老翁从东边来，不要放他过关，立即禀告。

过了90天，果然有一位老者，天庭饱满，两耳垂肩，鹤发童颜，神清气爽，骑着一头青牛，嘀嗒嘀嗒，迈着有节奏的步伐，悠然自得地从东边向函谷关而来。门卫立即禀报，尹喜赶紧出迎，再三稽首参拜："圣人来矣，有请！有请！"

这骑青牛过关的老者，便是老子。因周室内乱，他辞官西行，路过函谷关。看见面前这位官员，清奇不俗，气度非凡，彬彬有礼，便问道："你是何人？为何得知老夫将至？"尹喜恭恭敬敬地回答道："我乃函谷关令尹喜，去年冬天，见天理星西行，今春又见紫气东来，状如龙蛇，知真人将西行，故在此迎候。"

尹喜对老子执弟子礼，甚是恭敬，他再三恳求老子道："您老就要归隐了，无论如何要留下一本书才好。"老子拗不过尹喜，就应其所求，留下了千古名篇《道德经》，然后骑着他的青牛继续西行。此后，便再也没有了关于老子的消息，谁也不知道他去了哪里，活了多久。关于老子的思想，我们也只能在他的《道德经》中，窥探出一鳞半爪。

今天，我们看到的《道德经》一书，是用韵文写成的哲理诗，分上下篇，共81章，五千余言。前37章为《道经》，后44章为《德经》，两篇合称《道德经》。此书含有丰富的唯物论与辩证法思想，与古希腊哲学一道构成了人类哲学的两个源头，对我国 2000 多年来思想文化的发展产生了十分深远的影响，信息量与内涵十分的丰富，确实值得我们仔细品味与探讨。

经过两千年世界文化史上的大浪淘沙，《道德经》已经被证明是人类文化史上真正的瑰宝。据有人统计，在全世界有史以来的出版物中，各种文字的《老子》译本的印行数量仅次于《圣经》，居第二位。《道德经》是人生修养最重要的经典，书中思想自古至今极受世人推崇，被现代人誉为"智者的低语""滋润心灵的甘泉"。

不过，由于《道德经》一书，用语古朴简约，内容包罗万象，思想深奥幽玄，有无相生，正反相通，因而其丰富的智慧思想极易被人误解。一提到道家思想，总有一些人认为是消极避让、不思进取的隐士哲学；是明哲保身、与世无争的弱者哲学；还有人干脆说老子是阴谋家的鼻祖等，这其实，都是人们对这本书道听途说式的误解的缘故。

今天，随着现代人类对大自然的过度开发，对科学过度的崇拜，社会生存危机日益严重，人们在进行反思的同时，越来越认识到《道德经》那独特的智慧魅力和与众不同的思想价值。老子和他的伟大思想一起已经从中国走向世界，越来越成为人类共同敬仰的精神导师和共同分享的思想财富。

1910 年，一个叫尤利斯噶尔的德国人写了一本书：《老子的书——来自最高生命的至善教诲》。他说，也许是老子的那个时代没有人真正理解老子，或许真正认识老子的时代至今还没有到来。老子已不再是一个人，不再是一个名字了。老子，他是推动未来社会的能动力量，他比任何现代的思想，都更加具有现代意义，他比任何生命，许多许多生命，都更具有生命的活力。

英国人李约瑟在他的《中国科学思想史》一书中说，中国人的很多最吸引人的特性，都来自道家的传统。中国如果没有道家，就像大树没有根一样。

德国物理学博士彼德·洛伦兹盛赞："老子的《道德经》对我来说是包罗万象的。老子的很多观点在今天也十分恰当，不必要改动便可借用，一部著作的永久性给予它一个伟大的、不寻常的形象；文章给后人留下各种理解的可能性也使我赞叹不已！"他甚至得出结论："老子在他生活的社会里，已经体验到人类生活、社会形态的总旨和精华。""老子及其著作与人类共存！"

虽然，后人对老子及他的著作赞赏有加。但在当时，对周王朝失去了信心的老子却最终选择了离去。据说他骑了一头青牛，头也不回，西出函公关，在萧瑟的秋风中，飘然向西不知何处而去了，似乎是很默然、寂静、欢喜。

他离我们远去，天地间留下一个剪影——一个永远神秘的背影。这个背影在夕阳之下，依稀幻化为八个大字：无为自化，清净自正。

孔子：一个乱世里的梦

　　孔子的一生，遇到了重重困难，坎坷而艰辛。他有着宏伟的政治抱负，并有将此付诸实践的政治才能。然而，乱世的客观形势却没有给他施展才华的机会，他因此而处处碰壁。治世的理想没能实现，对他可谓是一个凄婉的悲剧。不过，他的信念始终都没有改变，现实再残酷也没能使他降低目标。一个人在逆境中执着了一辈子，严以律己、宽以待人，自强不息，不怨天，不尤人，不变节，不移志，不见风使舵，不追名逐利，"虽九死其犹未悔"。在这方面，孔子可以说是中国两千年来一个最高尚的典型。他承前启后，创建了一套能够与现实相抗衡的新学说，建立了一个广阔的精神境界；他能够视富贵如浮云，过着一种不忧不惧、十分坦荡的生活，所有这些，也为后来的中国人树立了一个值得尊崇的榜样。他对事业的追求，对道德学问的修养，像高山一样使人景仰，像光明大道一样导人遵行。他的精神，激励着一代又一代的后人。

公元前 551 年，在鲁国陬邑（今山东曲阜），一个叫颜征在的女子产下一个男婴，这个男婴长大后改变了中国的历史，他，就是后来被中国人长期奉为"大成至圣先师"的孔夫子。

当孔夫子还是个孩童的时候，谁会想到他日后会成为中华文化主干的一位奠基者？

这是一个苦命的孩子，他一来到人世间，生活中就布满了挥之不去的阴影。说起来甚至有点讽刺的意味，就是他的生命的孕育，在中国正统的文化观念看来也是满含着耻辱的。孔子的父亲叔梁纥，做过陬邑宰，是一个以武功见长的武士，以勇力闻名于诸侯。最让他名声大振的是在偪阳之战中，他竟然用双手托起城门的千斤闸，让鲁军安全撤离。想来，叔梁纥也算是那个时代的一位英雄。但司马迁在《史记》中说颜氏女与叔梁纥"野合而生孔子"，而此时的叔梁纥据说已是年过 70 岁的垂垂老者，颜征在还是个不满 20 岁的妙龄少女。"野合"本身就有着非礼的味道，更何况他们的年龄有着那样大的差距，确实有些不可思议。但无论怎样，一个后来被历史证明了是伟大的生命就这样诞生了。他的长相也有点异样："生而首上圩顶"——小脑袋中间低而四面高，其状如丘，所以得了孔丘这个名字。孔丘出生不久，叔梁纥就去世了，他成了一个没有父亲的穷孩子，长时期内，母子二人在贫困中度日。他后来常常这样辛酸地说起自己的童年："吾少也贱，故多能鄙事。"

但是，这个穷孩子的身上却流淌着贵族的血液。根据《史记》的说法，孔子先祖是宋国贵族，其家世一直可追溯到宋微子，所以孔子又可说是殷商贵族的后裔。但那是怎样的贵族呢？宋微子当然是孔子的祖先中最有名望的一位，他被司马迁称为殷商"三仁"之一，但这位身为皇兄而又忧国忧民的仁者在殷纣王的暴政之下可说是一筹莫展，最后只好无可奈何地弃君而去。临走的时候，他还发表了一段演说。他说自己已尽了一个臣子的责任，事情到了这个地步，也只好随它去吧！由此可见，宋微子其实是商纣王的一个持不同政见者，他为了坚持自己的意见甚至于闹到了辞职不干的地步。或许正因为这样，在周武王伐纣灭殷之时，微子降周，"持其祭器造于军门，肉袒面缚，左牵羊，右把茅，膝行而前以告"，便是顺理成章的事情了。武庚之乱后，宋微子受周公之命，"代殷后，奉其先祀"，这便有了后来的宋国。

孔子的先祖中较有名的还有六世祖孔父嘉。这位身为宋国大司马的贵族，只因为娶了一位漂亮的夫人，就给自己招来了杀身之祸，并引起宋国的一场内乱。这件事情在《左传》中有简洁而生动的描述："宋华父督见孔父之妻于路，目逆而送之，曰：'美而艳'。……宋督攻孔氏，杀孔父而取其妻。"后来，孔子的曾祖孔防叔也是"畏华氏之逼"，才从宋国逃亡到鲁国的。

如果上述史料确凿无误的话，把孔氏家族说成是没落的贵族，大约不会存在太大的争议，但这个家族的衰落史竟这样的悲惨和血腥，却是发人深思的，这浓缩出来的意义，也许就是人世现实生活的一个象征。如果我们说，一个家族的历史很可能会在深层的心理结构上对个人产生影响的话，那么，富有哲人智慧的孔子，他从自己所属的这个华贵而又多灾多难的家族衰落的历史中所能感悟到的，大约不会仅仅是个人的悲欢和荣辱吧。

孔子后来从一个贫且贱的少年成长成为一个远近闻名的学者和睿智的政治活动家。他是靠着自己的勤奋与努力，先成为一个学者而后才去干预政治的。

孔子幼年聪明好学，母亲颜征在的知识满足不了儿子的需要，就将孔子送到外祖父颜襄那里学习。颜襄博古通今，早年在外为官，退休后聚徒讲学，孔子早年的学问，就是来源于母亲与外祖父的日常熏陶。颜襄临终前指着这位异相奇才的外孙对女儿说："孺子可教也！"

至于孔子的政治生涯，我们能够了解的并不是很多。只知道他曾经很热心于从政，并一度有所作为。他做过中都宰——大约相当于今天京都的市长，后来又做了司空、司寇，并一度代行国相之职。在有名的齐鲁"夹谷之会"中，孔子真是出尽了风头，在外交上表现了非凡的魅力；他在内政上面也颇有建树，虽然诛杀少正卯一事让他在两千多年之后的"文化大革命"中受到革命群众义愤填膺的口诛笔伐，但据说他执政仅三个月，就做到让做生意的诚实守信，不漫天要价，鲁国人路不拾遗，还让四方之人可以自由地出入于鲁境，有所得而归。要知道，在那样一个动荡不安的社会里能够拥有如此的政绩，那可不是一件简单的事情。

看来，孔夫子不仅有政治抱负，同时还颇有政治才干，一颗政坛新星正在鲁国冉冉升起。胡适曾评断孔子"基本上是一位政治家和改革家"，想来不为虚言。但这颗新星很快就陨落了，其原因让人听起来都感到气短。原来，鲁国的变化让邻邦齐国感到吃惊和恐惧。他们认为孔子当政必定会使鲁国称霸于诸侯，那就会使齐国的安全首先受到威胁。于是，他们就想方设法破坏鲁国的改革事业，而他们所用的手段又极为有趣。他们不干别的，只在齐国挑选了80位美丽的小姐，把她们培训得能歌善舞，给她们穿上华美的时装，然后用宝马香车把她们运到鲁国，说是把她们作为礼品送给鲁君受用。这一招，大约也就是现代政治话语中之"糖衣炮弹"，可见其源远流长，屡试不爽，并且不是现代人的什么新发明。从相关的记载来看，齐人"陈女乐文马于鲁城南高门外"，似乎是搞了一个规模盛大的展览。先是惹得鲁国的权贵季桓子"微服往观再三"，然后是季桓子与鲁君一起"往观终日，怠于政事"，最后是他们高高兴兴地接受了这些宝物来享受，以致"三日不听政"。这件事让夫子大为恼火，同时也使他对鲁国的政治前途失去了信心，一怒之下，他辞去鲁国行政上的职务，开始了其周游列国的苦难历程。

这件事情有点意味深长。

我们知道，中国文化中老早就有女色祸国的说法，但这其实与政客们邪恶的居心和淫荡不堪的生活相关联。那是一个绝对的男权社会，同时也是一个胡闹的缺少理性的社会，处于权势峰巅的好些臭男人一面放纵情欲，以享用女色为乐，一面却把女色视为一种腐蚀剂，用它来瓦解对手的意志；实践可悲地证明了这种腐蚀的有效性。孔夫子显然对这种社会腐败现象保持了应有的警惕，但他对此又无可奈何，所以也只好采取了撂挑子的消极方式来表达自己的抗议。

对于孔夫子当年的撂挑子，人们当然可做种种评论。我们可以说他在政治上是极不成熟的，甚至可说他是犯了政治上的幼稚病。他心气过于高傲，过于心浮气躁，经不起一点点挫折，稍不如意就甩手不干，这怎么是一个成熟的政治家的作为呢？况且，人家不也就是放了几天假去欣赏一下美人的歌舞表演嘛，何必那么大惊小怪！你老先生这种作派，还真让人感到害怕，谁还会给你官做呢？但我们似乎还可以这样来评说：这件事恰好表现了孔子深刻敏锐的政治洞察力和不妥协的精神，所谓一叶落而知秋，窥一斑而见豹。他认识到像鲁定公和季桓子那样的人，是不能够辅佐成其大业的，因为他们都沉迷于物欲而易于迷失理性。按照孔子的说法，"道不同不相为谋"，他当然要与他们分道扬镳了。

孔子的这种决绝作风很有点像他的先祖宋微子，他们都是有自己政治主张的仁人志士，他们追求功名，积极用世，但他们绝不迷恋权势。这大约也是一个真正意义上的政治家与一般所谓政客的区别吧。

但无论在这件事情上对孔夫子做怎样的评说，事件本身还有更深一层的文化意蕴：它似乎在明明白白昭示后人——指望仅靠某个圣人就能把国家治理好，这只能是一种空想。以孔子之圣，尚不足以帮助鲁君和季氏抵御"肉弹"的袭击，这也就意味着他不能有效地扼制政治上的腐败。儒家圣人治国的理想，其实在其创始人的首次演练中就已经一败涂地了。

据《晏子春秋》记载，孔子任鲁国宰相，齐景公很害怕，就对晏子说："邻国有圣人，这是敌对国家的最大隐患。现在孔子作了鲁国的宰相。怎么办？"晏子倒不显得那么着急，他对博大的政治权谋显然充满信心。一番思虑后，他劝齐景公用离间计将孔子赚到齐国，让他自绝于鲁国，又不能任用于齐国。后来果如晏子所料，孔子弃鲁奔齐后，并未得到齐景公的重用，从此在外流浪十余年而一事无成。

孔子带领着他的那班弟子周游列国，实际上是在外过了14年颠沛流离的苦难生活。他是个在苦难生活磨炼中成熟起来的智者。在司马迁的描述中，我们分明可以感受到一位漂泊中的中国传统知识分子丰富生动的个性——他迂执、自负、认真、坚定……甚至认真中的滑头、坚定中的怯懦……

"子见南子"是一个很有名也很风趣的故事，让人忍俊不禁，很具代表性。推想起来，卫灵公的夫人南子大约是当时贵族夫人中十分风流妍美同时也极富有个性的一个女子，甚至可以说她极具现代女性的气质。她听说大名鼎鼎的学者孔丘来到卫国，就提出要见他一面。她说四方的君子只要想与我们国君交朋友的，没有人不来拜会我这个"小君"，而我也很乐意见见他，那口气不容你拒绝。这大约一方面是出于对孔丘的仰慕，一方面也在提醒这位一向轻视妇女的夫子不要小看了她这位第一夫人，其他恐怕也没有什么邪念。这大约是史书所记载的孔子与女人的唯一一次近距离的交往。可这次历史性的会面却让后人感到滑稽可笑："孔子入门，北面稽首。夫人自帷中再拜，环佩玉声璆然。"两人只是隔着帷幕相互行礼，孔夫子除了听到国君夫人身上玉佩相撞发出的响声之外，一无所见，大约也并没有进行什么谈话。可这件事情竟然让他的学生子路很不高兴，脸色似乎很难看，害得夫子赌咒发誓："我如果对南子有什么企图，就让老天来惩罚我！就让老天来惩罚我！"这个时候的孔子，真是可笑又可爱。

孔子在卫国待了一个多月，有一天，卫灵公出行，让夫人南子和自己乘同一辆车，而让孔子坐在了后面的车上，车队招摇过市。不料这件事情却让孔子生气了，大约是以为自己没有受到足够尊敬的缘故，于是，丢下一句千古名言："吾未见好德如好色者也"，然后离开了卫国。看来孔夫子的脾气还真是大得很。平心而论，孔子这一次就怪得有些不近情理：人家的夫人，出行时和夫君乘同一辆车子，再怎么招摇，也轮不到你去吃醋，干吗那么酸溜溜的！再说，你把自己说成是德行的代表，冷落了你便是不好德，而把国君与夫人的亲密关系说成是好色，也实在让人难以理喻。这类事情，还真让人感觉到孔夫子的迂腐和偏执。

孔子是名人，一个名人在乱世中四处奔走去推销他那一套政治主张，难免要遭人嫉恨，于是，孔子的流亡生活环境便危机四伏、险象环生。被匡人追捕虽出于误会，但险些让孔子丢了性命。到了宋国，也没招惹谁，不过是师徒在一棵大树下操练礼仪，可一个叫桓魋的家伙竟命人把那大树砍倒，吓得孔子师徒赶快逃离；在蒲地又遇上动乱，被乱兵所围，靠了弟子公良孺的拼死搏杀方免于难。然而，最艰难的恐怕还要算被困在陈蔡之间的那段时间。事情的起因是孔子受到了楚国的重视，想到楚国去应聘，这件事让陈、蔡的那些官僚们感到害怕，他们勾结起来，派了一伙打手将孔子和他的学生围困在旷野中，孔子"不得行，绝粮，从者病，莫能兴"，直至子贡到楚国搬来军队才得以脱身。"岁寒。然后知松柏之后凋也。"作为一个思想家的孔子的优良品质，他的人格的无穷魅力，却在这十余年的困难环境中显露无遗。

孔子是一个有着生活信念的人，所以他在精神上是一个永远的贵族。有一次，他在郑国与学生们走失了，一个人孤孤单单地站在城门口，看到他的人描述其情状，说他瘦弱而疲惫，"累累如丧家之犬"，孔子也曾以此自嘲。但这并不妨碍他成为一个精神上真正的强者，或者说他的精神正是在这困厄之中才显示出其独特的价值来。人的精神的力量多半与其信仰相关，西方人常从对上帝的信仰中来获取精神的力量，他们想靠着这种信仰使自身和人类都得到拯救。孔子没有明确说过他信仰上帝，他对神的态度是敬而远之。然而，他并不缺乏救世的情怀，且时时自认是承受了上天使命的人。在匡遇难时，情势万分危急，弟子们人人恐惧。孔子却从容说道："文王既没，文不在兹乎？天之将丧斯文也，后死者不得与于斯文也。天之未丧斯文也，匡人其如予何！"

逃离宋国的时候，弟子催他快点跑，他又说："天生德于予，桓魋其如予何！"他说自己的使命就是要来做西周文化薪尽火传的工作，而上天大约是不会让这种文化毁灭的，所以他无所畏惧。

最值得玩味的是孔子在陈、蔡旷野中和弟子的那番对话，那是一种真正意义上的灵魂的交流与沟通，对话涉及了人在困境当中是否能守护住自己确认的理想和信念这样一个严肃的课题。不知道那是被困的第几天，吃的东西没有了，弟子们一个个饿得躺在地上爬不起来，可孔夫子仍然"讲诵弦歌不衰"。这个时候，连那些跟孔子最为铁心的弟子也沉不住气了，子路话语中透着气恼，子贡的脸色也很难看。他们问先生："你成天教我们正人君子之道，难道君子就是要这么受苦受难吗？"孔子沉吟良久，又说出一句千古名言："君子固穷，小人穷斯滥矣。"这句话，其实是一个思想家和伟大先知庄严的人生誓言。孔子深切地体会到，一个人的精神境界所达到的高度，只有在逆境之中才能检验出来，而能否在人生的困境中坚守住自己美好的生活信念，正是君子与小人一个重要的分野。为了坚定弟子们的信心，孔子又引用"诗三百"的话来向学生发问："诗云：'匪兕匪虎，率彼旷野'。吾道非耶？吾何为于此？"他说我们现在面临的处境就如同诗三百中所说：我们不是一群野兽，（上天）为何把我们抛在这荒无人烟的旷野上！难道是我们所追求的理想错了吗？我们为什么落到这种地步？在当时的境况之下，对于孔子和他的弟子来说，再没有比这个问题更严肃、更具有重要的意义的了。对这个问题的回答，大约可形成对待孔子学说的三个派别。

以子路为代表的可以称之为怀疑派，他把自己的困惑和怀疑一揽子发泄了出来。他面带愠色地质问孔子：我听说，作为君子是无所困顿的。是不是夫子自身未能达到仁义的地步？所以，才不能使天下人都相信夫子的道理。是不是夫子自身未能达到智慧圆通的境界，所以，别人才会处处刁难甚至阻挡我们的道路。过去，我听夫子说过，做善事的人能够获得上天的福报，不做善事的人则会获得上天降临的灾祸。现在，夫子怀抱着道义，努力推行这样久，为什么还会沦落到这般地步呢？——那是长期缠绕于他们心中的困惑。

以子贡为代表的可以称之为修正派，他们以为夫子之道至高至大，但不为世人所接受，所以应当稍微降低一点标准，以求能容于世。

以颜回为代表的则可谓是虔诚的甚至是狂热的信徒派了，他们发言的时候一定慷慨激昂："夫子之道至大，故天下莫能容。尽管如此，夫子您还是坚持不懈地在推行它，不被容纳又有什么关系呢？不被容纳才更显示出您作为君子的伟大！一个人的理想学说不完美，那是自己的耻辱；如果理想学说完美无缺而不被人采纳，那就是当权者的耻辱了。不被容纳又有什么关系，不被容纳才显示出您作为君子的伟大！"

以今天人们的眼光来评断，这三派似乎各有各的道理，我们很难说谁是绝对的正确或错误，但就当时孔子的心境来说，颜回的那番话显然说到他的心坎里去了，他甚至高兴得笑出声来，并开玩笑说："你这小子，真有你的，你以后如果发了财，我来给你做管家。"由此我们也可以看出，孔子的品性，就是一个思想家和先知的品性。就这样，孔子带着他的那班学生过了 14 年的流亡生活，直到他 68 岁的那一年才重新回到鲁国。这个时候，鲁定公与季桓子都已先后去世，据说季桓子临死的时候终于认识到了自己的错误，对驱赶孔子一事十分后悔，嘱咐他的儿子继任后一定要召孔子回国，所以孔子回国时是很体面的，大约还得到了丰厚的礼品。但孔子并没有再谋求一个政治舞台上的什么具体职务，而是继续授徒讲学和研究学问，他真算是一个活到老学到老的人。他有一句名言："朝闻道，夕死可矣"，可知他并不是要拿学问来做什么敲门的砖头，所以他在晚年还留下读《易》而韦编三绝的千古佳话。

孔子晚年所做的意义重大的另一件事就是编写了著名的历史著作《春秋》，"春秋之义行，则天下乱臣贼子惧焉"，司马迁的这句话很精要地点明了孔子学术的思想导向。

鲁哀公 16 年，即公元前 479 年，这一年孔子 73 岁。病中的孔子预感到自己已经临近了生命的终点，回顾自己的生命历程，再看看这个依然如故的昏乱的世道，他有无限的感慨和无穷的遗恨。他轻声叹息，似乎是自言自语，又似乎在叩问历史："泰山就要崩塌了吗？梁柱就要摧折了吗？哲人就要像草一样枯萎了吗？"眼泪也随之落了下来。他还是那样自负，他对自己的人生定位是一位"哲人"，一位真正的智者。事实上，他的精神，也该是中华文明史上一座巍峨的山峰，一根不朽的栋梁，一片常绿的草地。在夏商周那样的崇神世界中，他发现了人格美以及社会制度的美，从而把人的个体心理欲求同社会的伦理道德有机地统一起来。正像老子把人还给自然一样，孔子把人还给了社会。他对我们人类的最大贡献，就是提出了"仁"的思想，主张人与人之间应该建立起一种和谐发展的共生关系。至于这种理念实践的途径，在他看来，就是应该以"礼"治国，积极建立起一个具有良好的道德与法制环境相统一的秩序社会。